创新型企业高质量发展路径研究
——天津实践

天津市科学技术发展战略研究院 著

天津大学出版社
TIANJIN UNIVERSITY PRESS

图书在版编目（CIP）数据

创新型企业高质量发展路径研究：天津实践 / 天津市科学技术发展战略研究院著. -- 天津：天津大学出版社, 2023.9

ISBN 978-7-5618-7580-3

Ⅰ. ①创… Ⅱ. ①天… Ⅲ. ①高技术企业－企业发展－研究－天津 Ⅳ. ①F279.244.4

中国国家版本馆CIP数据核字(2023)第165017号

策划编辑 郭 颖
责任编辑 李 琦
装帧设计 谷英卉

出版发行 天津大学出版社
地　　址 天津市卫津路92号天津大学内（邮编：300072）
电　　话 发行部：022-27403647
网　　址 www.tjupress.com.cn
印　　刷 北京虎彩文化传播有限公司
经　　销 全国各地新华书店
开　　本 710mm×1010mm　1/16
印　　张 13.5
字　　数 288千
版　　次 2023年9月第1版
印　　次 2023年9月第1次
定　　价 58.00元

本书编写组

主编：金　鹿

统稿：闵　珊

撰稿：（按姓氏笔画顺序）

于　鑫　卢　姗　李　迪　闵　珊

金　鹿　郝可意　夏来保　甄晓阳

前　言

科技创新通过催生新技术形成产品进而实现产业化，推动经济向更高水平发展。科技创新的本质是将发明创造商业化，企业是实现这一过程的主要力量。企业拥有打通创新全链条、推动科研与经济结合的天然优势，是创新链产业链深度融合的核心载体。面对新一轮科技革命与产业变革纵深发展、全球科技合作与竞争格局重构的新形势，我国加快实现高水平科技自立自强建设世界科技强国的新要求、深入实施以科技创新为引领的创新驱动发展战略是根本所在，强化企业科技创新主体地位是关键抓手。发挥企业在加快实施创新驱动发展战略、建设现代化产业体系、构建新发展格局、推动高质量发展等方面的关键力量和重要载体作用，具有重要现实意义和深远历史意义。

2015 年 5 月，习近平总书记在浙江调研时指出："企业持续发展之基、市场制胜之道在于创新，各类企业都要把创新牢牢抓住，不断增加创新研发投入，加强创新平台建设，培养创新人才队伍，促进创新链、产业链、市场需求有机衔接，争当创新驱动发展先行军。"此后，习近平总书记多次强调"要使企业成为创新主体"。党的二十大报告明确提出，"加强企业主导的产学研深度融合，强化目标导向，提高科技成果转化和产业化水平。强化企业科技创新主体地位，发挥科技型骨干企业引领支撑作用，营造有利于科技型中小微企业成长的良好环境，推动创新链产业链资金链人才链深度融合"，为持续推进企业创新发展指明方向、提供遵循。

从我国科技创新演变历程看，改革开放初期企业初步参与技术开发与技术创新体系构建；20 世纪 80 年代末期科研院所改制与科研人员创业浪潮带动一批具有科技属性的中小企业成立；90 年代科教兴国战略提出，越来越多的企业参与技术创新工作，逐步成为技术创新的主要力量；2006 年，《国家中长期科学和技术发展规划纲要（2006—2020 年）》出台，2016 年《国家创新驱动发展战略纲要》出台，建立以企业为主体、市场为导向、产学研相结合的技术创新体系的顶层设计思路逐渐清晰明确，以企业为主体的科技创新发展格局正加快形成。

党的十八大以来，企业在创新链条各环节的作用日益凸显，已经成为研发投入和创新产出的重要主体，2022 年我国企业研发经费投入占全社会研发投入的比重超过 75%，企业专利申请和授权量占国内专利申请和授权总量的比重超过 60%。但是，我们也需要清醒地看到，国际科技创新格局正在重塑，创新全球化面临着前所未有的挑战，技术的全球化进程受到国际关系影响，国家间针对关键核心技术扩散与跨国流动的限制性措施愈加普遍，特别是中美两国在经济、科技全领域的战略博弈态势将持续演化加剧，以美国为首的西方强国对中国部分关键核心技术和战略性新兴产业发展均实行大规模“结构封锁”，产业链、供应链安全问题日益严峻。面对创新全球化的风险挑战、我国建设世界科技强国的艰巨任务以及国内创新型企业与主要科技强国企业的竞争力差距，持续强化企业科技创新主体地位，不断提升企业技术创新能力是新时代需要布局好、回答好的重大现实课题。

对于区域而言，创新型企业是生产力布局的重要抓手，是构建现代化产业体系推动经济高质量发展的核心载体，更是面向未来赢得新一轮区域竞争优势的关键力量。课题研究组立足天津科教兴市与制造业高质量发展战略需求，基于高新技术企业研究与调研实践，撰写《创新型企业高质量发展路径研究——天津实践》，旨在进一步厘清创新型企业的概念内涵、创新型企业高质量发展的重要意义，回顾我国创新型企业发展的基本历程和重要举措，分析国内典型区域特别是天津创新型企业发展实践，基于天津市高新技术企业数据构建天津市创新型企业发展指数模型并开展评价研究，总结提出推动天津高新技术企业这一类最具代表性的创新型企业高质量发展路径。

第一章主要从理论和实践两个视角分析创新型企业的内涵及四大特征，从政府层面分析创新型企业技术创新的驱动因素，特别是政策因素对高新技术企业发展的影响；从宏观、中观和微观视角对高质量发展进行阐释，明确研究范畴、奠定理论基础；在此基础上阐释创新型企业对我国经济高质量发展的重要意义。

第二章主要介绍我国创新型企业高质量发展的基本历程。梳理改革开放以来我国推动创新型企业发展的历程与举措，明确企业在国家创新体系中的主体地位。以高新技术企业这一重要的创新型企业类型为例，分析国家认定政策的历史演变，对全国高新技术企业发展态势进行分析，展示高新技术企业助力高质量发展取得的成效。

第三章主要对全国重点省市推动创新型企业高质量发展的典型经验进行研究。北京在独角兽企业培育中形成“北京经验”“北京优势”。上海针对不同类型企业的特性，打造创新型企业梯度发展格局，着力提升企业创新能级。广东全方位推动高新技术企业高质量发展，以“组合拳”打造高企强省。江苏从产业生态、金融支撑、人才培养等多维度发力，大力推动“专精特新”企业发展。

第四章主要对天津市推动创新型企业高质量发展的实践进行梳理。梳理天津市推动创新型企业发展的顶层设计理念，从企业培育、创新机构建设、创新投入、人才引育等方面归纳天津市支持创新型企业发展的政策措施，结合相关数据，总结天津市创新型企业取得的发展成效。

第五章主要在分析天津市高新技术企业发展情况的基础上，以2016—2022年天津市高新技术企业火炬统计年报数据为研究样本，采用层次分析法（AHP）、数据包络分析(DEA)以及 Malmquist 指数方法,对天津市高新技术企业发展水平和效率进行评价。

第六章在第四、五章的基础上对天津市高新技术企业高质量发展路径进行梳理归纳,主要从健全高企管理体系构建新格局、把握战略发展机遇打造新引擎、建立高效孵化机制发展新动能和优化完善服务保障营造新生态四个方面,对天津市推动高新技术企业量质双提升的实践经验进行全面总结。

附录重点聚焦天津信息技术应用创新、生物医药、高端装备、新材料四大重点产业领域,选取 20 家引领示范作用显著、创新活跃度较强的创新型领军企业开展典型案例研究,总结各产业领域创新型领军企业成长历程及创新发展经验,归纳创新型企业发展创新模式及内在成长规律,为天津市及我国重点领域创新型企业培育发展提供借鉴经验。

本书的编写是以天津市科学技术发展战略研究院创新型企业研究团队为主完成,金鹿负责总体框架设计,闵珊对全书进行统稿。前言和第一章由金鹿执笔,第二章由闵珊执笔,第三章由夏来保、甄晓阳、郝可意执笔,第四章由郝可意执笔,第五章由夏来保、闵珊执笔,第六章由甄晓阳、闵珊、郝可意执笔,附录由于鑫、李迪、卢姗执笔。

在本书撰写、出版过程中,得到了天津市高新技术企业认定管理办公室、天津市科学技术局等单位领导和工作人员的大力支持以及天津市科学技术发展战略研究院王华峰院长、喻凯副院长及相关研究人员的精心指导,天津大学出版社郭颖老师为本书的出版付出了辛勤劳动。

本书相关数据主要由政府网站、火炬统计年鉴、合享 incoPat 专利数据库和企业公开年报等公开渠道获取,可能与其他研究、统计在口径、标准等方面存在差异。作者在编写本书的过程中学习参考多位专家学者的研究成果及文献资料,在每章文末已集中列出,若有遗漏,敬请谅解。受作者学识、精力和时间的限制,书中难免存在纰漏或不足之处,敬请广大读者批评指正。

目　　录

第一章　创新型企业高质量发展的内涵与意义……1
第一节　创新型企业……1
第二节　高质量发展……8
第三节　创新型企业高质量发展的重要意义……11
参考文献……14
第二章　我国创新型企业高质量发展的基本历程……16
第一节　国家推动创新型企业发展的历程与举措……16
第二节　国家高新技术企业发展历程与态势……38
参考文献……46
第三章　典型地区创新型企业高质量发展实践探索……47
第一节　北京打造“独角兽之城”……47
第二节　广东建设“高企强省”……51
第三节　上海构筑企业创新高地……55
第四节　江苏构建“专精特新”集聚高地……60
参考文献……63
第四章　天津市推动创新型企业高质量发展的实践……64
第一节　天津市支持创新型企业发展的顶层设计……64
第二节　天津市支持创新型企业发展的政策措施……67
第三节　天津市创新型企业发展成效……76
参考文献……78
第五章　天津市高新技术企业高质量发展成效与评价……79
第一节　天津市高新技术企业高质量发展成效……79
第二节　天津市高新技术企业高质量发展评价……91
参考文献……109
第六章　天津市高新技术企业高质量发展路径……111
第一节　健全高新技术企业管理体系，构建高质量发展新格局……111
第二节　把握战略发展机遇，打造高质量发展新引擎……112
第三节　建立高效孵化机制，培育高质量发展新动能……113
第四节　优化完善服务保障，营造高质量发展新生态……114

附录　天津市重点领域创新型企业高质量发展典型案例分析…… 116
第一节　信息技术应用创新产业领域创新型企业案例…… 116
第二节　生物医药产业领域创新型企业案例…… 137
第三节　高端装备产业领域创新型企业案例…… 162
第四节　新材料产业领域创新型企业案例…… 184

第一章　创新型企业高质量发展的内涵与意义

第一节　创新型企业

2006 年 1 月，全国科技大会召开，《国家中长期科学和技术发展规划纲要（2006—2020 年）》（以下简称《规划纲要》）颁布实施，提出建设创新型国家的总体目标，对未来 15 年我国科技发展作出总体部署。《规划纲要》专门部署“支持鼓励企业成为技术创新主体”相关内容，明确提出技术创新是企业提高竞争力的根本途径，要发挥经济、科技政策的导向作用，使企业成为研究开发投入的主体；要完善技术转移机制，促进企业的技术集成与应用；要加快现代企业制度建设，增强企业技术创新的内在动力；要营造良好的创新环境，扶持中小企业的技术创新活动。

随后，为进一步贯彻落实全国科技大会精神，推动“技术创新引导工程”深入实施，科学技术部（以下简称“科技部”）、国务院国有资产委员会（以下简称“国资委”）和中华全国总工会联合印发《创新型企业试点工作实施方案》，开展创新型企业试点工作。此项工作以如何提升企业的自主创新能力为核心展开，重点关注企业研发能力建设、创新人才队伍建设、创新战略与文化等。首先，聚焦增强企业自主创新能力的办法，即推动企业成为科技创新主体的有效模式和措施；其次，探索促使我国企业尽快走向产学研深度融合道路的支持措施；第三，建立一批具有示范效应的创新型企业，以此推动更多企业开展创新活动。从 2006 年开始，我国启动创新型企业认定工作，这是首次从政策层面明确提出“创新型企业”并开展相关培育工作。

无论是 1991 年开始的高新技术企业认定管理，2010 年启动的技术创新示范企业，还是 2017 年发布科技型中小企业评价办法，再到现阶段已经形成的涵盖高新技术企业、科技型中小企业、专精特新“小巨人”企业、制造业单向冠军等较为完善的企业培育体系，虽然企业称号不同，但是这些企业本质上都具有“创新”属性。本书认为这些具有“创新”属性的企业都属于创新型企业的范畴。本节将从创新型企业的内涵、特征、企业技术创新与政策驱动关联关系等维度，全面阐释创新型企业。

一、创新型企业的内涵

党的二十大提出："强化企业科技创新主体地位，发挥科技型骨干企业引领支撑作用。"创新型企业作为我国新兴战略的重要支撑，在推动我国创新驱动发展、产业结构调整、内生经济增长等方面发挥着重要的示范、引领和带动作用。对于由科技部、国资委和中华全国总工会联合开展的"技术创新引导工程"项目，创新型企业试点工作是其重要内容。此项工作聚焦于如何提升企业自主创新能力，如何通过在国内打造具有示范性的创新型企业，引领更多企业创新发展。厘清创新型企业发展路径的首要任务在于明晰其定义内涵，现有关于创新型企业（Innovative Enterprise）的诸多研究也为我们提供了参考。现有研究中有关创新型企业的定义并未形成一致观点，这说明创新型企业的内涵存在统一性和外延的多样性。表 1-1 分别从国内外学者不同的研究视角汲取了相关定义。

国外学者的研究聚焦于从管理学、经济学、知识管理、企业发展阶段以及企业变革等视角来阐释创新型企业的内涵。具体如下，在管理学领域内，彼得·德鲁克提出的观点为创新型企业更为关注的是"创新精神的制度化"，即创新型企业形成了一种制度化的创新精神，进而整合资源开展创新活动。在经济学领域内，拉让尼克（2005）关注的焦点在于创新型企业的成本和产出，即创新型企业能将创新能力转化为较强的竞争力和创新产出，进而优化成本。在知识管理领域内，野中郁次郎（2003）的观点是创新型企业的特色在于其进行知识创造。在企业变革的领域内，迈克尔·贝斯特（2001）、Tidd 等（2003）、Bruce 等（2005）考虑技术和市场变革，认为创新型企业通过提升创新能力来提升企业竞争力。在企业发展阶段的研究中，Kumpe 和 Plet（1994）认为创新型企业是发展到一定阶段后企业的一种表现。

国内学者的研究主要聚焦于技术创新、可持续发展和创新收益视角。具体来看，基于技术创新的视角，创新型企业的创新性行为表现在能够持续开发新产品、改进原有工艺。张良（2000）认为创新型企业是能够通过技术成果转化来推动市场和产业不断创新的特殊型企业。基于可持续发展的视角，田波等（2009）认为创新型企业的内涵包含三个核心要素，即产品创新、拥有持续动态创新能力以及基于市场情况具有预见性的开发能力。夏冬和程家明（2005）认为创新是连续的，企业既需要关注产品功能也需要进行工艺创新。史竹青（2011）认为创新型企业在持续创新过程中能够开放性地获取和积累内外部资源，维持其创新性。基于创新收益视角的研究认为创新型企业是通过创新来获取收益的一类企业。刘耀（2009）的研究认为创新型企业的核心在于其技术创新，其基础在于具备的创新人才，其保障机制在于其保障创新的机制。肖竞（2010）、刘晓阳等（2012）的观点认为创新型企业具有自主知识产权，能够在市场竞争中通过创新获取收益。党兴华和张晨（2015）的研究认为创新型企业是以创新为动力，持续性创造创新收益的企业。

表 1-1　创新型企业的定义

国内外研究	研究领域或视角	学者	界定创新型企业的学术思想
国外学者视角	管理学	彼得·德鲁克（1999）	创新型企业是一个创新整体，已形成一种制度化的创新精神，即把一大群人组织起来使变革成为规范，通过技术、营销和管理方面的创新活动，保持企业的创新能力逐步提高，面对市场的不确定因素时刻保持清醒的认识，抓住机遇、应对挑战，确保企业自身的竞争力提高
	经济学	拉让尼克（2005）	关注创新型企业的成本和产出，即创新型企业能将创新能力转化为较强的竞争力和创新产出，进而优化成本
		拉让尼克和奥苏丽文（2005）	共同提出了符合创新型企业发展的企业管理结构，制定与之相适应的管理机制，这是目前国外研究机构对创新型企业最为系统全面的研究成果
	知识管理	野中郁次郎（2003）	提出知识型企业的概念，即企业进行知识创造
	企业变革	迈克尔·贝斯特（2001）	推进市场机会和技术能力间的互动过程可促进创新型企业产生
		Tidd J 和 Hull F M（2003）	企业要利用创新的手段改变传统的业务流程
		Bruce 等（2005）	创新型企业能建立迅速发展的企业文化，改变设计习惯，使用新的方法，同时改变衡量的标准，使企业生产的产品能够满足现今社会消费者的不同要求，甚至可以生产出当前不存在的产品
	企业发展阶段	Kumpe 和 Plet（1994）	企业一直在努力改变其自身的发展模式，过去的企业主要注重效率和质量，而现在的企业则主要注重灵活性，再到创新型企业转变，创新型企业优于之前的发展阶段
国内学者视角	技术创新	张良（2000）	以技术革新为手段，开辟新市场，改变企业原有的产业模式
	企业可持续发展	田波等（2009）	创新型企业是已经具有且在不断提高自身综合素质，具有完善的创新体系，以持续创新为手段，不断提高经济效益实现企业可持续发展
		官建成和王军霞（2002）	企业要注重意识和能力方面的创新，要在技术、文化、管理、组织和市场等方面着手加快创建创新型企业
		张海波等（2013）	拥有很强的创新意识和创新能力的组织，可以连续地开展技术、文化、管理、组织等各个方面的创新活动
		夏冬和程家明（2005）	创新持续性
		陈春明和金大伟（2006）	依靠自主创新，同时注重引进、消化、吸收、再创新，创建以创新促发展的企业

续表

国内外研究	研究领域或视角	学者	界定创新型企业的学术思想
国内学者视角	企业发展阶段	郑刚（2006）	实现战略、技术、制度、文化、组织流程、市场等各个方面的创新，赢得持续竞争优势
		陈劲（1994）	具备效率、高质量和灵活性，具有新的发展方向
	创新收益	蔡齐祥（2007）	以创新为手段，实现创新收益与发展的企业
		刘耀（2009）	以技术创新为核心，以创新人才为基础，以创新机制为保障，获得持续创新收益
		肖竞（2010）、刘晓阳等（2012）	拥有自主知识产权，紧跟国家战略导向，持续获得创新收益
		党兴华和张晨（2015）	自主创新、创新全面、持续创新、创新速度快、社会影响力高

资料来源：《创新型企业创新效率与发展模式研究——以河北省为例》（郭玉明），部分修改。

二、创新型企业的特征

创新型企业具有与传统企业不同的特征。传统企业的生产方式是按统一规格进行大批量生产，这一模式在当前要求精细化生产的背景下已无法适应市场需求，而创新型企业则通过创新和创意造就的全方位创新展现出新的形态，逐步取代传统企业模式。在关于创新型企业特征的研究中，国外相关学者的描述更具有层次性，以Teece等（1997）、Lazonick（2007；2010）、Tidd等（2005）的研究为代表。国内学者的研究，则更加注重整体性和系统性，以方阳春等（2013）、曹金飞（2014）、李婷等（2015）的研究为代表。在对创新型企业特征相关观点的梳理中发现，虽然不同学者对创新型企业特征的描述存在差异化，但也具有一致的观点，即创新型企业的本质就是持续不断地开展创新活动。综合考虑不同学者的观点以及当前新兴经济的背景，本书将创新型企业的特征概括为自主创新性、开放合作性、持续赢利性以及全面创新性。

自主创新性。自主创新能力是创新型企业的核心。互联网和信息产业加速发展，推动全球研发的快速发展，各个国家的科技竞争成为国际竞争的主要方面，新兴经济体不断加强对企业技术创新能力的重视。因此，创新型企业在开展技术创新活动时，需要不断加大研发投入，尤其注重对企业的基础研究，加强企业的自主创新能力。

开放性与合作性。创新型企业的另一特征是开放性和合作性。新兴经济逐步从欠发达状态过渡到开放性状态，其逐步开放带来的环境冲击，使得企业不断演变到更加开放和合作的状态。全球化程度不断加深使得创新型企业仅通过内部资源与能力已无法适应外部环境的快速变化,整合外部资源成为创新型企业不断成长的又一发展动力。随着创新全球化和网络化趋势的形成,创新型企业通过不断与外部组织合作获取相关资源和能力,形成新的竞争优势,这是其一重要特征。

持续盈利能力。创新型企业通过技术创新最终获取持续性的经济收益是创新型企业的重要特征。创新型企业通过产品技术创新或流程创新来获取竞争优势,其竞争优势主要表现在能够独占创新效益、获取超额利润、提升企业地位。另外,创新型企业可以通过转让创新知识产权的所有权,获得经济利益。例如,以华为为代表的创新型企业不断进行研发,进而获得高于其他企业的利润。创新型企业能够持续性获利是其稳定发展的重要保障。

全面创新性。创新型企业的创新不仅停留在技术层面,还包含企业发展过程中的不同方面,例如管理创新、制度创新、组织创新等。若仅停留在技术创新层面,则不能称为创新型企业。创新型企业不同层面的创新相互联系形成统一整体,即技术创新作为创新型企业发展的核心,需同时具备制度创新、管理创新、市场创新和文化创新。因此,创新型企业的又一重要特征是全面系统的创新。

三、创新型企业技术创新驱动因素研究——政府层面

在各个创新主体中,企业是市场经济的主体,以企业为主体的内生创新是整个创新系统的核心。创新型企业技术创新的影响因素,主要包含企业、行业和政府层面。本节的核心内容是梳理政府层面驱动创新型企业技术创新的相关研究,而政府层面的核心影响因素在于政府科技创新政策的作用效果,故本节主要对政府科技创新政策给创新型企业技术创新带来的影响进行回顾:首先,梳理科技创新政策影响创新型企业创新的缘起与发展;其次,探究不同科技创新政策工具对创新型企业创新的影响。

科技创新政策对创新型企业技术创新影响的理论缘起。科技创新政策干预企业创新的理论主要基于“市场失灵”理论。Nelson(1959)将经济学的市场失灵理论引入技术创新领域,其原因是技术创新的正外溢性导致市场失灵情况出现。Arrow(1962)的研究表明技术创新的公共产品属性会导致其社会收益大于私人收益,这就必然导致企业技术创新的动力不足,因此,政府应该施行激励政策,引导企业开展技术创新。

中国现行的科技创新政策主要由财政、税务、科技、知识产权等职能部门制定和实施。其中,激励手段可以分为直接激励和间接激励。直接激励主要是通过财政补贴、创投基金以及贷款贴息等方式直接补贴企业的技术创新活动,间接激励主要是通过税收优惠等方式影响企业的技术创新活动。近年来,国家不断加大科技创新激励

力度,包括加大投入力度以及采用不同政策工具等方式,科技创新政策与企业技术创新之间的理论关系探究也取得了较大的发展。在市场失灵理论基础上,已经形成了有关科技创新政策与技术创新之间的信号传递理论(Meuleman and Maeseneire, 2012; Kleer, 2010)、挤出效应理论(Montmartin and Herrera, 2015)、寻租理论(顾元媛,2011)以及考虑政府与创新主体博弈的逆向选择理论(安同良等,2009)。

在实证研究层面上,有学者进一步按照科技创新政策方式进行分类研究,分别从财政补贴、税收优惠以及不同补贴方式差异视角进行实证研究。

①财政补贴对技术创新影响的实证研究。其研究结论大致分为两类,即挤入效应和挤出效应,这也是现有学者争论的焦点所在。Dimos and Pugh(2016)以2000年以来发表的52篇关于政府政策对企业研发投入影响的论文为数据集,通过分析认为政府补贴对企业科学研究与试验发展(R&D)投入存在五种效应,即增量效应(additionality)、无影响效应(no effect)、部分挤出效应(partial crowding out)、全部挤出效应(full crowding out)、超完全挤出效应(over-full crowding out),回归结果显示拒绝全部的挤出效应。

②税收优惠对技术创新影响的实证研究。税收优惠政策作为一种积极的创新激励政策,对企业自主创新能力的积极作用已日趋显著。已有相关研究表明,税收优惠政策对促进企业研发经费投入、新产品数量以及研发效率有显著的促进作用(Bronzini and Piselli,2016;Moretti and Wilson,2013;Czarnitzki et al.,2011;程华和赵祥,2008;戴晨和刘怡, 2008;朱平芳和徐伟民, 2003)。Czarnitzki et al.(2007)发现税收优惠政策是影响企业创新活动的重要因素。戴晨和刘怡(2008)、张同斌和高铁梅(2012)、水会莉等(2015)等发现税收优惠政策对企业创新活动有正向激励作用。

③财政补贴与税收优惠政策效果的对比研究。不同创新激励政策对企业创新影响的比较以及不同政策间的互补效应和替代效应也是国内外学者研究的热点。Busom et al.(2015)和Guerzoni and Raiteri(2015)指出,在不控制其他可用工具的情况下,对单一政策工具的估计可能会导致隐性的估计偏差,为保证结果的准确性,在进行政策评估时需要考虑多种激励方式。 Lopesbento(2014)、Guerzoni and Raiteri(2015)、Huergo and Moreno(2017)分别利用欧盟数据、法国数据和德国数据证明不同政府补贴工具间存在互补性。也有学者认为不同政策工具间存在替代效应。Guellec(2003)总结了1981—1996年的17个经济合作与发展组织成员国提供的不同政策工具的替代效应。Dumont(2017)对比利时的案例研究表明,当企业叠加享受财政补贴与税收优惠时,研发支持的有效性降低。

高新技术企业是创新型企业的重要组成部分,此类企业的主要特征是技术密集和知识密集。企业通过对研发资金及研发人才的密集投入以获得高新技术的持续创新,继而形成企业区别于其他企业的核心竞争力。不同国家围绕自身技术发展水平以及未来发展的实际需求，对高新技术企业的界定标准存在差异。美国主要基于研发强度和研发人员比例来对高新技术企业进行界定。日本主要依据技术密集程度、技术创新速度等标准对高新技术企业进行界定。我国对高新技术企业的界定依据源于2016年科技部、财政部和国家税务总局修订印发的《高新技术企业认定管理办法》（以下简称《认定办法》）中的认定依据。具体指标包含科技人员比例、研发费用占销售收入的比例、高新技术产品（服务）占同期总收入的比例等指标。

目前关于高新技术企业的研究主要聚焦于其认定的效果层面的研究。其认定效果包含激励效应和研发操纵效应两个方面。激励效应的观点认为只要企业被认定为高新技术企业就会获得税收减免，进而拥有更多的资金用于研发投入，更能够激励创新投入，并且企业被认定为高新技术企业还会获得配套开发区以及园区等奖励，进一步促进企业增加研发投入。此外，为优化人才引进环境，北京市的高新技术企业可以申请员工落户加分，继而集聚创新资源。高新技术企业认定可以产生一种信号效应，帮助企业在资本市场上吸引更多资源，激励企业增加创新投入（郭玥，2018）。研发操纵效应的观点认为高新技术企业认定是一种选择型政策，即由于信息不对称，企业可以通过研发操纵和虚增研发支出以及虚假提升高学历科技人员比例等方式来操控相关指标，使其能够达到高新技术企业认定的标准，形成“伪高新技术企业”。这类企业并未开展实质性创新，即便在获得高新技术企业称号后，其后续所获得的各类政府补贴以及税收优惠收入也难以运用到企业的创新活动中去，甚至会自主降低创新投入以降低生产运营成本。杨国超等（2017）将这种可以操纵研发投入以迎合政策门槛的现象定义为研发操纵行为。

四、创新型企业研究述评

在对创新型企业内涵进行研究的过程中，部分学者察觉到创新就是创新型企业的核心和重点，但是在研究创新型企业时，对企业创新能力的研究较多，而对创新型企业如何建设，有何经验，如何促进其高质量发展等还存在一些不足。通过总结国外关于创新型企业的文献，发现对如何促进创新型企业高质量发展，其相关经验模式、影响因素以及关于高新技术企业发展成效等还需进行深入探究。

①创新型企业高质量发展的经验模式研究。现有研究更多是聚焦于对创新型企业定义、特征以及相关影响因素的研究，但是，由于研究的理论背景不同，研究角度、研究对象和研究数据的差异，目前尚未探索出一套具有统一定论的创新型企业高质量发展的经验模式。创新型企业高质量发展是一个复杂的过程，因此需要从顶层设计、政策支持体系以及发展成效等全方面开展研究。

②支持创新型企业科技政策评估研究。中国公开披露的政府补贴与企业创新的数据中主要为工业企业数据和上市公司数据，因此相关的研究也主要采用这两类数

据,但是这两类数据本身存在自选择性,中国工业企业数据库收纳的数据是规上企业数据,而上市公司本身实力更强,这两类企业融资约束小,对科技创新政策的需求较低,因此即使得到相关的结论,其对政府相关政策的指导意义也是有限的。本研究采用的是创新型企业数据,创新型企业的特征就是科技含量高,是创新的主力军,基于创新型企业的样本分析科技创新政策的作用,更有利于提升政府资源配置效率。

③高新技术企业发展成效研究。高新技术企业的发展受众多的因素影响。学者们提出税收优惠政策、金融投入、外部环境等单一影响因素可有效促进高新技术企业的发展。然而,高新技术企业的发展具有复杂性,高新技术企业如何高质量发展、如何创新,不同领域的高新技术企业的高质量发展模式是否具有差异等尚不清晰,因此需要进一步明晰高新技术企业层面的高质量发展。

第二节　高质量发展

一、高质量发展的内涵

高质量发展这一表述源自十九大报告,自此之后,关于高质量发展的研究引起了学术界的高度重视。学者们尝试从不同角度对高质量发展进行解读和研究。当前高质量发展的研究主要聚焦于内涵界定、评价体系以及测度方法等方面。通过既有文献来看,高质量发展的内涵丰富,以下分别从宏观、中观和微观层面进行阐述。

①宏观视角下的高质量发展。宏观层面的高质量发展主要表述为能够更好地满足人民不断增长的真实需要的经济发展方式、结构和动力状态。其中,任保平(2018)基于政治经济学的理论逻辑来阐述新时代高质量发展,认为其与新发展理念具有连续性和统一性,是新发展理念的进一步延伸。高培勇(2019)以经济结构为出发点,强调高质量发展主要依托政府基于国家基本国情采取改革行动,实施宏观调控,坚持以供给侧结构性改革为主,以改善供给侧结构、提升供给质量为主攻方向,对供给体系的质量和效率提出了要求。也有学者基于唯物辩证法视域,分析高质量发展的内涵,认为一国经济能按照当时生产力的水平,实现其为全社会尤其是最广大的劳动人民提供生存与发展所需要的物质资料,则意味着其经济发展质量较高(张俊山,2019)。另外,也有学者基于社会基本矛盾转化的视角进行界定等。

②中观视角下的高质量发展。中观视角主要聚焦产业高质量发展研究。其中,江飞涛(2019)认为制造业高质量发展包括较高的发展效率、技术能力与创新能力不断积累与提升、绿色可持续发展、包容性增长等层面。葛勇等(2019)从企业、产业、区域三个方面探索推动江苏装备制造业高质量发展的路径。任继球(2019)提出通过转变产业政策支持方式以及集中攻关一批核心技术,加强政策引导和支持等来推

动装备制造业高质量发展。

③微观视角下的高质量发展。微观视角聚焦于企业个体的高质量发展。其中，白俊红等（2016）指出企业追求高质量发展，就是追求经济价值和社会价值的统一、价值创造效率与创造水平的统一。黄速建等（2018）基于目标状态和发展范式对企业高质量发展进行定义，并进一步探讨了企业高质量发展的内涵特征、内容表现与实现方式。

二、高质量发展测度与评价研究

在实证研究层面，如何测度高质量发展是关键。目前关于高质量发展的测度主要运用综合指标、全要素生产率、劳动生产率等方式。本节分别对宏观经济高质量发展、中观产业高质量发展和微观企业高质量发展测度与评价研究进行梳理。

关于宏观经济高质量发展的测度，现有研究基于测度视角的不同，分别聚焦于"五大发展理念"、经济增长高质量、社会主要矛盾、宏观微观矛盾、全要素生产率五个方面。以"五大发展理念"为逻辑依据，任保平等（2018）系统阐述了创新、协调、绿色、开放、共享与高质量发展的逻辑关系，并构建了 5 个维度 42 个指标的中国高质量发展指标体系。以经济增长高质量发展为逻辑依据，李旭辉等（2018）提出了由动力变革、产业升级、结构优化、质量变革、效率变革和民生发展 6 个方面共 62 项指标组成的评价指标体系。以社会主要矛盾和宏观微观矛盾为逻辑依据，李金昌等（2019）从"人民美好生活需要"和"不平衡不充分的发展"这两个社会主要矛盾的方面着手，构建了由经济活力、创新效率、绿色发展、人民生活、社会和谐 5 个部分共 27 项指标构成的高质量发展评价指标体系。以全要素生产率、劳动生产率为逻辑依据，陈诗一和陈登科（2018）运用城市数据，采用劳动生产率代理经济高质量发展，发现城市雾霾和人力资本效应显著降低了中国经济发展质量。郭淑芬和郭金花（2019）用全要素生产率代理经济高质量发展研究"综改区"设立的经济效应，并得出"综改区"的设立能够显著提升资源型地区的经济发展质量。

在中观产业高质量发展层面，当前学者更多聚焦于制造业产业高质量发展的测度与评价。制造业高质量发展就其内涵而言是制造业要素投入与经济活动的比较。从这一内涵出发，全要素生产率则契合这一观点。全要素生产率是指在除去劳动力和资本投入的要素贡献之后，通过技术进步和能力攀升造成的产出增量。因此学界的普遍做法是将全要素生产率视为高质量发展的评价指标。陈启斐和李伟军（2017）采用全要素生产率和产业总产值两个核心指标来测度制造业增长质量，并且在考虑能源投入因素的基础上，认为绿色全要素生产率（TFP）可更多地被用作制造业高质量发展的评价指标。李蕾和刘荣增（2022）认为制造业高质量发展究其根本是全要素生产率产生的，因此采用全要素生产率来测度制造业高质量发展是可行的。

在微观企业高质量发展层面,关于企业高质量发展的测度视角包含中间变量替代法和企业全要素生产率替代法。具体而言,中间变量替代法是指聚焦于企业高质量发展的动机和行为,选择创新投入、创新质量等影响企业高质量发展的某一中间指标进行测度。夏冰和吴能全(2020)认为企业经营水平和盈利能力是企业高质量发展非常重要的标准,故在指标选择中采用资本增值能力和流动性水平来表征企业高质量发展。陈太义(2020)的研究中则采用企业是否进行产品创新和工艺创新来测度企业高质量发展。王俊和陈国飞(2020)从创新和效益两个维度衡量制造业发展质量。陈太义等(2020)从创新行为与质量行为方面选取6项指标作为对企业质量行为的衡量指标。企业全要素生产率替代法是指企业全要素生产率包含丰富信息,能够体现企业经营质量。刘和旺等(2020)认为针对企业样本所测量的全要素生产率,表示在既定要素投入下企业所能达到的最大产出能力,可以作为企业发展质量的替代变量。张广胜和孟茂源(2020)指出全要素生产率的提升需要依靠管理、生产、制度等多方面因素的共同作用。近年来的研究多采用企业全要素生产率来作为企业高质量发展的代理指标。

三、高质量发展研究述评

本研究围绕"创新型企业高质量发展"这一问题,对高质量发展的内涵、高质量发展测度与评价等领域的相关文献进行了梳理与归纳,主要得到以下几点启示。

第一,关于高质量发展目前的研究主要聚焦于内涵界定、评价体系、影响因素等方面。关于内涵界定,当前并无定论。有学者以新发展理念和中国社会基本矛盾为出发点,也有学者基于马克思政治经济学理论开展研究。总体来说,中国情境下的高质量发展,更多关注宏观层面的研究,较少分析微观层面,这也是当前研究的不足之处。企业是中观经济发展的主体,经济高质量发展离不开企业高质量发展,忽视微观层面的研究,会导致理论缺乏微观基础的支撑,因此有必要深入研究企业高质量发展。创新型企业具有自主创新能力强、持续性、开放合作性以及全面性等特征,是科技创新的主力军,如何推动创新型企业高质量发展亟须探究。

第二,在高质量发展成为总体战略和根本要求的背景之下,亟须科学、合理地测度高质量发展水平,以期找出高质量发展存在的问题,因此开展量化研究具有重大而迫切的现实意义。从现有研究成果来看,主要包括单一指标法和构建评价指标体系两种思路。有学者采用全要素生产率、劳动生产率等单一指标进行衡量,然而这种方法的缺陷在于无法综合反映经济发展质量水平的全貌。有鉴于此,有学者转而探索高质量发展评价指标体系的构建,力求反映高质量发展的丰富内涵。目前相关研究尚处于起步阶段,且"质量"本身是规范性的概念,由于不同学者对"质量""高质量发展"等概念的内涵与外延的理解存在着差异,因此学术界缺少一致性分析框架,且研究成果较多地着眼于宏观层面,对微观企业层面,尤其是创新型企业层面,如何构建合理的测度指标体系是未来理论层面和实践层面都需要探索解决的重要问题。

第三节　创新型企业高质量发展的重要意义

熊彼特创新理论提出没有创新的经济只能处于"循环流转"的均衡状态,只有创新出现时才能以一种创造性来打破这种均衡状态,推动经济发展,企业正是创新最有效的发明者和传播者。这一理论强调了企业对创新的关键性作用。企业作为国家创新体系的核心主体,日益成为中国经济发展、创新投入、创新产出和参与国际竞争的重要主体。经济高质量发展,在微观层面可以刻画为一个个企业的高质量发展,不同企业的发展模式、成长路径均存在差异性,但是面向高质量发展的基本逻辑、核心动力机制都是创新驱动。

从统计数据看,企业已经成为创新主体。从企业数量看, 2012 年我国市场主体有 5 500 万户, 2022 年已接近 1.7 亿户,年均增速超过 15%。从研发投入与产出看,在 2021 年国家重点研发计划立项的 860 余项中,企业牵头或参与的有 680 余项,占比 79%; 2022 年中国企业研发经费投入占全社会研发投入的比重超过 75%;企业专利申请和授权量占国内专利申请和授权总量的比重超过 60%,涌现出华为、京东方、比亚迪等全球 PCT 专利申请量位居前十的创新型领军企业。

从制度设计看,国家对企业创新主体地位的确立、引导、培育更加制度化、系统化、科学化。2022 年 1 月,新修订的《科学技术进步法》正式实施,第四章为"企业科技创新",明确赋予企业创新的时代使命。2022 年 10 月,党的二十大明确提出"强化企业科技创新主体地位"。2023 年 4 月,二十届中央全面深化改革委员会第一次会议召开,审议通过《强化企业科技创新主体地位的意见》,明确指出强化企业科技创新的主体地位是深化科技体制改革、推动实现高水平科技自立自强的关键举措。对企业技术创新全链条部署,对关键创新资源,例如政策、资金、项目等进行系统布局,推动企业成为创新主体。这些战略性谋划与可实施举措,就是要聚焦国家战略和产业发展重大需求,加大企业创新支持力度,积极鼓励、有效引导民营企业参与国家重大创新,推动企业在关键核心技术创新和重大原创技术突破中发挥作用。

从国内外形势看,创新型企业高质量发展将成为我国实现经济高质量发展的关键力量。世界经济格局多极化特征日趋明显,国际政治形势总体趋紧,随着我国综合国力显著增强,中美关系已经从竞争合作关系转向战略博弈关系,科技领域是战略博弈的主战场,以美国为代表的西方国家对关键核心技术扩散和跨国流动的限制性措施愈加普遍,对我国战略性新兴产业和部分关键核心技术实行大规模"结构封锁",国内产业发展面临关键核心技术受制于人的问题日趋显现。我国将创新摆在现代化建设全局的核心地位,加强企业创新主体地位和科技领军企业创新主导地位,是新阶段全面提升我国产业基础能力和产业链现代化水平,打通从科技强到企业强、产业强、经济强的通道,加快建设面向未来的世界科技强国的核心基础。党的二十大对加快培育科技领军企业、支持科技领军企业打造原创技术策源地和国家战略科技力量,加快构建龙头企业牵引、高校院所支撑、各创新主体相互协同的创新联合体,推动大中小企业融通创新,保障重要产业链、供应链安全稳定和创新发展提出了新要求、新任务。面对国际经济政治科技环境的新形势,国内"经济高质量发展的创新突破、科技自立自强能力显著提升,构建新发展格局和现代化经济体系取得重大进展"的新阶段目标任务,需进一步强化企业科技创新主体地位,促进创新型企业高质量发展,通过在创新理念、创新目标、创新组织模式等方面的升级,持续加强创新资源聚集能力、技术创新策源能力、创新体系构建主导能力,真正成为国家战略科技力量核心能力。

第一,创新型企业是经济高质量发展新动能的重要抓手。创新是实现经济高质量发展的第一动力,高质量发展要求国家从要素驱动向创新驱动转变,不断激发发展的新动力、新活力。高质量发展是创新驱动的发展,最根本要依靠科技创新。科技的渗透性、扩散性和颠覆性特征会不断为高质量发展提供源头供给、科技支撑和新的成长空间。党中央一直在关注创新,从 2012 年党的十八大提出"实施创新驱动发展战略",到 2022 年党的二十大进一步强调"科技是第一生产力、人才是第一资源、创新是第一动力",专门部署"完善科技创新体系""加快实施创新驱动发展战略",坚持创新在现代化建设全局中的核心地位已形成广泛共识。以科技创新驱动高质量发展,是加快转变发展方式、优化经济结构、转换增长动力的重要抓手,是全面建设社会主义现代化国家的必然要求。创新兼具经济和技术双重属性,创新型企业同时兼顾市场主体和创新主体,能够有效解决科技研发与经济发展"两张皮"问题,推动产业链和创新链深度融合。企业是构成产业体系、创新体系的重要基本单元,创新型企业高质量发展是经济高质量发展的微观基础。

强化企业科技创新主体地位,持续推动创新型企业高质量发展是有效支撑经济发展方式由规模速度型向质量效益型转变,加快塑造发展新动能新优势的重要抓手。在这一过程中,需要发挥政府宏观导向,更需要创新型企业自身实现愿景使命的系统性升级。企业进行创新的源动力来源于对利润的追求,创新型企业高质量发展要求企业更加关注内外部利益相关者的价值诉求,要求企业从关注增长转向更加关注高质量发展。为实现创新驱动发展战略,需要创新型企业强化面向世界科技前沿、面向经济主战场、面向国家重大战略需求、面向人民生命健康的使命意识,以国家战略需求为导向,加强应用基础研究投入力度,加强关键核心技术攻关,增强以科技创新推动企业高质量发展的内生动力。

第二,创新型企业是现代化产业体系构建的基石底座。党的二十大报告明确提出,到2035年基本实现新型工业化,强调坚持把发展经济的着力点放在实体经济上,推进新型工业化,加快建设制造强国。2022年12月召开的中央经济工作会议强调要加快建设现代化产业体系。2023年9月,全国新型工业化推进大会指出,准确把握推进新型工业化的战略定位、阶段性特征以及面临环境条件变化,坚持走中国特色新型工业化道路。面对世界百年未有之大变局加速演化,推进新型工业化,加快建设制造强国,要求提高产业基础高级化和产业链现代化水平,找准重点产业关键核心技术和零部件“卡脖子”环节,全面打造以创新型企业为基本单元的自主可控、安全可靠的产业链供应链。创新型企业是提升我国产业链供应链韧性和安全水平的关键力量、推动我国制造业高端化、智能化、绿色化发展的重要力量。

创新型企业特别是创新型领军企业是产业创新资源汇聚、产业关键核心技术攻关、产业链上下游贯通、产业科技创新体系构建、引领带动产业整体转型升级的重要支撑。聚焦国家战略领域的关键科学问题,立足于重大产业创新需求,不断优化完善以领军企业为主导、高校院所协同组建创新链各环节创新主体的高能级创新联合体组织模式,实现从源头创新到成果产业化的“创新循环”,让企业真正成为提高项目基地人才资金一体化配置效率的着力点,让各类创新要素资源不断向企业聚集,形成高效卓越的共性技术供给体系,不断萌发出重大颠覆性技术和原始性创新,让创新型企业成为关键核心技术突破和重大科技成果产业化应用的核心载体。以原铁道部主导、中国中车等为核心,建立起了以本土企业为主导的高铁产业已实现全产业链“出海”;以中国移动、中国联通、华为、中兴等为核心的5G产业发展,让中国成为全球5G发展的领航者;比亚迪、宁德时代等占据全球动力电车装车量50%以上,引领新能源汽车产业的发展。我国高铁、5G、新能源汽车等战略性新兴产业的高速发展无不形成了以创新型领军企业为核心、大中小企业融通发展为特点的企业创新生态、产业创新链条,增强了我国整个产业体系的活力与竞争力,提高了产业链供应链现代化水平。

第三,创新型企业是高水平科技自立自强的关键力量。特别是领军企业是国家战略科技力量的重要组成部分,聚焦国家战略需求与重大产业发展需要,在C919大飞机、高铁领域已经取得突破性成就。在全球竞争格局重构、科技竞争烈度不断升级的背景下,推动关键核心技术自主可控、实现科技自立自强是国家战略的必然要求,面对需要大协同、大集成、大创新的复杂产品系统领域,需要创新型企业特别是领军企业增强“四个面向”使命意识,组织产业链上下游多层次、多类型创新主体联合攻关、协同创新、实现技术突破和赶超。

创新型领军企业作为国家战略科技力量的重要组成部分,在产业内大中小企业融通创新、保卫产业链供应链安全稳定、推动产业链创新链深度融合中起到主导作用。当前,我国领军企业与欧美国家相比存在一定差距,尤其在科技创新内生动力、自主研发能力、应用基础研究投入和原创新成果产出方面。2020年,我国规上工业企业研发投入强度为1.41%,全球研发投入前50名企业,中国仅有华为、阿里、腾讯和中建等4家企业入选,美国上榜企业数量将近1/2;我国企业投入基础研究的经费95.6亿元,占全国基础研究经费6.5%。美国企业投入基础研究经费是中国企业的数十倍,占美国基础研究经费投入比重约20;研发投入尤其是应用基础研究投入不足,是制约企业自主创新能力提升和产业基础高级化、产业链现代化的瓶颈之一。从政策层面看,需要通过探索形成基础研究多元投入机制,引导创新型企业、特别是领军企业持续加强对前沿性和基础性研究的投入力度,支持企业建设高层次研发机构,参与国家重大专项、重大科技基础设施和科技平台建设,鼓励、引导领军企业与高水平研究型大学和国家科研机构联合承担国家重点实验室、国家实验室平台建设任务,逐步让创新型企业发挥应用基础研究主力军作用,让领军企业成为产业链创新链深度融合的组织者、真正成为国家战略科技力量的重要构成。

参考文献

[1] 习近平. 高举中国特色社会主义伟大旗帜 为全面建设社会主义现代化国家而团结奋斗:在中国共产党第二十次全国代表大会上的报告[M]. 北京:人民出版社,2022.

[2] 尹西明,陈泰伦,陈劲,等. 加强企业主导型国家创新体系建设的逻辑与路径[J]. 科技中国,2023(4):49-53.

[3] 阳镇,陈劲. 中国式现代化与企业创新:使命、逻辑与前景[J]. 清华管理评论,2023(3):54-61.

[4] 张学文,靳晴天,陈劲. 科技领军企业助力科技自立自强的理论逻辑和实现路径:基于华为的案例研究[J]. 科学学与科学技术管理,2023,44(1):38-54.

[5] 陈劲. 以新型举国体制优势强化国家战略科技力量[J]. 人民论坛, 2022(23):24-28.

[6] 陈劲. 全力推动世界一流企业建设[J]. 清华管理评论,2022(12):1.

[7] 陈劲,尹西明. 强化企业创新主体地位 加快建设世界科技强国[J]. 科技中国,2022(10):11-14.

[8] 陈劲,杨硕. 优化我国科技结构 强化企业创新主体地位[J]. 创新科技, 2022, 22(6):1-11.

[9] 马宗国,曹璐. 制造企业高质量发展评价体系构建与测度:2015—2018年1881家上市公司数据分析[J]. 科技进步与对策, 2020, 37(17):8.

[10] 任保平.新时代高质量发展的政治经济学理论逻辑及其现实性[J].人文杂志，2018(2):9.
[11] 任继球."十四五"产业高质量发展：阶段性判断，风险与战略任务[J].中国发展观察，2019(10):5
[12] 水会莉，韩庆兰，杨洁辉.政府压力、税收激励与企业研发投入[J].科学学研究，2015，33(12):1828-1838.
[13] 田波，李春好，辛杨.创新型企业知识管理与创新能力提升互动机理研究[J].情报科学，2007，25(9):4.
[14] 王俊，陈国飞."互联网+"，要素配置与制造业高质量发展[J].技术经济，2020，39(9):12.
[15] 夏冬，程家明.创新型企业的产权激励：基于创新资源均衡的分析[J].技术经济与管理研究，2005(5):2.
[16] 肖竞.我国创新型企业的内涵及特征[J].商场现代化，2010(22):1.
[17] 杨国超，刘静，廉鹏，等.减税激励、研发操纵与研发绩效[J].经济研究，2017，52(8):15.
[18] 野中郁次郎，竹内弘高.创造知识的企业[M].李萌，高飞，译.北京：知识产权出版社，2006.
[19] 张俊山.对经济高质量发展的马克思主义政治经济学解析[J].经济纵横，2019(1):34-44.
[20] 张良.创新型企业发展的成功经验及其启示[J].华东理工大学学报(社会科学版)，2000(3):8.
[21] 张同斌，高铁梅.高技术产业产出增长与关联效应的国际比较：基于美、英、日、中、印、巴六国投入产出数据的实证研究[J].经济学(季刊)，2013(2):22.
[22] 朱平芳，徐伟民.政府的科技激励政策对大中型工业企业 R&D 投入及其专利产出的影响：上海市的实证研究[J].经济研究，2003(6):9.

第二章　我国创新型企业高质量发展的基本历程

第一节　国家推动创新型企业发展的历程与举措

2022年，习近平总书记在党的二十大报告中指出："加强企业主导的产学研深度融合，强化目标导向，提高科技成果转化和产业化水平。强化企业科技创新主体地位，发挥科技型骨干企业引领支撑作用，营造有利于科技型中小微企业成长的良好环境，推动创新链产业链资金链人才链深度融合。"这些重要论述，为强化企业创新主体地位，更好地发挥企业科技创新主力军作用指明了方向。改革开放以来，企业科技创新主体地位在科技体制改革与政策制定上不断得到认可和强化，特别是党的十八大以后，我国不断强化企业科技创新引导和支持，着力推动企业提升自主创新能力和核心技术研发水平。

一、国家推动创新型企业发展的历程

以国家经济体制改革和科技创新战略转变为依据，本节将改革开放以来我国推动创新型企业发展的历程划分为引进模仿、集成创新、自主创新和高质量发展四个阶段。

（一）引导企业引进模仿，寻求技术快速积累（1978—1991年）

1978年到1991年是中国由计划经济体制向市场经济体制转型的时期，国家积极调整经济管理体制，给企业经营者更多的自主权。这一时期政策主要是通过引进、消化、吸收、学习式模仿等方式引进外资和技术，为企业技术创新赋能。

1978年，全国科学技术大会在北京召开，邓小平在会上提出了"四个现代化，关键是科学技术现代化"和"科学技术是生产力"的重要论述，中国迎来了科学的春天。针对技术引进，科技大会通过的《1978—1985全国科学技术发展规划纲要》（以下简称《1978—1985纲要》）明确要求："要切实组织好引进技术的研究和消化工作，以加速发展我国自己的科学技术。对于引进的重大项目和先进技术，要组织专门队伍去学习和研究。不仅要有设计、施工和生产技术人员，而且要有科学研究和科技情报人员参加。"《1978—1985纲要》确定了八大发展领域108个重点研究项目，为改革开

放新时期国民经济建设和科学技术的基本方针奠定了理论基础，也为中国企业未来科技创新发展指明了方向。

1978年底，党的十一届三中全会决定将全党的工作重点和全国人民的注意力转移到社会主义现代化建设上，于是提出了改革开放任务。全会公报指出："在自力更生的基础上积极发展同世界各国平等互利的经济合作，努力采用世界先进技术和先进设备"，同时"应该有领导地大胆下放，让地方和工农业企业在国家统一计划的指导下有更多的经营管理自主权；应该着手大力精简各级经济行政机构，把它们的大部分职权转交给企业性的专业公司或联合公司；应该坚决实行按经济规律办事，重视价值规律的作用，注意把思想政治工作和经济手段结合起来，充分调动干部和劳动者生产积极性。"以扩大企业自主权为主要内容的城市经济体制改革逐步在全国推行。

1981年，国务院颁布《技术引进和设备进口工作暂行条例》（以下简称《1981年条例》），将"与外国企业合作设计、合作制造产品"作为从外国获得发展国民经济和提高技术水平所需要的技术和设备的一种方式。《1981年条例》规定所有技术引进和设备进口项目，都要编制项目建议书和项目可行性研究报告作为审批的依据，并且出具国家科学技术委员会对拟引进技术的审核意见书。

1984年，国务院在同意批转国家经济贸易委员会《关于做好技贸结合和旧设备选购工作的报告》的批语中指出："把对外商品贸易与引进技术结合起来，实行技贸结合，用我们的一部分市场换取国外的先进技术，这是加速我国技术进步的一项重大方针。"这是国家首次正式确立"以市场换技术"的战略指导方针。

1985年，中共中央发布《关于科学技术体制改革的决定》，强调科技工作重心由国防转向经济，确立了"经济建设必须依靠科学技术，科学技术工作必须面向经济建设"的科技发展方针，引导企业从被动地接受政府的要求转为主动满足市场需求，获得更多利润，进行自我驱动意识下的创新。由于国内外技术水平存在较大差距，同年11月，对外经济贸易部、国家经委、国家计委向国务院递交了《关于加强吸收外商投资工作的报告》，提出要"落实以市场换技术、以产顶进"。

1986年，《国务院关于鼓励外商投资的规定》正式发布，明确规定为了"吸收外商投资，引进先进技术"，国家鼓励外国投资者在中国境内创办中外合资经营企业、中外合作经营企业和外资企业，并给予特别优惠，各地迅速出台了配套优惠政策，掀起了利用外资的高潮。

1988年，经国务院批准，火炬计划正式开始实施。该计划旨在利用市场机制促进我国高新技术产业化及其环境建设，其宗旨是实施科教兴国战略，贯彻执行改革开放的总方针，发挥我国科技力量的优势和潜力，以市场为导向，促进高新技术成果商品化、高新技术商品产业化和高新技术产业国际化。火炬计划的实施充分调动各项资源，有利于促进高新技术企业的发展，也为推动战略性新兴产业发展奠定了基础。

在这一时期,我国推动企业科技创新能力提升政策的总体特征是促进企业技术引进和模仿。中国依靠自身产业基础和要素条件,在纺织、建材、钢铁等产业领域引进大量国外先进技术,扶持国内企业通过“逆向工程”进行复制性模仿,在基本工艺、成套技术方面实现了快速积累。但是,当时我国科技体制改革和制度政策也存在一些问题和不足,主要是过分强调科学技术要面向经济建设主战场,这就导致基础性科技研究被弱化。同时,开放的“市场”并没有换来高水平的“技术”,相反,外资企业对我国企业和市场带来巨大冲击,大量民营企业倒闭破产,产生了外资垄断“挤出”效应,技术引进失去了基本实现条件。

(二)鼓励企业集成创新,加速科技成果转化(1992—2005年)

日新月异的科技变化和复杂的市场需求使国家认识到关键核心技术是要不来、买不来、讨不来的,唯有坚持集成创新,扩大科技对外开放与交流,破除阻碍科技创新的体制机制障碍,才能解决制约科技创新发展的问题,才能实现科技自立自强。这一时期的政策主要是把集成创新模式作为实现企业技术能力提升的突破口,加速科技成果向现实生产力转化。

1992年,邓小平同志在武昌、深圳、珠海、上海等地视察,发表了一系列载入史册的重要讲话。小平同志提出:“改革开放胆子要大一些。看准了的,就大胆地试,大胆地闯!”并旗帜鲜明地提出:谁不改革谁下台!此次南方谈话,给了中国企业机制改革底气,整个中国都被自由、市场、发展等词汇鼓舞,大批知识分子离开陈旧的体制,中国开始了改革开放之初的第一个创业潮。伴随着从业者素质的提升,科学精神与科技人才成为这一阶段企业创新发展的核心动力。同年,党的十四大胜利召开,明确提出“集中精力把经济建设搞上去”,进而明确将建立“社会主义市场经济体制”作为我国经济体制改革的目标。在以经济建设为中心的时代,经济体制转型标志着整个社会发展创新时代的到来。

1993年,党的十四届三中全会通过《中共中央关于建立社会主义市场经济体制若干问题的决定》,明确提出实行社会主义市场经济,建立现代企业制度。当市场经济落实到了企业制度,市场经济就开始有了生存土壤和成长原动力。

1995年5月,中共中央、国务院颁布《关于加速科学技术进步的决定》,首次正式提出实施科教兴国战略,这是当时面对国际竞争形势明确提出的创新战略设计,标志着我国科技发展进入新阶段。这一战略旨在全面落实科学技术是第一生产力的思想,坚持教育为本,把科技和教育摆在经济、社会发展的重要位置,增强国家的科技实力及向现实生产力转化的能力,提高全民族的科学文化素质,把经济建设转移到依靠科技进步和提高劳动者素质的轨道上来,加速实现国家的繁荣昌盛。科教兴国战略确立了科技和教育是兴国的手段和基础的方针,大大提高了各级干部对科技和教育重要性的认识,增强了对科学技术是第一生产力的理解。

1995 年,国家提出了实施企业技术创新工程,提出开展技术创新工作的出发点和落脚点是企业,应重点加速科技与经济紧密结合,促进科技成果在生产中应用;解决企业活力问题,增强企业市场竞争和发展能力。1996 年,国家科委《技术创新工程纲要》提出要促进建立与市场经济体制相适应的产业技术创新体系和机制,促进科研院所以多种形式进入企业,旨在推进企业成为技术开发主体。

1997 年,科技部正式启动"国家重点基础研究发展规划"(973 计划)项目遴选,旨在支持国家战略和未来发展需求的基础研究,培养和提升我国自主创新能力,提高科技创新和成果转化能力和水平。从 1982 年开始的国家科技攻关计划到 1988 年国家高技术研究发展计划(863 计划),再到 973 计划,在三个主体计划支持下,科技工作战略重点开始向国民经济建设主战场转移。

1999 年 8 月,全国技术创新大会发布《关于加强技术创新,发展高科技,实现产业化的决定》,强调全面实施科教兴国战略,大力推进科技进步与创新,加速科技成果产业化。企业作为技术创新主体的地位得以明确,技术创新开始强调市场导向的应用发展。

2001 年《关于国民经济和社会发展第十个五年计划纲要的报告》明确提出:"加快科技体制改革步伐,进一步促进科技与经济紧密结合。加强国家创新体系建设。推动企业成为技术进步和创新的主体。继续鼓励技术开发类科研院所进入企业或改制为企业。积极推进社会公益类科研院所改革。培育和形成一批具有国际影响的科研机构。发展社会化科技中介服务业。完善风险投资机制,建立创业板股票市场,支持中小企业技术创新。加大国家和社会对科技投入。"这是我国首次在国民经济计划中专门提出建设国家创新体系。

2002 年,全国人大常委会颁布《中华人民共和国中小企业促进法》,鼓励中小企业按照市场需求,建立企业与企业间的网络联系,采取合作的形式整合资源,推进技术、产品、管理模式、商业模式等创新,可视为集成创新理论在中国的正式实践。

在这一阶段,国家确立了市场经济目标,从企业做起,进行企业制度和产权制度改革,强化企业创新功能;宏观管理体制也发生了变革,重大科技计划逐步由政府科技和经济主管部门联合制定,出现了新的参加对象,如国家工程中心(含国家工程研究中心、国家工程技术研究中心等)、生产力促进中心等,加快了科技成果商品化、市场化;通过改革科研院所管理模式、建立高新技术产业开发区等措施,引导和推动科学技术面向经济建设、经济建设依靠科学技术,企业技术创新能力得到提升,经济也快速增长。但是,尽管各类创新要素尤其是资金要素短期内大幅投入,也并未从根本上解决企业科技创新原始创新能力不足的问题,企业自身"科技造血"功能依然较弱。

（三）强化企业自主创新，建设创新型国家（2006—2011 年）

多年来，我国通过大规模引进、模仿国外先进技术，有力推动了技术进步和产业优化升级。但同时，一些企业重引进、轻消化，重数量、轻质量，造成了对国外技术重复引进和持续依赖，导致长期不能形成我国拥有自主知识产权的技术和产品，以美国为首的西方发达国家为形成技术上的垄断，对我国实行技术封锁，导致一些真正的核心技术、关键技术无法引进。因此，对我国企业而言，只有自力更生、自主创新，才能满足国家经济发展和国防安全建设对技术的需求。这一阶段政策主要聚焦于提高自主创新能力、建设创新型国家。

胡锦涛总书记在 2006 年 1 月召开的全国科技大会上明确指出："一个国家只有拥有强大的自主创新能力，才能在激烈的国际竞争中把握先机、赢得主动。我们要充分把握世界科技发展大势，坚持把提高自主创新能力摆在突出位置，坚持从实际出发，努力走出具有中国特色的自主创新道路。"这标志着中国特色自主创新道路正式开启。

大会发布《国家中长期科学和技术发展规划纲要（2006—2020 年）》（以下简称《2006—2020 纲要》）（国发〔2005〕44 号）明确了未来 15 年科技工作的指导方针：自主创新，重点跨越，支撑发展，引领未来。其中，自主创新是十六字方针的核心，是贯通全篇的主线。这预示着改革开放初期实施的技术引进路径彻底转变到自主创新路径上来。支持鼓励企业成为技术创新主体是科技体制改革任务之一，《2006—2020 纲要》提出要发挥经济、科技政策的导向作用，使企业成为研究开发投入主体；改革科技计划支持方式，支持企业承担国家研究开发任务；完善技术转移机制，促进企业技术集成与应用；加快现代企业制度建设，增强企业技术创新内在动力；营造良好创新环境，扶持中小企业技术创新活动。在《实施〈国家中长期科学和技术发展规划纲要（2006—2020 年）〉的若干配套政策》的 60 条政策中，超过三分之二的政策与企业创新有关，这突显了企业在国家创新体系中的主体地位。

2006 年 1 月，为贯彻党的十六届五中全会和全国科技大会精神，科技部、国资委、全国总工会三部门联合印发了《"技术创新引导工程"实施方案》（国科发政字〔2006〕31 号），提出了开展创新型企业试点工作、引导和支持若干重点领域形成产学研战略联盟、优化资源配置加大对企业技术创新指导、加强企业研究开发机构和产业化基地建设、加强面向技术创新的公共服务平台建设、激励广大职工为企业技术创新建功立业等六项任务，以促进企业成为技术创新主体，提升企业核心竞争力，增强国家自主创新能力。

2007 年，全国人大颁布的新修订的《科学技术进步法》强调，国家建立以企业为主体，以市场为导向，企业同科学技术研究开发机构、高等学校相结合的技术创新体系，引导和扶持企业技术创新活动，发挥企业在技术创新中的主体作用。政策的修订突出了市场在技术创新资源配置中的决定性作用，更加突出加强对企业技术创新能力的培养与提高。

在建设创新型国家的进程中，各类创新主体的自主创新能力不断提升，特别是企业技术创新投入强度大幅提升，2012年，企业R&D人员（全时当量）占全国的比重达74%，企业研发投入占全社会总投入的76.1%。但同时也存在自主创新模式单一，只见原始创新和消化吸收再创新，未把科技创新体制和机制纳入自主创新范畴的问题，因此，迫切需要全方位的创新政策来推动企业高质量发展，推进创新型国家建设。

（四）健全体制机制，推动企业高质量发展（2012年至今）

党的十八大明确提出实施创新驱动发展战略，把科技创新摆到了党和国家发展全局的核心位置，形成了从思想到战略再到行动的系列部署，大力实施创新驱动发展战略，开启建设世界科技强国新征程。这一阶段，国家着力构建以企业为主体、以市场为导向、产学研用结合的技术创新体系，突出强调要提高大中型企业核心竞争力，支持小微企业特别是科技型小微企业发展。企业在国家创新体系中的角色进一步强化、功能进一步丰富、地位进一步提升。

2012年9月23日，中共中央、国务院发布的《关于深化科技体制改革 加快国家创新体系建设的意见》（以下简称《2012年意见》）把强化企业技术创新主体地位，促进科技与经济紧密结合作为今后一段时期我国科技改革发展和国家创新体系建设中心任务。《2012年意见》提出："强化企业技术创新主体地位，促进科技与经济紧密结合。加快建立企业为主体、市场为导向、产学研用紧密结合的技术创新体系。"这是指导我国科技改革发展和创新型国家建设的又一个纲领性文件，体现了我国解决科技和经济"两张皮"，推进创新型国家建设的决心和信心。

2013年，国务院办公厅发布《关于强化企业技术创新主体地位全面提升企业创新能力的意见》（以下简称《2013年意见》），明确要求以深入实施国家技术创新工程为重要抓手，全面提升企业技术创新能力，支撑创新驱动战略实施和创新型国家建设。《2013年意见》有针对性地解决企业成为"主体"存在的问题，从四大方面提出了12项重点任务及相应的政策措施。在着力提升企业自主创新能力方面，《2013年意见》要求进一步完善引导企业加大创新投入的机制，支持企业建立研发机构、推进重大科技成果产业化，大力培育科技型中小企业；在大力推进产学研用紧密结合方面，以企业为主导发展产业技术创新战略联盟，依托转制院所和行业领军企业构建产业共性技术研发基地，强化科研院所和高等学校对企业技术创新的源头支持；在积极引导创新资源向企业集聚方面，完善面向企业的技术创新服务平台，加强企业创新人才队伍建设，推动科技资源开放共享；在营造企业技术创新良好环境方面，强调提升企业技术创新开放合作水平，完善支持企业技术创新的财税金融等政策。

2016年，国家发布《国家创新驱动发展战略纲要》（以下简称《2016年纲要》），对创新驱动发展战略进行全方位顶层设计和系统谋划，提出“三步走”战略：第一步，到2020年进入创新型国家行列；第二步，到2030年跻身创新型国家前列；第三步，到2050年建成世界科技创新强国。创新型企业是创新型国家的基础，《2016年纲要》提出要培育世界一流创新型企业。一方面，鼓励行业领军企业构建高水平研发机构，形成完善的研发组织体系，集聚高端创新人才。引导领军企业联合中小企业和科研单位系统布局创新链，提供产业技术创新整体解决方案。培育一批核心技术能力突出、集成创新能力强、引领重要产业发展的创新型企业，力争有一批企业进入全球百强创新型企业。另一方面，孵化培育创新型小微企业，适应小型化、智能化、专业化的产业组织新特征，推动分布式、网络化的创新，鼓励企业开展商业模式创新，引导社会资本参与建设面向小微企业的社会化技术创新公共服务平台，推动小微企业向“专精特新”发展，让大批创新活力旺盛的小微企业不断涌现。

2016年，国务院印发《“十三五”国家科技创新规划》（以下简称《创新规划》），确立了迈进创新型国家行列、为建成世界科技强国奠定坚实基础的总目标。《创新规划》专章提出：“强化企业创新主体地位和主导作用”，“加强创新型企业建设，培育一批有国际影响力的创新型领军企业，支持科技型中小微企业健康发展，深化产学研、上中下游、大中小企业的紧密合作，推动创新资源向企业集聚”。这个首次以“科技创新”命名的《创新规划》，以全面提升企业创新能力为核心，引导各类创新要素向企业集聚，不断增强企业创新动力、创新活力、创新实力，使创新转化为实实在在的产业活动，形成创新型领军企业“顶天立地”、科技型中小微企业“铺天盖地”的发展格局。

2017年，党的十九大报告提出，要加强国家创新体系建设，强化战略科技力量。通过深化科技体制改革，建立以企业为主体、以市场为导向、产学研深度融合的技术创新体系，加强对中小企业创新的支持，促进科技成果转化。深化国有企业改革，培育具有全球竞争力的世界一流企业，支持民营企业发展，激活各类市场主体活力。伴随“科技强国”建设的推进，以企业为主体的技术创新体系从“产学研结合”到“产学研深度融合”，从“培育企业主体”到“强化国家战略科技力量”，从“提高大中型企业竞争力”到“培育世界一流企业和激发市场活力”，党和国家对进一步强化企业创新主体地位和激发企业活力提出了新的要求。

2021年，党的十九届五中全会提出“坚持创新在我国现代化建设全局中的核心地位，把科技自立自强作为国家发展的战略支撑”，并将其摆在各项规划任务的首位进行专章部署。实现科技自立自强，重点是抓好科技创新主体，既要有效提升企业技术创新能力、推动创新要素向企业集聚、促进产学研深度融合，又要加强创新人才教育培养、尊重人才成长规律和科研活动自身规律，力争培养一批具有国际水平的战略科技人才、科技领军人才和创新团队。习近平总书记指出，高水平科技自立自强，是立足新发展阶段、贯彻新发展理念、构建新发展格局的应有之义，对赢得新一轮科技革命和发展的主动权、实现第二个百年奋斗目标具有重要意义。

2021 年,我国科技领域的基本法——《中华人民共和国科学技术进步法》完成了第二次修订，2022 年开始实施。在新版《科学技术进步法》中“企业”出现 70 次，较以往大幅增加,并设立第四章“企业科技创新”,从深化产学研紧密结合的技术创新体系建设、培育具有影响力和竞争力的科技领军企业、支持科技企业孵化机构和创新创业机构发展、多渠道拓宽创业投资资金来源等方面,对企业的创新发展给予支持。

2022 年 8 月,科技部、财政部印发《企业技术创新能力提升行动方案(2022—2023 年)》推出 10 项具体行动,包括“推动惠企创新政策扎实落地、建立企业常态化参与国家科技创新决策的机制、引导企业加强关键核心技术攻关、支持企业前瞻布局基础前沿研究、促进中小企业成长为创新重要发源地、加大科技人才向企业集聚力度、强化对企业创新的风险投资等金融支持、加快推进科技资源和应用场景向企业开放、加强产学研用和大中小企业融通创新、提高企业创新国际化水平”。通过惠企创新政策的实施,引导支持各类企业将科技创新作为核心竞争力,为实现高水平科技自立自强、促进经济稳定增长和高质量发展提供有力支撑。

党的二十大报告提出我国进入了中国式现代化新征程,明确了将科技领军企业作为国家战略科技力量组成部分,以及将专精特新企业作为现代化产业体系建设者的定位,强化了企业科技创新主体地位和在产学研深度融合体系中的主导地位。从 1999 年《关于加强技术创新,发展高科技,实现产业化的决定》明确“企业是技术创新的主体”到 2012 年党的十八大报告提出“企业是创新的主体”,再到 2022 年,党的二十大报告提出“企业是科技创新主体”,从“技术创新主体”到“创新主体”再到“科技创新主体”这一路径的演变,表明企业在国家创新体系中的地位、角色、使命任务、科研活动都发生了很大变化。企业不仅要成为技术创新主体,解决实际的技术问题,更要成为科学研究主体,在科研新现象、新领域、新方法和新范式方面做出贡献。

新时代新征程,面对新的国际形势和国内高质量发展要求,我国深入实施创新驱动发展战略,进一步强化企业创新主体地位,深化产学研合作,集聚要素资源,构建宽松的创新环境,打好支持企业创新政策的“组合拳”,有效促进了一大批创新能力强、增长动力足、行业水平高的企业健康发展,让企业真正成为中国经济发展的强大动力源。

改革开放 40 年来,我国企业创新主体地位不断提升,企业创新活力和创新能力大幅加强,企业日益成为中国经济发展、创新投入、创新产出和参与国际竞争的重要主体。据统计,截至 2021 年底,我国市场主体总数突破 1.5 亿户,其中企业法人单位达 2 600 多万家，2021 年我国全社会研发投入 27 900 亿元,其中 76%来自企业投入，国家重点研发计划中的 79%由企业牵头或企业参与,企业专利申请和授权量占国内专利申请和授权总量的比重超过 60%。根据欧盟委员会联合研究中心(JRC)发布的

《2022欧盟工业研发投资记分牌报告》统计，在2020年全球研发投资前2 500名企业中，中国企业有278家，远超英盟和日本，位居全球第二。其中，华为是中国最大的研发投资公司，投入研发金额为190亿欧元（约1 386.05亿元），全球排名第四，仅次于谷歌、脸书和微软公司，超过苹果、三星、大众汽车和英特尔公司。企业作为国家创新体系的核心主体，在全面建设中国式现代化新征程中，正发挥着越来越重要的作用。

二、国家支持创新型企业发展的政策举措

为鼓励企业提高科技创新水平，推动经济高质量发展，政府出台了一系列综合性、普适性和专项政策支持企业科技创新。本书主要以2000—2022年我国出台的支持企业发展的政策条款为研究对象，主要从两个渠道获取相关政策：一是在国务院、科技部、发改委、工信部、商务部、财政部等几个与制定科技创新政策密切相关的部门网站上以“企业”“科技”“创新”等为关键字进行搜索；二是查阅相关已发表学术文章，获取一些含有直接或间接支持创新型企业发展条款的政策文件。下面对一些普及范围较广的政策进行简要介绍。

（一）税收政策

税收优惠，是指国家运用税收政策在税收法律、行政法规中规定对某一部分特定企业和课税对象给予减轻或免除税收负担的一种措施，这是政府促进企业加快创新的主要方式之一。针对创新型企业，国家实施了一系列财税优惠政策，如针对高新技术企业和技术先进型服务企业的企业所得税政策，规定对科技型企业研发费加计扣除、重大专项进口增值税优惠等，通过税收调节，创新型企业可降低研发成本、提高创新积极性。

1. 企业所得税优惠

随着国家财税体制改革的深化，税收优惠政策激励科技创新作用不断凸显，我国已初步形成以企业所得税优惠为主，全方位保护和激励科技创新的税收政策体系。2016年，科技部、财政部、国家税务总局发布《高新技术企业认定管理工作办法》（国科发火〔2016〕32号），规定国家重点支持的高新技术企业减按15%征收企业所得税。2017年，《关于将技术先进型服务企业所得税政策推广至全国实施的通知》（财税〔2017〕79号）明确自2017年1月1日起，在全国范围内实行以下企业所得税优惠政策：对经认定的技术先进型服务企业，减按15%的税率征收企业所得税。经认定的技术先进型服务企业产生的职工教育经费支出，不超过工资薪金总额8%的部分，准予在计算应纳税所得额时扣除，超过部分，准予在以后纳税年度结转扣除。《财政部 国家税务总局关于完善固定资产加速折旧企业所得税政策的通知》（财税〔2014〕75号）、《财政部 税务总局关于扩大固定资产加速折旧优惠政策适用范围的公告》

（财政部税务总局公告 2019 年第 66 号）等政策规定，生物药品制造业，专用设备制造业，铁路、船舶、航空航天和其他运输设备制造业，计算机、通信和其他电子设备制造业，仪器仪表制造业，信息传输、软件和信息技术服务业等 6 个行业的企业 2014 年 1 月 1 日后购进的固定资产，可缩短折旧年限或采取加速折旧的方法。轻工、纺织、机械、汽车等四个领域重点行业的企业 2015 年 1 月 1 日后新购进的固定资产，可由企业选择缩短折旧年限或采取加速折旧的方法。自 2019 年 1 月 1 日起，适用财税〔2014〕75 号和财税〔2015〕106 号规定固定资产加速折旧优惠的行业范围，扩大至全部制造业领域。企业所得税的降低，进一步降低了企业的创新成本，极大地调动了企业加大科技创新投入的积极性。

2. 研发费用加计扣除

研发费用加计扣除政策是我国激励企业技术创新的重要手段，也是对企业研发活动给予财政间接投入的主要方式。近年来，国家多次调整研发费用加计扣除比例，优惠力度不断提高，为支持企业加大研发投入发挥了很好的政策导向作用。2008 年，国家税务总局印发了《企业研究开发费用税前扣除管理办法（试行）》（国税发〔2008〕116 号），将研发费用加计扣除政策以法律形式确认。2015 年，国家大幅度放宽享受优惠的研发活动及研发费用范围，并首次明确负面清单制度。2017 年，国家将科技型中小企业的加计扣除比例由 50%提高到 75%。2018 年，国家将所有符合条件的企业加计扣除比例由 50%提高到 75%，并允许企业委托境外研发费用按规定在税前加计扣除。2021 年，国家将制造业企业加计扣除比例从 75%提高到 100%，优化简化辅助账样式，首次允许企业在 10 月预缴时提前对前 3 个季度的研发费用进行加计扣除。2022 年，国家将科技型中小企业加计扣除比例从 75%提高到 100%，将其他企业第四季度加计扣除比例从 75%提高到 100%。从国际上看，100%加计扣除的优惠力度在世界处于中等偏上水平。研发费用加计扣除比例的提高更加激发了企业科技创新的主动性，对加快科技成果的产出，促进企业加快研发高新技术产品发挥了积极的作用。

3. 进出口税收优惠

《重大技术装备进口税收政策管理办法实施细则》（工信部联财〔2020〕118 号）明确，符合规定条件的企业及核电项目业主为生产《国家支持发展的重大技术装备和产品目录》内的装备或产品而确有必要进口《重大技术装备和产品进口关键零部件、原材料商品目录》内的部分关键零部件及原材料，对其免征关税和进口环节增值税。2021 年，财政部、海关总署发布《税务总局关于"十四五"期间支持科技创新进口税收政策的通知》（财关税〔2021〕23 号），文件规定对科学研究机构、技术开发机构、学校、党校（行政学院）、图书馆进口国内不能生产或性能不能满足需求的科学研究、科技开发和教学用品，免征进口关税和进口环节增值税、消费税。其中科学研究机构、技术开发机构包括科技体制改革过程中转制为企业和进入企业的主要从事科学研究和技术开发工作的机构。这项政策有利于帮助符合条件的科技创新企业降低进口设备的成本，提高创新效率和积极性，促进科技创新型企业的发展。

（二）科技成果转化政策

科技成果转化是指为提高生产力水平而对科学研究与技术开发所产生的具有实用价值的科技成果进行的后续试验、开发、应用、推广直至形成新产品、新工艺、新材料，发展新产业等活动。促进科技成果转移转化是实施创新驱动发展战略的重要任务，是加强科技与经济紧密结合的关键环节。科技成果转化可以有效促进科技创新创业，加速新旧动能转换，提高科技创新成果产业化程度。自科技体制改革以来，政府就通过各种政策和措施来促进科技成果转化，提高企业科技成果转化效率。

1. 国家科技成果转化引导基金

2011 年，为加速推动科技成果转化与应用，引导社会力量和地方政府加大科技成果转化投入，中央财政设立国家科技成果转化引导基金，财政部、科技部印发《国家科技成果转化引导基金管理暂行办法》（财教〔2011〕289 号）。2021 年，财政部、科技部对财教〔2011〕289 号进行修订，发布《关于印发国家科技成果转化引导基金管理暂行办法的通知》（财教〔2021〕176 号），规定转化基金与符合条件的投资机构共同设立子基金，为转化科技成果的企业提供股权投资。子基金重点支持转化应用科技成果的种子期、初创期、成长期的科技型中小企业。科技成果转化基金的设立对于推动政府和地方力量给予科技型中小企业资金支持，培育和扶持中小型科技企业，提高企业促进科技成果转化的积极性，具有重要的推动和支持作用。

2. 技术转移示范机构

2007 年，国家科技部出台《关于印发国家技术转移示范机构管理办法的通知》（国科发火字〔2007〕565 号），对技术转移机构的定义、主要功能与业务范围、国家技术转移示范机构的评定与管理等内容进行明确。2008 年，科技部正式组织开展技术转移示范机构评选工作，确定清华大学国家技术转移中心等 76 家机构为首批国家技术转移示范机构。2016 年，国务院办公厅发布《关于印发促进科技成果转移转化行动方案的通知》（国办发〔2016〕28 号）提出要建设 100 个示范性国家技术转移机构，支持有条件的地方建设 10 个科技成果转移转化示范区，在重点行业领域布局建设一批支撑实体经济发展的众创空间，建成若干技术转移人才培养基地，培养 1 万名专业化技术转移人才；建设国家科技成果转移转化试验示范区，在科技成果转移转化服务、金融、人才、政策等方面，探索形成一批可复制、可推广的工作经验模式。2017 年，科技部印发《关于印发国家科技成果转移转化示范区建设指引的通知》，提出推动高校和科研院所科技成果转移转化。鼓励高校、科研院所建立面向企业的技术服务网络，通过研发合作、技术转让、技术许可、作价投资等多种形式，实现科技成果市场价值。培育专业化科技成果转移转化机构。推进众创空间、孵化器、加速器等创业孵化平台建设，加强与高校院所、企业和投融资机构的合作。技术转移示范机构的建设为科技成果转化提供了良好的发展环境，有利于增加转化数量、优化转化效率、提高科技成果转化的专业性。

3. 科技成果评价机制

科技成果评价是实施创新驱动发展战略的一项基础性工作，是加快实现科技自立自强，激发科技人员积极性和创造性，推动产出高质量成果的重要举措。2021年，国务院办公厅发布《国务院办公厅关于完善科技成果评价机制的指导意见》（以下简称《指导意见》）（国办发〔2021〕26号），首次将评价科技成果的科学、技术、经济、社会、文化五大价值明确化，大力发展科技成果市场化评价，加快建设现代化高水平技术交易市场，并提出充分发挥金融投资在科技评价中的作用，加大科技成果转化和产业化投融资支持。《指导意见》的出台有利于完善科技成果评价体系，更好地发挥科技成果评价作用，更加促进科技与经济社会发展紧密结合，加快推动科技成果转化为现实生产力。

4. 科技成果转化授权管理

科研人员利用发明专利创新创业，是科技成果转化为现实生产力最直接、最有效的方式。加大科技成果转化相关国有资产管理授权力度有利于为科技成果转化"松绑""加油"，提高科研人员直接创新创业积极性。2019年，财政部发布《财政部关于修改〈事业单位国有资产管理暂行办法〉的决定》（财政部令第100号），将《事业单位国有资产管理暂行办法》增加一条内容，即第四十条："国家设立的研究开发机构、高等院校将持有的科技成果转让、许可或者作价投资给国有全资企业的，由单位自主决定是否进行资产评估。"并且规定通过转化科技成果所获得收入全部留归本单位。此次修改是为科技成果转化"松绑加力"的突破性政策措施，有利于提高科技成果转化效率，让科技成果在交易转化中的价值得以充分体现。同年，财政部发布《关于进一步加大授权力度 促进科技成果转化的通知》（财资〔2019〕57号），强调要加大授权力度，中央级研究开发机构、高等院校对持有的科技成果，可以自主决定转让、许可或者作价投资，除涉及国家秘密、国家安全及关键核心技术外，不需报主管部门和财政部审批或者备案。此项政策进一步加大了科技成果转化有关国有资产管理授权力度，规范科技成果转化程序，有利于充分发挥国有资产在科技成果转移转化中的支撑作用，支撑地方促进科技成果转移转化。

5. 科技转让税收优惠

在增值税方面，根据《财政部 国家税务总局关于全面推开营业税改征增值税试点的通知》（财税〔2016〕36号）文件规定：纳税人提供技术转让、技术开发和与之相关的技术咨询、技术服务，免征增值税。在企业所得税方面，根据《国家税务总局关于技术转让所得减免企业所得税有关问题的公告》（国家税务总局公告2013年第62

号)、《国家税务总局关于许可使用权技术转让所得企业所得税有关问题的公告》(国家税务总局公告2015年第82号)规定,与技术转让相关并符合有关条件的技术咨询、技术服务、技术培训,可以计入技术转让收入,享受技术转让所得减免企业所得税。5年以上非独占许可使用权取得的技术转让所得,纳入享受企业所得税优惠的技术转让所得范围。居民企业的年度技术转让所得不超过500万元,免征企业所得税;超过500万元部分,减半征收企业所得税。税收负担的减轻,可以增加企业经营资金,提高企业盈利水平;同时也能促进技术服务企业发展壮大,提高企业综合实力和竞争力,推动科技产业升级和转型。

科技成果转化活动,是科技推动经济发展过程中重要的一环,能否加速科技成果转化,能否更有效地促进科技成果的产业化,是现今各个国家科技政策制定者关注的焦点。科技成果转化能够把握住新科技革命与产业变革重大机遇,以率先形成未来产业的战略愿景为牵引,把突破性原创成果转化与科技创新策源能力增强相协同。我国对于科技成果转化政策的制定和不断优化有利于促进科研团队创新创业,加快企业创新成果的转化,同时也能够促使我国通过企业创新成果转化先形成创新产业,以科技创新促进产业升级变革,进而抓住科技产业变革重大机遇。

(三)金融政策

科技金融是指通过创新财政科技投入方式,引导和促进银行业、证券业、保险业金融机构及创业投资等各类资本,创新金融产品,改进服务模式,搭建服务平台,实现科技创新链条与金融资本链条的有机结合,为初创期至成熟期各发展阶段的科技企业提供融资支持和金融服务的一系列政策和制度的系统安排。加强科技与金融的结合,不仅有利于发挥科技对经济社会发展的支撑作用,也有利于金融创新和金融的持续发展。近年来,国家推出了一系列科技金融政策,支持科技创新型企业的融资,如"科技金融计划""科技保险"等,促进企业科技创新。

1. 鼓励银行支持科技创新企业

随着直接融资市场的快速发展和利率市场化的加速推进,投贷联动模式日益受到众多银行的追捧。2016年,中国银监会、科技部、中国人民银行印发《关于支持银行业金融机构加大创新力度开展科创企业投贷联动试点的指导意见》(银监发〔2016〕14号),就银行业金融机构加大创新力度,开展科创企业投贷联动试点提出指导。投贷联动是指银行业金融机构"信贷投放"与本集团设立的具有投资功能的子公司"股权投资"相结合的方式,通过相关制度安排,由投资收益抵补信贷风险,实现科创企业信贷风险和收益的匹配,为科创企业提供持续资金支持的融资模式。通过开展投贷联动试点,推动银行业金融机构基于科创企业成长周期前移金融服务,为种子期、初创期、成长期科创企业提供资金支持,有效增加科创企业金融供给总量,优化金融供给结构,探索推动银行业金融机构业务创新发展。2022年,中国人民银行、发展改革委、科技部等八部委联合印发《上海市、南京市、杭州市、合肥市、嘉兴市建设科创金融改革试验区总体方案》的通知（银发〔2022〕260 号），鼓励商业银行在试验区内设立科技金融事业部、科技支行、科创金融等专营机构，完善科创金融银行服务体系，加大对科技创新企业的信贷支持，以及对融资担保和风险投资的支持。

2. 支持科技型企业上市

当前，我国以主板、中小板、创业板、科创板以及“新三板”等为主体的多层次股票市场体系已基本搭建完成，上市融资为创新型企业的发展发挥着积极的促进作用。主板是指传统意义上的证券市场（通常指股票市场），是一个国家或地区证券发行、上市及交易的主要场所，我国大陆主板市场公司在上交所和深交所两个市场上市。主板是资本市场最重要的组成部分，能在很大程度上反映我国的经济发展状况，是“国民经济的晴雨表”。创业板又称二板市场，是专为暂时无法在主板上市的创业型企业、中小企业和高科技产业企业等需要进行融资和发展的企业提供融资途径和成长空间的证券交易市场，在我国特指深圳创业板。2018 年，在首届中国国际进口博览会开幕式上，习近平总书记宣布设立科创板，2019 年，证监会发布《关于在上海证券交易所设立科创板并试点注册制的实施意见》（中国证券监督管理委员会公告〔2019〕2 号），这是独立于原有主板市场的新设板块，并推出了“注册制”改革试点。科创板精准定位于“面向世界科技前沿、面向经济主战场、面向国家重大需求”，主要服务于符合国家战略、突破关键核心技术、市场认可度高的科技创新企业，重点支持新一代信息技术、高端装备、新材料、新能源、节能环保以及生物医药等高新技术产业和战略性新兴产业。科创板的设立对推动互联网、大数据、云计算、人工智能和制造业深度融合，引领中高端消费，推动质量变革、效率变革、动力变革发挥了重要作用。

3. 推动科技创新企业融资担保

2022 年，北京市地方金融监督管理局、中国证券监督管理委员会北京监管局、中关村科技园区管理委员会、中关村科技园区管理委员会、中国银行保险监督管理委员会北京监管局、中国证券监督管理委员会北京监管局、北京市海淀区人民政府发布《关于对科技创新企业给予全链条金融支持的若干措施》（京金融〔2022〕190 号），要求增强政府性融资担保机构服务能力，落实政府性融资担保机构支持小微企业、战略性新兴产业融资担保业务尽职免责工作要求，鼓励政府性融资担保机构提高支持科技型中小企业数量，降低反担保要求，为科技型企业融资提供了更好的担保支持。

4. 推广科技保险

科技保险是利用保险功能和资金优势，为科技企业研发、成果转化和产业化活动提供风险保障、资金融通等服务，是分散科技创新风险的重要科技金融工具。2021 年，中国银保监会发布《关于银行业保险业支持高水平科技自立自强的指导意见》（银保监发〔2021〕46 号），提出要推动银行业保险业优化科技金融服务，鼓励保险机构完善科技保险产品体系，形成覆盖科技企业研发、生产、销售等各环节的保险保障，加大科研物资设备和科研成果质量的保障力度，依托再保险服务体系，为科技保险有效地分散风险。科技保险的实施和推动有利于完善科技企业风险控制机制，提升科技金融风险管理能力，积极运用多层次风险分担和补偿支持等手段，构建科技金融服务长效机制。

这些科技金融政策可以提高企业融资的可得性和可负担性，降低企业融资成本，同时提高企业资本运作效率，加强企业财务管理和风险控制能力。在此基础上，企业可以以更丰富的资源和更低的成本将资本投入科技创新，提高自身科技创新能力和水平。

（四）科技人才政策

科技人才指具有专业知识或专门技能，具备科学思维和创新能力，从事科学技术创新活动，对科学技术事业及经济社会发展做出贡献的劳动者，是国家创新发展的核心要素。党的十八大以来，国家始终以激发科技人才活力为主线，以建设适应时代发展和经济社会需求的科技人才队伍为任务，推进科技人才政策体系不断健全。通过对科技人才的支持，构建以企业为主体的培养体系，实施国家人才计划，支持企业加强人才股权激励等措施，保障科技人才的权益，激发创新活力，推动企业创新。

1. 技能人才培养

2022 年 10 月，中共中央办公厅、国务院办公厅印发《关于加强新时代高技能人才队伍建设的意见》，文件指出要健全高技能人才培养体系，构建以行业企业为主体、职业学校为基础、政府推动与社会支持相结合的高技能人才培养体系。鼓励各类企业结合实际把高技能人才培养纳入企业发展总体规划和年度计划，依托企业培训中心、产教融合实训基地、高技能人才培训基地、公共实训基地、技能大师工作室、劳模和工匠人才创新工作室、网络学习平台等，大力培养高技能人才；并且要求大力推进符合高技能人才培养需求的精品课程、教材和师资建设，开发高技能人才培养标准和一体化课程，加强国际交流合作。通过对人才培训基地、企业培训计划等支持，国家积极引导企业培育高技能人才，对于创新型企业来说这有利于获得更多人才培育支持，构建高技能人才队伍。

2. 科技人才计划

2022 年 8 月，科技部、财政部印发《企业技术创新能力提升行动方案（2022—2023 年）》，提出要加大科技人才向企业集聚的力度，包括：加强对企业家战略引导和服务，举办企业家科技创新战略与政策研讨班，充分发挥企业家才能，支持企业家做创新发展的探索者、组织者、引领者；推动企业招收更多高水平科技人才，扩大企业博士后招收规模，鼓励企业吸引更多海外博士后；国家科技人才计划加强对企业科技领军人才和重点领域创新团队支持；支持企业依托各类科技计划项目和创新基地平台等开发科研助理岗位；开展校企、院企科研人员“双聘”等流动机制试点，推广企业科技特派员制度等。

3. 人才激励和保障

2012年，国务院办公厅发布《关于转发人力资源社会保障部、财政部、国资委关于加强企业技能人才队伍建设意见的通知》（国办发〔2012〕34号），强调要切实落实高技能人才享受政府特殊津贴的政策。各大中城市可根据当地紧缺急需技能人才情况，研究制定高技能人才落户政策，具体办法由各地人民政府制定。2019年10月，国务院发布《关于进一步做好中央企业控股上市公司股权激励工作有关事项的通知》（国资发考分规〔2019〕102号），积极支持中央企业控股上市公司建立健全长效激励约束机制，提出中央企业应当结合本集团产业发展规划，积极推动所控股上市公司建立规范、有效、科学的股权激励机制，综合运用多种激励工具，系统构建企业核心骨干人才激励体系；2020年4月，国资委在总结中央企业控股上市公司股权激励工作的基础上，制定了《中央企业控股上市公司实施股权激励工作指引》（国资考分〔2020〕178号），进一步推动中央企业控股上市公司建立健全长效激励约束机制，完善股权激励计划的制定和实施工作，充分调动上市公司核心骨干人才的积极性；2021年1月，国务院国有企业改革领导小组办公室印发《"双百企业"和"科改示范企业"超额利润分享机制操作指引》，指导相关企业率先推进改革工作。超额利润分享机制是指企业综合考虑战略规划、业绩考核指标、历史经营数据和本行业平均利润水平，合理设定目标利润，并以企业实际利润超出目标利润的部分作为超额利润，按约定比例提取超额利润分享额并分配给激励对象的一种中长期激励方式。通过指导符合条件的国有企业灵活开展对科技人才的中长期激励机制，可以提高企业人才的创新积极性，促进科研成果转化，从而带动企业的科技水平提升。

党的二十大报告强调："教育、科技、人才是全面建设社会主义现代化国家的基础性、战略性支撑。"这一重要论断深刻揭示了新时代实施科教兴国战略、强化现代化建设人才支撑的重要性，这对于全面建设社会主义现代化国家、全面推进中华民族伟大复兴，具有重大现实意义和深远历史意义。通过对科技人才的鼓励和支持，有利于推动科技企业创新智库的建设，增强创新活力，实现更多科技成果转化和产出。

（五）知识产权保护政策

知识产权是基于创造成果和工商标记依法产生的权利统称。1950年，《中央人民政府政务院关于奖励有关生产的发明、技术改进及合理化建议的决定》（以下简称《1950年决定》）和《中央人民政府政务院保障发明权与专利权暂行条例》两个文件开启了我国知识产权保护的先河。《1950年决定》开宗明义，"为了有组织有领导地鼓励发明、技术改进及合理化建议，并保障发明者、改进技术者和合理化建议者的权益"。之后，国家加强知识产权保护，出台了一系列法律法规和政策文件，加大了对知识产权保护力度，为企业科技创新提供了法律保障。

1. 建立知识产权保护体系

2022 年,《最高人民检察院 国家知识产权局关于强化知识产权协同保护的意见》(国知发保字〔2022〕20 号)出台,提出加强知识产权保护的目标和措施,其中包括建立知识产权保护的法律制度、完善知识产权保护机制、加强知识产权保护宣传等,加大对侵权假冒行为的惩戒力度、严格规范证据标准、强化案件执行措施、完善新业态新领域保护制度,并提出加快在专利、著作权等领域引入侵权惩罚性赔偿制度。这有利于保护创新型企业的科研成果不被盗取,企业的知识产权将得到更有力的保障。

2. 加大知识产权执法力度

知识产权执法活动是实施知识产权保护制度的重要组成部分,是维护和促进知识产权法律制度有效实施的重要机制。知识产权执法活动的开展,能够形成法律的威慑性,对知识产权违法行为进行有效抑制,实现对侵权者的法律惩治。上文所提到的国知发保字〔2022〕20 号文件提出加大知识产权执法力度,包括对侵犯知识产权行为进行打击和处罚,保护创新成果,强化协同保护力度,维护知识产权所有人合法权益。这些举措保护了创新型企业的创新成果和相关利益,对促进企业加快科技创新具有重要作用。

3. 加强知识产权国际合作

2017 年,国务院印发《关于促进外商投资增长稳定的若干措施》(国发〔2017〕39 号),强调要进一步提升我国外商投资环境法治化、国际化、便利化水平,促进外资增长,提高外资利用质量,提出鼓励外商在中国注册知识产权,同时加强国际知识产权合作,保护中国企业的海外知识产权权益。这既有利于吸引更多创新成果和投资项目到国内发展,加强合作交流,形成竞争格局,同时也对保护我国创新型企业在全球的知识产权利益,巩固全球市场地位发挥积极作用。

这些政策和措施对于创新型企业来说,可以有效地保护其知识产权,提高企业创新能力和竞争力,促进科技创新和产业升级。

(六)专项政策

为了推动和支持企业科技创新,我国政府陆续出台了一系列专项政策,包括对科技型中小企业的评价,对高新技术企业的认定,对创新型中小企业、专精特新中小企业以及专精特新"小巨人"企业等的支持和激励措施。这些政策旨在为企业提供更多的创新支持和帮助,引导企业提升核心竞争力,抢占市场份额,从而推动经济的高质量发展。

1. 科技型中小企业评价

科技型中小企业评价是对企业在技术创新、研发投入、技术创新能力、技术成果转化等方面进行综合评价的一种机制。2017 年,科学技术部、财政部、国家税务总局发布《科技型中小企业评价办法》(国科发政〔2017〕115 号),规定科技型中小企业是指依托一定数量的科技人员从事科学技术研究开发活动,取得自主知识产权并将其转化为高新技术产品或服务，从而实现可持续发展的中小企业。它的出台对于企业创新来说具有重要的意义。首先，可以帮助企业识别和评估自己的技术创新能力和水平，发现和解决在创新中存在的问题和瓶颈；其次，可以促进企业之间的技术创新竞争，从而提高整个行业的技术水平和竞争力；最后，通过评价办法的实施，政府可以更好地了解和支持科技型中小企业的发展，从而推动科技创新和经济增长。

2. 高新技术企业认定

高新技术企业是指在《国家重点支持的高新技术领域》内，持续进行研究开发与技术成果转化，形成企业核心自主知识产权，并以此为基础开展经营活动，在中国境内（不包括港、澳、台地区）注册的居民企业。通过认定的高新技术企业可以享受多重优惠政策：2015 年，财政部和国家税务总局发布的《关于将国家自主创新示范区有关税收试点政策推广到全国范围实施的通知》（财税〔2015〕116 号）规定，在全国范围内的中小高企业以未分配利润、盈余公积、资本公积向个人股东转增股本时，个人股东一次缴纳个人所得税确实有困难的，可根据实际情况自行制定分期缴税计划，在不超过 5 个公历年度内（含）分期缴纳；同年，税务局发布了《关于股权奖励和转增股本个人所得税征管问题的公告》（2015 年第 80 号），进一步规定了股权奖励的计税价格等具体细节；2018 年，财政部和税务总局发布《关于延长高新技术企业和科技型中小企业亏损结转年限的通知》（财税〔2018〕76 号），文件规定当年具备高新技术企业或科技型中小企业资格的企业，其具备资格的前 5 个年度发生的尚未弥补完的亏损，准予结转以后年度弥补，最长结转年限由 5 年延长至 10 年；2022 年，国家外汇管理局发布《关于支持高新技术和“专精特新”企业开展跨境融资便利化试点的通知》（汇发〔2022〕16 号），规定符合条件的高新技术企业，可在不超过等值 500 万美元额度内自主借用外债。这些政策的出台有力地推动高新技术企业降低成本，加大创新力度，同时鼓励科技人员加快研发节奏，提高取得创新研究成果的积极性。

3. 创新型中小企业、专精特新中小企业和专精特新“小巨人”企业

2022 年 6 月 1 日，工信部印发《优质中小企业梯度培育管理暂行办法》（以下简称《2022 年办法》）（工信部企业〔2022〕63 号），《2022 年办法》明确了创新型中小企业、专精特新中小企业、专精特新“小巨人”企业的评价或认定标准，同时对培育管理提出了系统性要求。创新型中小企业、专精特新中小企业、专精特新“小巨人”企业是优质中小企业培育的三个层次，共同构成梯度培育体系。创新型中小企业具有较高专业化水平、较强创新能力和发展潜力，是优质中小企业的基础力量，培育目标是 100 万家左右。专精特新中小企业实现专业化、精细化、特色化发展，创新能力强，质量效益好，是优质中小企业的中坚力量，培育目标是 10 万家左右。专精特新“小巨人”企业位于产业基础核心领域和产业链关键环节，创新能力突出、掌握核心技术、细分市场占有率高、质量效益好，是优质中小企业的核心力量，培育目标是 1 万家左

右。《2022年办法》提出要统筹运用财税、金融、技术、产业、人才、用地、用能等政策工具持续支持优质中小企业发展。构建政府公共服务、市场化服务、公益性服务协同促进的服务体系,引导各类服务机构加大对优质中小企业的服务帮扶力度,通过搭建创新成果对接、大中小企业融通创新、创新创业大赛等平台,汇聚服务资源,创新服务方式,为中小企业提供全周期、全方位、多层次的服务。

这些专项政策为创新型企业提供了具体的政策指导和政策支持,可以帮助企业降低研发成本和技术风险,提高研发效率,增强企业的技术实力,帮助企业获得税收、融资等多方面的优惠政策,从而降低企业的经营成本和融资成本,提高企业的资金实力和市场竞争力。同时可以帮助企业增强创新意识和能力,加强市场开拓和服务能力,提升企业的核心竞争力和市场影响力。

以上政策举措是国家支持创新型企业发展的主要内容,这些政策的出台为创新型企业提供了有力的政策和资金支持,既在财政补贴和税收方面给予创新型企业更多优惠,又提高了资金支持的力度,同时对知识产权的维护也进一步保障了企业的创新成果,支持企业创造更多具有高附加值、高收益的创新产品。专项政策则为高新技术企业、专精特新企业等创造良好的政策环境,提供更具体的指导和支持,扶持创新型企业稳定发展。

表2-1　创新型企业专项政策汇总

企业类别	发展现状	概念界定	发文时间	发文单位	文件名
创新型企业	2008年开始第一批认定,2011年停止认定	在技术创新、品牌创新、体制机制创新、经营管理创新、理念和文化创新等方面成效突出的企业	2008年6月	科技部	《关于开展创新型企业评价工作的通知》
技术创新示范企业	2011年开始第一批认定,开展至今	工业主要产业中技术创新能力较强、创新业绩显著、具有重要示范和导向作用的企业	2010年9月	工信部、财政部	《技术创新示范企业认定管理办法(试行)》

续表

企业类别	发展现状	概念界定	发文时间	发文单位	文件名
高新技术企业	截至2022年底,我国高新技术企业数量达到40万家	在国家重点支持的高新技术领域内,持续进行研究开发与技术成果转化,形成企业核心自主知识产权,并以此为基础开展经营活动,在中国境内(不包括港、澳、台地区)注册的居民企业	2016年1月	科技部、财政部、国税局	《高新技术企业认定管理办法》
			2016年6月	科技部、财政部、国税局	《高新技术企业认定管理工作指引》
制造业单项冠军企业	截至2022年底,全国制造业单项冠军总数近1 200家	长期专注于制造业某些特定细分产品市场,生产技术或工艺处于国际领先水平,单项产品市场占有率位居全球前列的企业	2016年3月	工信部	《制造业单项冠军企业培育提升专项行动实施方案》
科技型中小企业	截至2022年底,我国国家级科技型中小企业达到45万家	依托一定数量的科技人员从事科学技术研究开发活动,取得自主知识产权并将其转化为高新技术产品或服务,从而实现可持续发展的中小企业	2017年5月	科技部、财政部、国税局	《科技型中小企业评价办法》
			2017年10月	科技部火炬中心	《科技型中小企业评价工作指引(试行)》
			2019年8月	科技部	《关于新时期支持科技型中小企业加快创新发展的若干政策措施》
			2022年1月	科技部	《科技部办公厅关于营造更好环境支持科技型中小企业研发的通知》
技术先进型服务企业	—	从事《技术先进型服务业务认定范围(试行)》中的一种或多种技术先进型服务业务,采用先进技术或具备较强的研发能力的企业	2017年11月	财政部、国税局、商务部、科技部、发改委	《关于将技术先进型服务企业所得税政策推广至全国实施的通知》
			2018年5月	财政部、国税局、商务部、科技部、发改委	《关于将服务贸易创新发展试点地区技术先进型服务企业所得税政策推广至全国实施的通知》

续表

企业类别	发展现状	概念界定	发文时间	发文单位	文件名
“专精特新”企业	截至2022年底,全国已培育8万多家专精特新中小企业,其中专精特新“小巨人”企业8 997家	在产品、技术、管理、模式等方面创新能力强、专注细分市场、成长性好的中小企业	2022年6月	工信部	《优质中小企业梯度培育管理暂行办法》

(七)法律法规

除了上述政策文件外,我国还出台了多个法律法规来支持创新型企业的发展,以下是其中一些重要的法律法规。

表 2-2 促进创新型企业发展相关法律法规

法律法规名称	颁布时间	相关法条	意义
《中华人民共和国中小企业促进法》(中华人民共和国主席令第69号)	2002年6月	第八条 中央财政应当在本级预算中设立中小企业科目,安排中小企业发展专项资金。县级以上地方各级人民政府应当根据实际情况,在本级财政预算中安排中小企业发展专项资金。 第九条 中小企业发展专项资金通过资助、购买服务、奖励等方式,重点用于支持中小企业公共服务体系和融资服务体系建设。中小企业发展专项资金向小型微型企业倾斜,资金管理使用坚持公开、透明的原则,实行预算绩效管理。 第十条 国家设立中小企业发展基金。国家中小企业发展基金应当遵循政策性导向和市场化运作原则,主要用于引导和带动社会资金支持初创期中小企业,促进创业创新。县级以上地方各级人民政府可以设立中小企业发展基金。中小企业发展基金的设立和使用管理办法由国务院规定。 第十一条 国家实行有利于小型微型企业发展的税收政策,对符合条件的小型微型企业按照规定实行缓征、减征、免征企业所得税、增值税等措施,简化税收征管程序,减轻小型微型企业税收负担	该法律是中国政府为支持中小企业发展、促进经济增长而制定的法律。该法律规定了中小企业的范围、扶持政策、金融支持、市场准入、知识产权保护等方面的内容,为中小企业提供了法律保障和支持,《中小企业促进法》的实施,有利于优化市场环境,提高中小企业的创新能力和竞争力,促进就业和社会稳定

续表

法律法规名称	颁布时间	相关法条	意义
《中华人民共和国专利法》（主席令第8号）	2008年修正	第七十一条 侵犯专利权的赔偿数额按照权利人因被侵权所受到的实际损失或者侵权人因侵权所获得的利益确定；权利人的损失或者侵权人获得的利益难以确定的，参照该专利许可使用费的倍数合理确定。对故意侵犯专利权，情节严重的，可以按照上述方法确定数额的1倍以上5倍以下确定赔偿数额	该法律是保护知识产权、促进技术创新和推动经济发展的重要法律。该法律保护发明、实用新型和外观设计等各种专利权利，为发明者提供了法律保障，激励和推动技术创新和产业升级，促进科技成果转化和商业化，提升企业的竞争力和核心价值。专利实施许可、技术转移等制度的建立，有利于促进技术的传播和转化，促进产业发展和国际经济合作
《中华人民共和国企业所得税法》（主席令第63号）	2007年3月	第二十五条 国家对重点扶持和鼓励发展的产业和项目，给予企业所得税优惠。 第二十八条 符合条件的小型微利企业，减按20%的税率征收企业所得税。 国家需要重点扶持的高新技术企业，减按15%的税率征收企业所得税。 第三十条 企业的下列支出，可以在计算应纳税所得额时加计扣除：（一）开发新技术、新产品、新工艺发生的研究开发费用；（二）安置残疾人员及国家鼓励安置的其他就业人员所支付的工资	该法律为规范企业所得税征收和管理提供了法律依据。《企业所得税法》的实施，有利于促进企业的健康发展和国家经济的持续增长，鼓励企业进行技术创新和产品升级，提高企业的竞争力和市场份额
《中华人民共和国政府采购法》（主席令第68号）	2002年6月通过 2014年8月修正	第九条 政府采购应当有助于实现国家的经济和社会发展政策目标，包括保护环境，扶持不发达地区和少数民族地区，促进中小企业发展等	该法鼓励政府采购机构优先选择符合科技创新要求的产品和服务，从而鼓励企业开展技术创新和推广应用新技术。这有助于提高企业的技术水平和竞争力。同时规定政府采购机构应公开采购信息，鼓励企业积极参与政府采购活动，提高企业的市场竞争力和参与政府采购的机会，从而促进企业的发展和壮大

续表

法律法规名称	颁布时间	相关法条	意义
《中华人民共和国促进科技成果转化法》（主席令第32号）	1996年5月通过 2015年8月修正	第四十四条 职务科技成果转化后，由科技成果完成单位对完成、转化该项科技成果做出重要贡献的人员给予奖励和报酬。 第四十五条 科技成果完成单位未规定，也未与科技人员约定奖励和报酬的方式和数额的，按照下列标准对完成、转化职务科技成果做出重要贡献的人员给予奖励和报酬： （一）将该项职务科技成果转让、许可给他人实施的，从该项科技成果转让净收入或者许可净收入中提取不低于百分之五十的比例； （二）利用该项职务科技成果作价投资的，从该项科技成果形成的股份或者出资比例中提取不低于50%的比例； （三）将该项职务科技成果自行实施或者与他人合作实施的，应当在实施转化成功投产后连续三至五年，每年从实施该项科技成果的营业利润中提取不低于5%的比例	该法鼓励和支持科技成果的转化，包括技术转让、技术转化、技术服务、股权投资等多种形式，可以激励企业进行科技创新，提高其创新能力和市场竞争力。同时强调加强知识产权保护，包括加强对专利、商标、著作权等的保护，可以鼓励企业更加积极地进行科技创新，保护了企业的知识产权，保障了企业的合法权益
《中华人民共和国外商投资法》（主席令第26号）	2019年3月	第三条 国家坚持对外开放的基本国策，鼓励外国投资者依法在中国境内投资。国家实行高水平投资自由化便利化政策，建立和完善外商投资促进机制，营造稳定、透明、可预期和公平竞争的市场环境	该法律是中国为吸引外商投资、促进经济发展和保护外商投资者权益而制定的法律。《外商投资法》的实施，有助于提高中国的国际竞争力和吸引力，优化外商投资环境，促进外国技术的引入，推动国内企业技术的迭代升级

这些法律法规的出台对促进创新型企业的发展具有重要意义。它们为我国创新型企业提供了法律保障和支持，规范了科技创新和知识产权保护的法律体系，并通过税收减免、市场准入、知识产权保护等措施，为创新型企业提供了资金、政策和制度上的支持，促进了创新型企业的发展，推动了我国科技创新发展取得巨大进步和显著成就。科技创新法律制度建设的不断加强，为促进经济社会发展、保障国家安全、增进民生福祉发挥了十分重要的战略作用。

第二节　国家高新技术企业发展历程与态势

20世纪90年代末，为促进我国高新技术成果商品化、高新技术商品产业化和高新技术产业国际化，原国家科委开始组织实施火炬计划。高新技术企业作为实施火炬计划的重要载体，其认定管理工作经历启动认定、标准提升、全国推广、完善强化等四个阶段，极大地促进了高新技术产业的发展。当前，我国高新技术企业认定工作逐步迈向量质双提升新发展阶段，已经成为各地深入实施创新驱动发展战略、推动科技创新支撑引领现代化经济体系建设的重要抓手，为我国经济高质量发展和现代化经济体系建设贡献了巨大力量。

一、国家高新技术企业认定管理历程

（一）启动认定阶段（1988—1999 年）

1988 年 8 月，为推动高新技术产业发展，我国批准实施高新技术产业的指导性计划——火炬计划。同期，配合火炬计划的实施，原国家科委颁布了《关于高技术、新技术企业认定条件和标准的暂行规定》，开始在高新区开展高新技术企业认定工作。截至 1989 年底，在 15 个高新区共计认定了 2 065 家高新技术企业。1991 年国务院发布了《国务院关于批准关键高新技术产业开发区和有关政策规定的通知》（国发〔1991〕12 号），《国家高新技术产业开发区高新技术企业认定条件和办法》作为第一附件一同发布，授权原国家科委开展高新区内高新技术企业认定工作，并配套制定了一系列财政、税收、金融、贸易政策。根据《中华人民共和国科学技术进步法》和国务院发〔1991〕12 号文件有关规定，1996 年，国家科委颁布《国家高新技术产业开发区外高新技术企业认定条件和办法》（国科发火字〔1996〕018 号），高新技术企业认定的范围扩展到高新区外。截至 1999 年底，我国入统高新技术的企业已达到 17 118 家。

（二）标准提升阶段（2000—2007 年）

1999 年颁布的《中共中央 国务院关于加强技术创新，发展高科技，实现产业化的决定》（中发〔1999〕14 号）对加强我国高新技术企业的研究开发活动提出了更高的要求，指出企业是技术创新的主体，技术创新是发展高科技、实现产业化的重要前提。为贯彻中央决定精神，2000 年，国家科技部修订了国家高新区内高新技术企业认定标准，出台《国家高新技术产业开发区高新技术企业认定条件和办法》（国科发火字〔2000〕324 号）。在新世纪初施行的高新技术企业认定管理办法中，具体的认定标准相对以前的条件要求更为严格和明确，主要基于以下几个方面：一是和《高新技术产品目录》挂钩；二是每年用于高新技术及其产品研究开发的经费应占当年销售总额的 5%以上；三是大专以上学历的科技人员占职工总数的 30%以上，其中科技人员占职工总数的 10%以上；四是技术性收入与高新技术产品销售收入总和占总收入比重的 60%以上。截至 2007 年，高新技术企业数量已超过 56 000 家，其研究开发经费总支出已经达到 1 995.4 亿元，占全社会研究开发经费的 54.5%。[①] 这说明高新技术企业在自主创新方面已经成为当之无愧的主力军。

（三）全国推广阶段（2008—2015 年）

为贯彻落实党的十七大精神和中共中央、国务院《关于实施科技规划纲要增强自主创新能力的决定》，配合 2007 年 3 月第十届全国人大通过的《中华人民共和国企业所得税法》提出的对国家重点扶持的高新技术企业的优惠政策，2008 年 4 月，经国务院批准，科技部、财政部、国家税务总局共同颁布了新的《高新技术企业认定管理办法》（国科发火〔2008〕172 号），配套文件《高新技术企业认定管理工作指引》（国科〔2008〕362 号）也于 2008 年 7 月 8 日正式印发。与以前认定办法不同的是，新办法突出强调鼓励企业创新，将企业研发投入强度、研发活动、自主知识产权尤其是核心专利技术作为评审认定的核心指标。新办法主要有以下要求：一是大专以上学历科技人员占职工总数的 30%以上，其中研发人员占职工总数的 10%以上；二是不同类型企业研发费比例不低于 6%、4%、3%；三是高新技术产品（服务）收入占总收入的 60%以上；四是用《国家重点支持的高新技术领域》指导认定工作，避免了《高新技术产品目录》的局限性；五是取消地域界限，不分区内区外，统一认定高新技术企业。2012 年党的十八大提出实施创新驱动发展战略，高新技术企业成为落实这一战略的重要抓手。全国各地纷纷加大高新技术企业培育扶持力度，高新技术企业群体不断壮大。截至 2015 年底，我国纳入火炬计划的高新技术企业数量达 76 141 家，从业人员有 2 045.2 万人，出口创汇为 4 768.7 亿美元，上缴税收 11 052.1 亿元。

（四）完善强化阶段（2016 年至今）

中共中央、国务院 2012 年 6 号文件《关于深化科技体制改革，加快国家创新体系建设的意见》提出“完善高新技术企业认定办法，落实相关政策优惠”的要求。党的十八届五中全会提出“创新、协调、绿色、开放、共享”的新发展理念，指出创新是引领发展的第一动力。在此背景下，2016 年，科技部、财政部和税务总局联合重新修订印发了《高新技术企业认定管理办法》（国科发火〔2016〕32 号），并颁布《高新技术企业认定管理工作指引》（国科发火〔2016〕195 号），进一步降低了认定标准，加大对创新型企业尤其是中小企业的扶持力度，简化了认定流程，缩短了公示时间，并且放宽了认定条件，扩充了重点支持的高新技术领域，更加强调认定和后续监管。这一阶段，我国高新技术企业发展从前期的高速增长逐步向量质双提升发展转变，在我国科技创新和经济社会发展中的支撑作用日益突出。截至 2021 年底，我国入统高新技术的企业达到 324 112 家，从业人员有 4 259.1 万人，上缴税额 22 842.5 亿元，出口创汇为 10 718.6 亿美元。

① 数据来源：2008 年，时任科技部部长万钢在全国高新技术企业认定管理工作会议上的讲话。

二、国家高新技术企业发展态势

（一）高新技术企业成为我国科技创新的主力军

科技创新是高新技术企业的核心。2021 年，全国高新技术企业达 32.4 万家，约占全国企业总量的 0.67%；拥有有效发明专利 121.3 万件，占国内企业总量的 63.6%；研发投入占全国企业投入的 70%；上缴税费 2.28 亿元；在上海证交所科创板、北京证交所上市的企业中，高新技术企业占比超过 90%，已成为高质量发展的新引擎。

2017—2021 年，全国高新技术企业数量呈持续性高速增长态势。2017 年，全国高新技术企业达到 130 632 家，2018 年达到 172 262 家，2019 年达到 218 544 家，2020 年达到 269 896 家，2021 年达到 324 112 家。[①] 从增速角度看，2018 年、2019 年、2020 年、2021 年高新技术企业数量相比上一年分别增加 41 630 家、46 282 家、51 352 家、54 216 家。从企业数量增长率看，2018 年、2019 年、2020 年、2021 年的高新技术企业数量同比分别增长 31.87%、26.87%、23.50%、20.09%，保持了较高的增长速度。

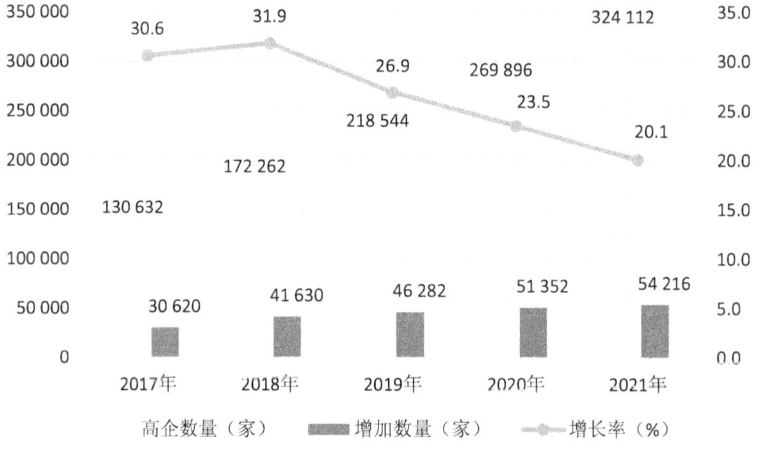

图 2-1 2017—2021 年全国高新技术企业数量情况

随着我国科技创新步伐的加快，高新技术企业科技资金投入力度不断加大。2021 年，全国高新技术企业研究开发经费内部支出达 33 681.6 亿元，R&D 经费内部支出达 14 662.1 亿元，近 5 年年均增长率分别为 21.4%和 12.1%。从支出强度看，高新技术企业整体 R&D 投入强度[②] 从 2017 年的 2.9%下降至 2021 年的 2.3%；户均研究开发经费内部支出从 2017 年的 1 185.1 万元/户下降至 2021 年的 1 039.2 万元/户。

① 全国高新技术企业数据来源于 2017—2022 年的《中国火炬统计年鉴》。

② 高新技术企业研发强度为企业 R&D 经费内部支出与企业营业收入之比。

同时，企业人均研究开发经费内部支出[①]呈增长态势，从2017年的23.5万元/人上升至2021年的33万元/人。

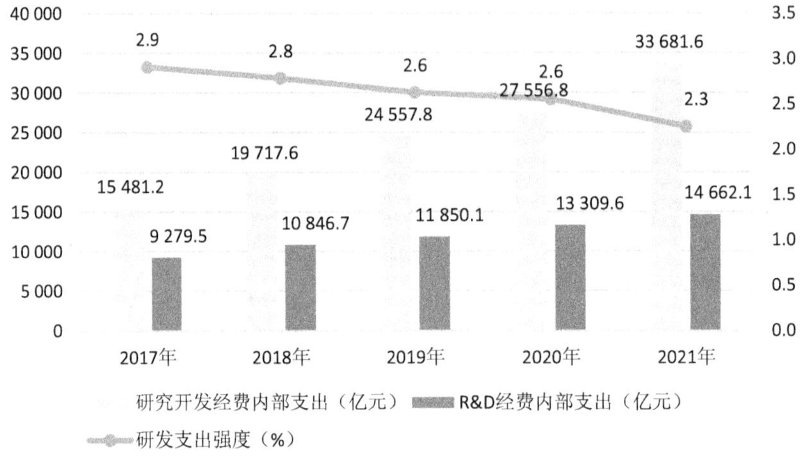

图 2-2　2017—2021 年全国高新技术企业研究开发经费支出情况

2017—2021年，高新技术企业上缴税费缓慢增长，从15 578.3亿元增长至22 842.5亿元，年均增长率为10%；户均上缴税费呈下降趋势，从2017年的1 192.5万元/户下降至2020年的681.6万元/户，2021年回升至704.8万元/户；人均上缴税费趋势与户均上缴税费趋势基本一致，从2017年的5.7万元/人下降至2020年的4.8万元/人，2021年回升至5.4万元/人。

图 2-3　2017—2021 年全国高新技术企业上缴税费情况

① 高新技术企业人均研究开发经费内部支出为研究开发经费内部支出与研究开发人员合计的比值。

(二)高新技术企业成为高质量发展的重要支撑

高新技术企业依靠科技研发高新技术产品,有力支撑和带动了经济高质量发展。2021年,全国高新技术企业实现营业收入65.05亿元,同比增长24.89%;净利润总额为4.48亿元,同比增长27.5%;工业总产值47.86亿元,同比增长30.37%;提供就业岗位4 259.1万个,为创新型国家建设提供了经济和人才保障。

高新技术企业在促进我国经济增长方面发挥了重要作用。2017—2021年,高新技术企业营业收入保持平稳增长,从318 374.1亿元增长至650 459.2亿元,年均增长率为19.6%;户均营业收入有所下降,从24 371.8万元/户下降至20 069万元/户;人均营业收入持续上升,从116.4万元/人增长至152.7万元/人。

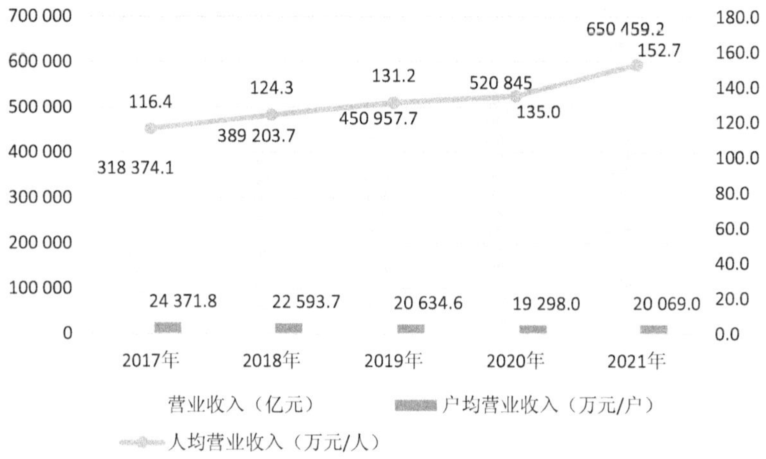

图2-4　2017—2021年全国高新技术企业营业收入情况

2017—2021年,高新技术企业净利润持续增长,从23 217.1亿元增长至44 805.6亿元,年均增长率为17.9%;户均净利润呈V形发展趋势,从2017年的1 777.3万元/户下降至2019年的1 251万元/户，2021年回升至1 382.4万元/户;人均净利润趋势与户均净利润趋势一致,从2017年8.5万元/人下降至2019年的8万元/人，2021年回升至10.5万元/人。

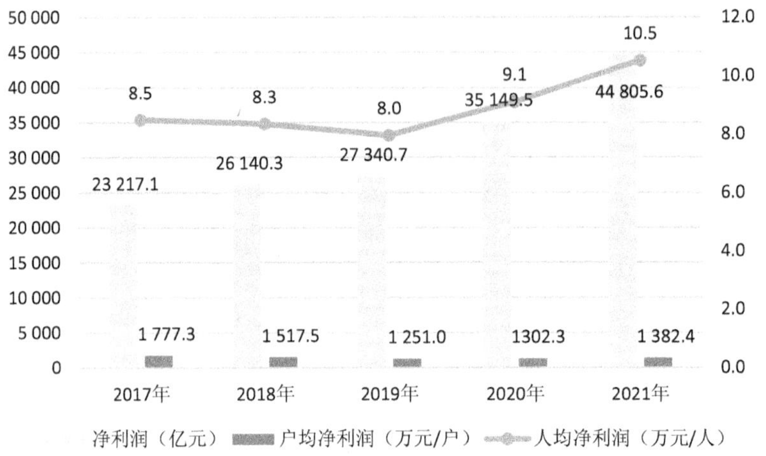

图 2-5　2017—2021 年全国高新技术企业净利润情况

2017—2021 年，高新技术企业工业总产值接近翻倍，从 243 898 亿元增长至 478 589.1 亿元，年均增长率为 18.4%；户均工业总产值在连续 3 年下降后，2021 年有所增长，从 2017 年的 18 670.6 万元/户下降至 2021 年的 14 766.2 万元/户；人均工业总产值呈上升趋势，从 89.2 万元/人增长至 112.4 万元/人，尤其是 2021 年增速达到 18.1%。

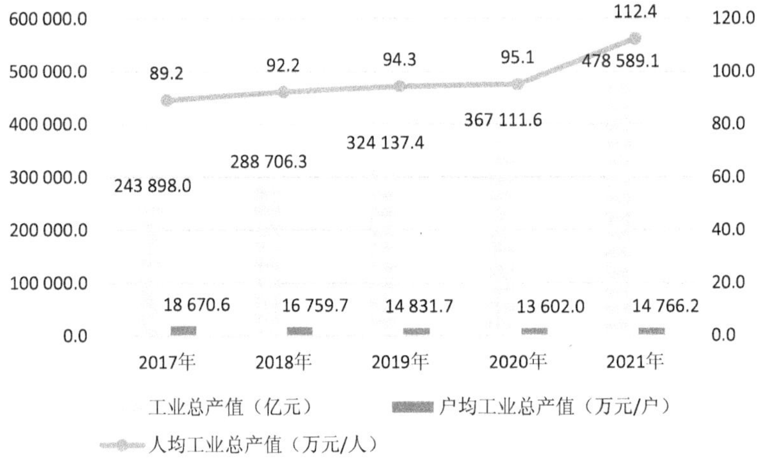

图 2-6　2017—2021 年全国高新技术企业工业总产值情况

2017—2021 年，伴随着全国高新技术企业快速发展，从业人员与研究开发人员也逐年增长。2017 年，全国高新技术企业年末从业人员达到 2 735.5 万人，其中研究开发人员达到 658.7 万人，2021 年，全国高新技术企业年末从业人员达到 4 259.1 万人，其中研究开发人员达到 1 019.2 万人。5 年间，全国高新技术企业年末从业人员和研究开发人员数量年均增长率分别为 11.7%和 11.5%，研究开发人员占年末从业人员的比例保持在 24%左右。

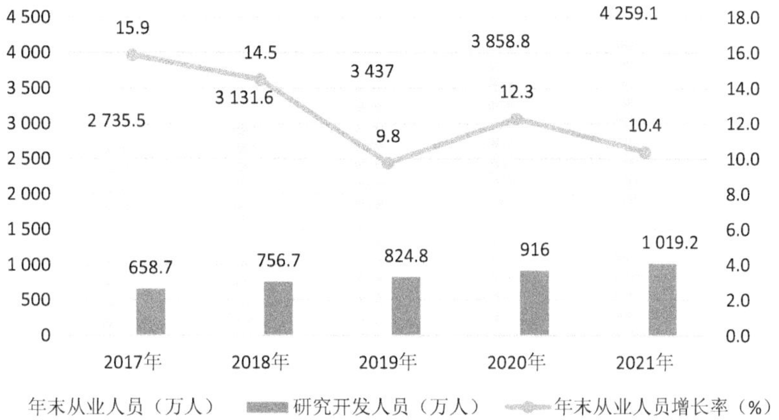

图 2-7 2017—2021 年全国高新技术企业从业人员情况

2017—2021 年，高新技术企业出口创汇不断攀升，从 5 600.7 亿美元增长至 10 718.6 亿美元，年均增长率为 17.6%；户均出口总额呈下降趋势，从 2017 年的 428.7 万美元/户下降至 2020 年的 293.4 万美元/户，2021 年回升至 330.7 万美元/户；人均出口总额整体呈 N 形发展趋势，从 2017 年的 2 万美元/人上升至 2021 年的 2.5 万美元/人。2021 年，全国货物出口总额为 33 645.2 亿美元，高新技术企业出口总额达到全国出口总额的近 1/3。

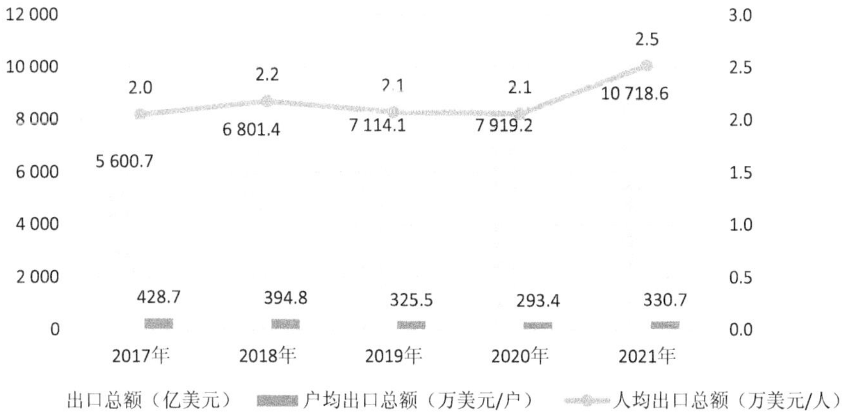

图 2-8 2017—2021 年全国高新技术企业出口创汇情况

参考文献

[1] 科学技术部火炬高技术产业开发中心. 国家支持企业技术创新政策汇编2020[M]. 北京:科学技术文献出版社,2020.

[2] 方新. 中国科技创新与可持续发展[M]. 北京:科学出版社,2007.

[3] 张志强. 高新技术企业创新发展政策与认定务实[M]. 广州:暨南大学出版社,2022.

[4] 郭建平,朱祖超,闻敏杰,等. 高新技术企业认定申请务实指导(修订版)[M]. 北京:科学技术文献出版社,2018.

[5] 许玲玲. 高新技术企业认定与企业创新[M]. 北京:经济科学出版社,2022.

[6] 科学技术部火炬高技术产业开发中心. 高新技术企业发展报告 2020[M]. 北京:科学技术文献出版社,2021.

[7] 杨忠泰. 改革开放 40 年科技创新演进脉络和战略进路[J]. 中国科技论坛, 2019,(4):8-16.

[8] 尹西明,陈泰伦,陈劲,等. 加强企业主导型国家创新体系建设的逻辑与路径[J]. 科技中国,2023,(4):49-53.

[9] 陈劲,尹西明. 强化企业创新主体地位 加快建设世界科技强国[J]. 科技中国,2022,(10):11-14.

[10] 陈劲. 全力推动世界一流企业建设[J]. 清华管理评论,2022(12):1.

[11] 陈劲,陈红花,尹西明,等. 中国创新范式演进与发展——新中国成立以来创新理论研究回顾与思考[J]. 陕西师范大学学报(哲学社会科学版), 2020, 49(1):14-28.

[12] 吴寿仁. 中国科技成果转化 40 年[J]. 中国科技论坛,2018,(10):1-15.

[13] 禹文豪,周治. 中国科技成果转化政策有效性评价:以长三角三省一市为例[J]. 科技管理研究,2022,42(23):39-47.

[14] 陈凯华,郭锐,裴瑞敏. 我国科技人才政策十年发展与面向高水平科技自立自强的优化思路[J]. 中国科学院院刊,2022,37(5):613-621.

[15] 黄懿. 自主创新与模仿创新利弊分析及建议[J]. 中国科技信息,2006(4):30+25.

[16] 史昱. 高新技术企业发展历程回顾[J]. 中国科技产业,2009(2):38-39.

[17] 康苏媛,李竞强,张彦云,等. 天津市高新技术企业发展情况分析[J]. 天津科技,2015,42(11):64-66.

[18] 周代数,郭滕达,苏牧. 迈向科技自立自强:改革开放以来中国创新赶超的范式嬗变[J]. 中国科技论坛,2022(12):15-24.

第三章　典型地区创新型企业高质量发展实践探索

全球新一轮科技革命和产业变革加速演进，正在重构全球创新版图、重塑全球经济结构，新经济、新模式、新业态层出不穷，“独角兽”“专精特新”“小巨人”等创新型企业成为引领全球科技革命和产业变革的颠覆性力量。顺应全球科技经济发展趋势，积极融入和主动布局全球创新网络，加速推动“独角兽”“专精特新”“小巨人”等创新型企业高质量发展，正成为重点区域全力构筑发展新优势、积极抢占未来制高点的战略举措。北京、上海、广东、江苏等重点省市聚焦创新型企业高质量发展，着力夯实发展基础、着力做大规模体量、着力塑造竞争优势，将“独角兽”“专精特新”“小巨人”等创新型企业打造成引领区域科技创新、产业变革以及经济发展的新引擎。

第一节　北京打造“独角兽之城”

独角兽企业是引领科技革命和产业变革的先锋，是区域经济发展的“风向标”，已成为国家与区域经济实力及影响力的重要体现。近年来，中国投融资体制改革逐步完善，部分具有代表新生产力的初创企业被资本市场热捧，快速发展成为独角兽企业，这不仅成为经济增长的新动力，也成为创造就业、催化技术进步、孵化新业态以及新商业模式的重要保障。北京作为中国最重要的国际科技创新中心，享有“全球独角兽第一城”的美誉，在独角兽企业培育中形成了“北京经验”“北京优势”，相关经验值得借鉴。

一、“独角兽”起源

2013 年，美国种子轮基金（Cowboy Ventures）创始人 Aileen Lee 提出“独角兽”概念，主要指具有发展迅速、数量稀少、倍受投资者青睐等属性的创业企业。同时，作为新经济范式的典型代表，独角兽企业具有爆发式成长、颠覆式创新等显著特征。判定为独角兽企业的标准是创业时间为十年左右，企业估值超过 10 亿美元。2017 年 3 月，科技部火炬中心联合长城企业战略研究所发布的《2016 年中国独角兽企业发展报告》给出了中国独角兽企业概念，需要满足以下四点：①在中国境内注册，具有法人资格；②成立时间不超过 10 年；③获得过私募投资，且尚未上市；④企业估值超过

10亿美元。2022年11月，长城企业战略研究所联合中国标准化研究院起草的《高成长企业分类引导》（GB/T 41464—2022）正式实施。《高成长企业分类引导》将我国独角兽企业划分为四类，即独角兽、超级独角兽、潜在独角兽、种子独角兽，划分标准如下。

表3-1 独角兽企业划分标准①

类别 标准	成立时间		最后一轮融资的投后估值	累计融资额	其他
独角兽	≤10年		≥10亿美元	≥5000万美元	获得过投资机构私募投资，且尚未上市
超级独角兽	≤10年		≥100亿美元	≥5亿美元	
潜在独角兽	≤9年	<5年	≥1亿美元	≥500万美元	
		>5年且≤9年	≥5亿美元	≥2500万美元	
种子独角兽	≤5年		≥1亿人民币	≥500万人民币	

二、北京独角兽企业总体情况

当前，数字经济成为中国经济增长新引擎，以互联网为代表的数字技术正在加速与社会各领域深度融合，成为促进我国消费升级、经济社会转型、构建国家竞争新优势的重要推动力。互联网的普及、数字化技术的广泛应用，为北京独角兽企业进行技术创新、商业模式创新提供了重要机遇，创造了广阔的市场发展空间。据长城战略相关研究显示，2016年，北京市拥有独角兽企业65家，至2021年，北京市已拥有独角兽企业82家（新晋独角兽企业31家）、超级独角兽企业3家、上市企业10家。

从区域布局来看，北京市独角兽企业区域集聚度较高，超六成的独角兽企业分布在海淀区（31家）和朝阳区（22家），中关村科学城为独角兽企业最为密集的区域。从赛道布局来看，北京独角兽企业分布在人工智能、电子商务、大数据和云计算、集成电路、医药健康等20个行业，总估值达到5 024亿美元，占全国总估值的43.5%。从技术属性来看，北京新晋独角兽企业前沿科技属性突出，31家新晋独角兽企业中有17家分布于人工智能、无人驾驶、智能网联汽车、商业航天、集成电路等前沿科技领域。从发展趋势来看，自2016年以来，虽然北京市独角兽企业数量占全国独角兽企业数量比例有所降低，但是绝对数量和规模始终排名全国第一，是名副其实的“独角兽之城”。

① 资料来源：根据《高成长企业分类引导》（GB/T 41464—2022）整理。

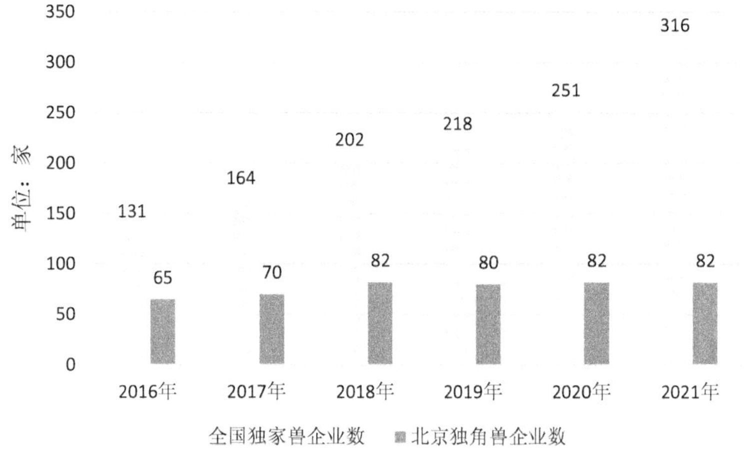

图 3-1　全国、北京市独角兽企业数量[①]

整体来看，北京市独角兽企业呈现出以下两方面特征。

第一，从创新形态来看，北京独角兽企业主要表现为平台生态型和技术驱动型。平台生态型独角兽主要基于互联网技术，搭建链接实体企业与消费者之间的第三方平台，当平台生态用户扩大到一定规模后，就会形成强大的流量引导作用，价值实现也就更加容易。依托平台强大的资金积累、资源整合和系统管理能力，孵化出的独角兽企业往往具有显著的爆发式成长特征，如滴滴出行、瓜子二手车、贝壳找房等。技术驱动型主要表现为以高新技术为核心驱动力，如大数据、人工智能、云计算、区块链等，具有代表性的企业大多为高新技术制造业。技术驱动型独角兽企业大多持续创新能力强，且具有高技术壁垒、自然垄断等特性，并以此获得巨大的产业发展空间，如商汤科技、旷视科技、奇安信等。

第二，从行业特性来看，北京独角兽企业可分为 ToC 行业、ToB 行业以及 ToG 行业。ToC 行业以消费升级和生活场景为业务切入点，在满足全方位生活需求的同时，以科技手段实现用户生活智能化，如快手等。ToB 行业以数据赋能为核心，助力企业在研发、生产、销售等环节降本增效，以智慧物流、数据中台、企服 SaaS 最为典型，如京东数科、优客工场等。ToG 行业主要聚焦国家及北京市战略性新兴产业，为政府提供相关技术解决方案，推进相关战略性新兴产业创新发展，如航天云网、蓝箭航天等。

三、北京独角兽企业发展典型经验

北京独角兽企业数量多、发展速度快、市场估值高，被誉为“全球独角兽第一城”，其根本原因在于北京构建了集政策、要素、生态、环境等于一体的创新生态，为

① 资料来源：根据长城战略咨询数据整理。

独角兽企业发展奠定了坚实基础。

（一）强化专项政策持续供给

“抓独角兽企业就是抓未来。”北京聚焦独角兽企业孕育、萌生、发展，持续提供系统化、体系化、全周期的政策供给，为独角兽企业孕育、萌生、发展提供战略引导、政策扶持和空间支持。例如，中关村利用体制机制改革先行先试优势，创新“服务包”机制呵护独角兽企业，《中关村国家自主创新示范区独角兽企业服务行动工作方案》的出台，从服务工作机制、提升自主创新能力、保障空间需求、开拓市场、人才落户、金融支持以及“包容审慎”监管等方面，全方位支持独角兽企业在京健康发展。2022年，《关于加强中关村独角兽企业培育和服务的若干措施》出台，通过构建独角兽企业挖掘发现体系、独角兽企业分类培育体系、独角兽企业精准扶持体系等，着力培育更多硬科技、新生代、高价值独角兽企业，把独角兽企业的“高估值”转化为“高价值”，打造引领北京新经济新业态发展的中坚力量。2021年8月，《东城区加快培育引进独角兽企业的若干措施（试行）》出台，主要包括建立独角兽企业培育引进机制、建立独角兽企业管家服务工作机制、保障独角兽企业空间需求、优化独角兽企业发展环境等八个方面16条政策，充分发挥独角兽企业的产业引领作用，为东城区经济高质量发展注入新动能。2021年11月，丰台区出台《关于支持独角兽企业在丰台区集聚发展的若干措施》（简称“独角兽八条”）。依托新一轮“城南计划”，聚焦新技术、新产业、新模式、新业态，加大对独角兽企业、专精特新企业、“小巨人”企业和隐形冠军类企业的引进和培育力度。“独角兽八条”预计年投入10亿元，在独角兽企业空间载体、科技创新、成果转化、上市补贴、高管个税、固定资产投资等方面给予奖励和补贴。

（二）促进创新资源效能释放

科技创新是独角兽企业发展的第一动力。北京市在培育独角兽企业的过程中，通过加速聚集高校、科研机构、创新人才以及尖端科研设备资源，着力释放要素效能，为独角兽企业的成长提供支撑。作为全国乃至全球科技创新资源最为密集的城市之一，北京拥有普通高等院校90多所、国家重点实验室100余家，拥有一半的全国两院院士、一半顶尖学科以及三分之一的国家重大科技基础设施，通过政、产、学、研、用跨界合作平台、科技型中小企业孵化与转化平台、中关村创新工作平台以及战略研究平台等，推进创新资源高效整合，围绕人工智能、虚拟现实、大数据、生物医药和高端医疗器械等战略性新兴产业领域加大原创性、前沿性、颠覆性技术供给，持续提升创新资源要素效能，为独角兽企业爆发式成长、颠覆式创新提供强大支撑。

（三）加强创新创业生态建设

北京市根据独角兽企业成长规律，不断优化完善创新创业生态，加速培育独角兽企业成长沃土。聚焦载体建设，北京市加强建设双创示范基地、孵化器等创业载体，并积极制定种子企业遴选、孵化、加速、落地等一体化运行机制和保障政策，加速独角兽企业孵化培育。聚焦金融支撑，北京市设立了独角兽企业专项基金，加速构建面向独角兽企业的普惠金融体系，为独角兽企业提供法务、财税、融资、辅导、路演等投融资定制化服务。聚焦场景建设，北京市通过开放应用场景、连续发布应用场景清单，不仅为独角兽企业拓展市场提供新实验空间，而且也为北京高校、科研院所创新成果应用提供孵化平台。聚焦空间聚集，北京市以中关村科学城为首的"三城一区"建设为契机，强化空间生态布局，推动独角兽企业形成高度聚集效应。同时，对独角兽及其他潜力企业建立动态监测机制，密切关注企业发展态势及布局谋划，以黏性服务推动独角兽企业空间聚集。

（四）推动营商环境优化提升

城市营商环境建设与独角兽企业发展直接相关。独角兽企业"高技术""高成长""轻资产""重人力资本"的特性，决定了市场准入、技术创新以及人才服务是城市营商环境中最重要的影响因素。北京市以简政放权、放管结合、优化服务为方向，先后出台营商环境优化 1.0 和 2.0 版政策 149 条，相关改革措施达到 191 项，为独角兽企业发展注入发展新动能。在市场准入中，北京市在全国率先推行社会投资简易低风险项目审批、监管、验收、登记全封闭式项目管理模式，构建"多规合一""多图联审""多测合一""多验合一"的高效审批模式，积极开展新技术、新产品、新模式、新业态包容审慎监管，独角兽企业当好后勤的"服务包"不断扩容。技术创新中，聚焦底层核心技术开发、科技成果转化、创业孵化等，进一步扩大科研项目经费"包干制"试点，在全国率先开展科技成果先使用后付费等改革，全面助力独角兽企业科技创新。人才创新中，畅通独角兽企业科技人才流动渠道，一方面鼓励高校、科研院所研发人员离岗创业、开展科技成果转化，支持独角兽企业科研人才担任"产业导师"；另一方面优化独角兽企业高端人才住房、子女教育、医疗保险等服务，优化引进人才落户机制，营造出有利于激发人才创新的环境。

第二节　广东建设"高企强省"

广东把培育发展高新技术企业作为创新驱动发展首要举措，实施高新技术企业树标提质行动计划，从政策供给、认定管理、科技金融、产业集群、标杆建设等全方位推动高新技术企业高质量发展，高新技术企业数量连续多年领跑全国，在创新投入、经济贡献、市场表现等方面均表现亮眼。

一、广东高新技术企业发展历程

在贯彻落实国家政策的基础上，广东省不断优化支持高新技术企业发展的政策。

自20世纪90年代以来,高新区内高新技术企业认定工作逐步拓展到高新区外,广东省陆续出台了《广东省国家高新技术产业开发区若干政策的实施办法》《关于扶持高新技术产业发展的若干规定》《广东省发展四大高新技术产业实施方案》等政策,推进高新技术产业加速发展,在广州、中山建设了两个国家级高新区。广东省2004年出台了《关于推动我省高新技术产业持续快速健康发展的意见》,2005年出台了《关于提高自主创新能力提升产业竞争力的决定》,提出做大做强高新技术企业,提升产业竞争力。2008年,国家制定了新的高新技术企业认定管理办法及工作指引内容,认定标准规范统一,更加突出企业创新。

2012年,党的十八大强调要坚持走中国特色自主创新道路、实施创新驱动发展战略,高新技术企业成为实施创新驱动发展战略的重要抓手。2014年,广东省发布了《中共广东省委广东省人民政府关于全面深化科技体制改革加快创新驱动发展的决定》,明确将创新驱动发展作为广东省经济社会发展的核心战略,并做出了一系列部署,包括强化企业技术创新主体地位,抢占高新技术产业与战略性新兴产业技术制高点等。2016年国家修订印发了新的高新技术企业认定管理办法和工作指引,2017年习近平总书记指出我国经济转向高质量发展阶段,以此为依据,广东省开启高新技术企业高质量发展阶段,实施高新技术企业树标提质行动。

二、广东高新技术企业发展总体情况

多年来,广东省高新技术企业规模持续发展壮大,自2016年高新技术企业总量超越北京首次成为全国第一后,已实现六连冠,截至2021年底,广东省国家高新技术企业数量达到60 398家,同比增长12.3%,全国占比达到18.2%。

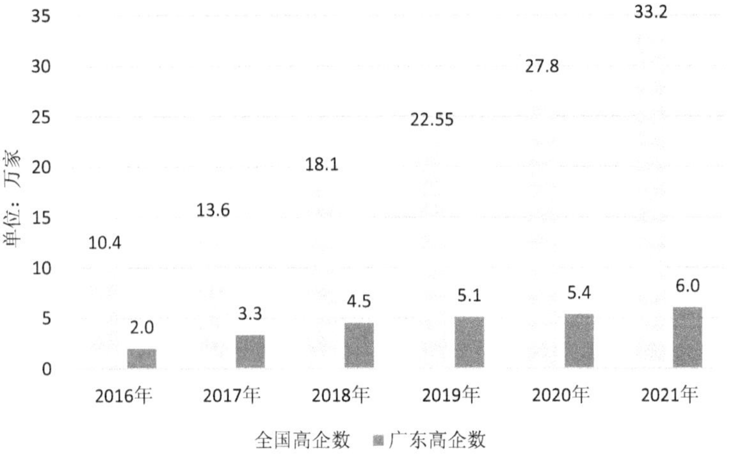

图3-2　2016—2021年全国、广东省高新技术企业数量

从区域分布看，广东省高新技术企业主要分布在深圳和广州，2021 年这两座城市的高新技术企业总量达到 3.2 万家，占全省的比例超 50%。从产业分布看，广东省高新技术企业主要集中在电子信息、先进制造与自动化、新材料三大技术领域。从创新投入看，2021 年广东省高新技术企业研发人员总数达到 191.3 万，研发费用内部支出达到 6.1 千亿元。从经济贡献看，广东省高新技术企业经济效益不断增强，2021 年实现工业总产值 8.3 万亿元，同比增长近 20%；净利润达到 7.9 千亿元，同比增长 13.7%；上缴税费达到 3.5 千亿元，同比增长 8.6%①。从市场表现看，"十三五"期间，广东省 A 股 IPO 上市的高新技术企业占全部上市企业的比重均超过 75%，2020 年更是高达 90%。全省高新技术企业上市融资股本、获得创业风投机构的风险投资额均逐年增加。2020 年，全省上市高新技术企业总股本超 1 万亿元，是 2015 年的 11.7 倍，获得创业风险投资机构的风险投资额达 349.1 亿元，是 2015 年的 7.7 倍。

三、广东高新技术企业发展典型经验

（一）省市联动强化高企政策支持

2015 年起，广东省先后制定了《贯彻落实创新驱动发展战略 全面促进高新技术企业培育的实施方案（2015—2017）》《广东省高新技术企业培育工作实施细则》，建立高新技术企业培育库，设立高新技术企业培育专项资金，不断完善高新技术企业培育入库和出库的奖补政策。2017 年，《广东省高新技术企业树标提质行动计划（2017—2020）》出台，从创新能力建设、成果转化、科技金融等多个方面统筹推进高新技术企业规模及质量的双提升。

在省级政策引领下，各地市结合区域情况纷纷加码出台多元化政策促进高新技术企业发展。例如，广州市发布《强服务树标杆、提升高新技术企业创新能力行动方案（2022—2026 年）》，实施科研强企、产品兴企、人才优企、服务暖企、金融惠企、精选育企六大行动，畅通高新技术企业全链条创新发展路径。广州市制定的《关于实施高企上市倍增行动的工作方案》则聚焦引导高新技术企业上市。深圳市光明区针对生命科学产业、新材料产业、智能产业等重点领域高新技术企业进行奖补，金额最高为 50 万元。珠海市高新区印发《珠海高新区推动空间载体培育高新技术企业扶持办法》，充分发挥科技创业孵化载体和产业载体高新技术企业培育的作用。珠海市、佛山市等城市着力培育标杆高新技术企业，《珠海市高新技术企业培育专项资金管理实施细则》《佛山市全面建设国家创新型城市促进科技创新推动高质量发展若干政策措施》均提出组织遴选一批标杆高新技术企业。

（二）创新高企认定管理服务模式

广东省采取省市联动方式，启动高企服务团系列活动，由省级科技厅带队前往各

① 数据来源：《2022 中国火炬统计年鉴》。

地市开展高企服务，主要包括政策宣讲、专家服务、金融路演三方面，实现线上线下结合、大课集中宣讲与“一对一”精准服务结合、认定申报服务和金融对接结合、高企认定前与认定后服务结合。政策宣讲服务面向各类科技型企业主体，开展高企认定政策、所得税税收政策解读和支持企业创新的多层次资本市场等方面解读，提升科技型企业政策知晓度，推动科技型企业应享尽享政策红利。专家服务面向当年高企认定申报企业，邀请各领域熟悉高企政策的技术专家、财务专家开展“一对一”认定申报诊断咨询，加强申报辅导，提升企业申报质量。金融对接路演面向有融资需求的高成长高企，搭建多层次企业路演平台，推动高企与金融资本精准对接服务，促进金融赋能高企高质量发展。

（三）完善高企科技金融支撑体系

一是积极引导高新技术企业挂牌上市。广东省通过高新技术企业数据库，分类筛选拟挂牌上市的高新技术企业，建立高新技术企业上市后备企业库，加强动态监测，对高新技术企业进行上市备案辅导，铺设快速上市通道。加强高成长性高新技术企业、中小微高新技术企业上市培育，通过投贷联动、财政奖补等方式，引导其开展股改、建立现代企业管理制度，尽快达到上市条件。

二是有效降低高新技术企业融资成本。在资金支持方面，广东省充分发挥省级财政资金的引导和杠杆作用，设立了战略性新兴产业创业投资引导基金、中小微企业发展基金、创新创业基金等，吸纳市场资本流向高新技术企业，并设立融资担保风险补偿资金，降低银行对科技担保贷款的风险和高新技术企业融资担保成本。在供需对接方面，广东省设立“中小融”“粤信融”“信易贷”等多个融资平台，积极推动银行相关科技信贷产品“上平台”，提高银企对接效率。

（四）以高企为主体打造产业集群

广东省加强粤港澳大湾区和广深科技创新走廊的高新技术企业引育工作，充分发挥区位优势和政策扶持的双重作用，加快完善创新环境，积极推进以高新技术企业为主体的新兴产业集群发展。面向高新区建设，广东省将集聚高新技术企业作为发展壮大高新技术产业的重要抓手，设立高新区和高企发展资金，提升高新区产业集聚和公共服务能力；支持高新区围绕主导产业打造高新技术企业集群，不断提升园区高新技术企业集聚度；鼓励骨干龙头企业平台化转型，构建大企业创新创业生态圈，孵化培育产业链上下游高新技术企业；制定高新技术企业扶持政策，支持高新技术企业研发能力建设，推动优质创新资源向高新技术企业集聚，培育高成长性科技企业。

（五）开展高企标杆建设与示范推广

一是发布高新技术企业榜单，遴选标杆企业。广东省技术经济研究发展中心联合广东省高新技术企业协会，发布当地高新技术企业综合实力百强榜、税收贡献百强榜和成长性百强榜。珠海市按创新综合实力、经济贡献、成长性等维度发布珠海市高新技术企业百强榜单,并对排名前50的高企给予每家10万元的补助。广州市实施高企上市倍增行动,建立榜单制,发布"拟上市高企百强榜单""拟上市高企后备百强榜单",按年度对榜单予以动态管理,充分发挥榜单风向标作用,最大程度撬动市场力量聚焦榜单企业开展服务,形成上市高企"生力军"。二是推动高新技术企业成长为"独角兽"。对列入成长性百强的高企进行"独角兽企业"培育。引导创投等各类社会资本加大投资力度,鼓励各类科技计划倾斜性支持高企开展核心关键技术攻关。三是鼓励高新技术企业贯彻实施《企业知识产权管理规范》,提升企业知识产权制度运用水平,通过科技创新、质量管理、品牌战略,加强品牌和商标培育,培育更多具有较强竞争力的名企、名品、名标、名牌。

第三节 上海构筑企业创新高地

上海在科技创新方面一直走在全国前列,致力于建设具有全球影响力科技创新中心,创新型企业作为科技创新主体始终是上海推进科技创新发展的重要着力点。对此,上海在政策体系、金融支撑、企业服务、人才引聚、创新创业等方面多措并举,推动各类创新型企业实现快速增长。

一、上海创新型企业发展顶层设计

2014年5月,习近平总书记对上海做出"加快向具有全球影响力的科技创新中心进军"的重要指示。2018年,习近平总书记在上海考察时,明确要求上海"在增强创新策源能力上下功夫"。2019年,习近平总书记进一步要求上海强化科技创新策源功能,努力实现"四个新""四个第一",赋予了上海科创中心建设新的时代内涵。

近年来,上海深入贯彻落实习近平总书记对上海的重要指示精神。2015年和2019年,上海先后发布《关于加快建设具有全球影响力的科技创新中心的意见》《关于进一步深化科技体制机制改革增强科技创新中心策源能力的意见》,在奋斗目标、战略布局、体制机制改革等层面对科技创新中心建设做出部署。2020年,上海出台《上海市推进科技创新中心建设条例》,为贯彻落实重大国家战略提供了强有力的法治保障。2021年,上海发布《上海市建设具有全球影响力的科技创新中心"十四五"规划》,提出强化企业技术创新主体地位,助力企业创新能级提升,支持大中小企业与各类创新主体融通创新,这一政策为上海支持企业创新发展指明了方向。

二、上海创新型企业发展总体情况

上海"专精特新"企业、高新技术企业、科技型中小企业、科技"小巨人"企业、独角兽企业、上市企业等各类创新型企业数量均位居全国城市前列,科技创新主体作用凸显，是上海经济社会发展的生力军。

2019年以来，工信部先后公布了四批次[①]共9 279家专精特新“小巨人”企业，其中，上海市获批的专精特新“小巨人”企业总数为507家，数量在全国城市中位居第二，仅次于北京，占全国总数的5.6%；总注册资本达到717亿元，占据全国城市榜首[②]。上海自2011年起实施“专精特新”中小企业培育工程，截至2022年底，已拥有市级“专精特新”企业4 942家。可见，上海专精特新企业在数量和规模方面均发展强劲。

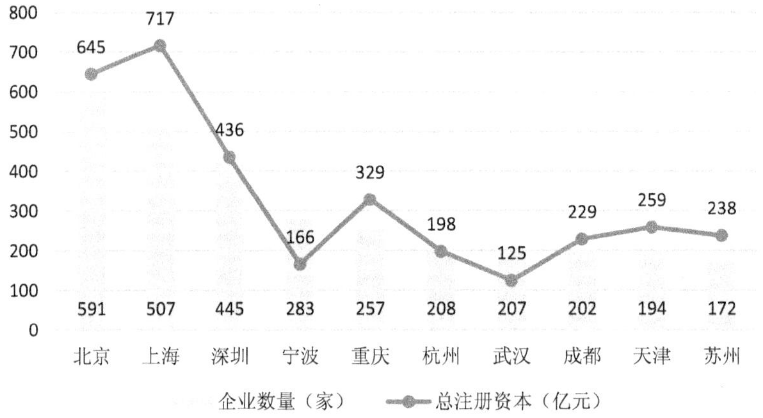

图3-3 专精特新“小巨人”企业数量TOP10

截至2021年底，上海市国家高新技术企业超2万家，同比增长18%。从创新投入看，2021年上海市高新技术企业研发人员总数达到76.9万，研发费用内部支出达到2.9千亿元。从经济贡献看，上海市高新技术企业经济效益不断增强，2021年实现工业总产值1.7万亿元，同比增长13.5%；净利润达到2.6千亿元，同比增长18.9%；上缴税费达到1.5千亿元，同比增长18.9%。[③]

① 第四批公布时间为2022年8月。

② 数据来源：《中小企业高质量发展洞察“专精特新”企业发展研究报告》。

③ 数据来源：《2022中国火炬统计年鉴》。

图 3-4　2016—2021 年上海市高新技术企业数量及增长率

截至 2022 年底，上海入库科技型中小企业 16 988 家，较去年新增 1 908 家；科技小巨人企业数量累计超过 2 600 家，全年新增 155 家科技“小巨人”（含培育）企业，实现主营业务收入 689.3 亿元；“独角兽”企业 69 家（按“胡润榜”计）。

从企业上市情况看，截至 2022 年底，上海科创企业上市培育库累计入库 1 750 家，其中 35 家登陆科创板。科创板 501 家上市企业中有 78 家来自上海，排名全国城市第二；累计募集资金 7 600 亿元，其中上海 1 947.8 亿元，排名全国城市第一[①]。

此外，上海还聚集了一批拥有国内外影响力、居于行业领先地位的跨国企业，它们同样是创新型企业的重要组成部分。截至 2022 年底，上海已累计设立跨国公司地区总部 891 家，外资研发中心 531 家。

三、上海创新型企业发展典型经验

（一）构建完善政策体系

上海市针对不同类型的创新型企业出台政策，构建了完善的企业梯度培育政策体系。

面向“专精特新”企业，上海从 2011 年起，陆续出台了《关于加快促进“专精特新”中小企业创新驱动、转型发展的意见》《上海市发展“专精特新”中小企业三年行动计划（2015—2017）》《关于做好支持“专精特新”中小企业高质量发展工作的通知》《关于推进知识产权服务“专精特新”中小企业高质量发展的工作方案》《上海市优质中小企业梯度培育管理实施细则》等政策，在全国率先一步引领专精特新企业的发展，逐步形成“创新型中小企业—专精特新中小企业—专精特新‘小巨人’企业”的企业培育梯度。

① 数据来源：《2022 上海科技进步报告》。

面向高新技术企业，上海出台了《上海市高新技术企业认定管理实施办法》《关于加快本市高新技术企业发展的若干意见》《上海市高新技术企业入库培育实施细则（试行）》等一系列政策，促进高新技术企业提质增量。面向科技型中小企业，上海实施科技小巨人工程，促进科技型中小企业自主创新能力提升。该工程实施办法经多次修订，支持对象由科技型中小企业调整为高新技术企业，从科技型中小企业到高新技术企业再到科技“小巨人”（培育）企业的企业成长梯度更加清晰。根据2021年最新印发的《上海市科技“小巨人”工程实施办法》，对科技“小巨人”企业的资助额度每家最高150万元。相关政策的不断完善，逐步形成“创业团队—科技型中小企业—高新技术入库培育企业—高新技术企业—科技小巨人（培育）企业”的企业培育链。

在现有企业梯度生态体系基础上，为培育壮大更多高能级创新主体，2023年2月，上海发布《上海市创新型企业总部认定和奖励管理办法》，鼓励高新技术企业、专精特新企业、企业技术中心等各类创新主体进一步提高能级，加快打造复合型企业总部，为符合条件的企业总部提供资金支持和多项便利化服务，支持金额最高可达1亿元。该办法面向科创头部企业，是上海重点发展总部经济的概念延伸，突出研发和科创导向。

（二）打造多元金融产品

企业发展离不开金融支持，为解决中小企业“无信用记录首次贷款难”和“无抵押信用贷款难”的融资难问题，多年来上海持续优化和完善企业融资环境。上海设立了多个创新基金为企业提供融资支持，例如上海市科技型中小企业技术创新基金、上海中小微企业政策性融资担保基金等。2020年，我国首支专门支持中小企业发展的国家母基金在沪注册成立，总规模达到357.5亿元，同年，上海上线启用“上海信易贷平台”，为企业营造“信息共享+信用赋能+融资匹配+线下推广+政策配套”的信用金融服务生态闭环。

对于不同类型的企业，上海推进“3+X”科技信贷服务体系建设，实现对初创期、成长早中期、成长中后期科技企业不同融资需求的全覆盖。聚焦“专精特新”企业，2017年上海市经信委联合上海市担保基金管理中心和多家商业银行推出“千家百亿信用担保融资计划”，为符合条件的“专精特新”中小企业提供单户300万元、最高1 000万元的无抵押信用担保贷款，支持金融资源优先高效配置高成长中小企业。通过该融资计划，企业可享受高效便捷的低成本融资服务，市担保基金管理中心将为贷款提供最高80%的比例风险分担。聚焦高新技术企业，2019年上海市科委、人民银行上海总部联合发布“高新技术企业贷款授信服务方案”，重点支持首贷及中小微型的高新技术企业，为其提供低息或信用贷款，并建立专门的绿色审批通道，从提高贷款获得率、降低企业融资成本、优化服务方式等方面支撑和优化高新技术企业信贷环境。此外，上海市还推出针对科技型中小企业的“科创助力贷”“科技履约贷”，针对小微企业的“科技微贷通”，针对科技“小巨人”企业的“‘小巨人’信用贷”，针对科创企业上市的“科创企业上市贷”等一系列信贷产品。

（三）提供高效企业服务

在企业服务平台方面，上海在全国首创开办企业“一窗通”网上服务平台，实现开办企业全流程“一表申请、一窗领取”。设立上海市政府服务企业官方平台——上海市企业服务云，服务云汇聚各类创新资源，为企业搭建融通平台，加速大中小企业创新能力、生产能力、市场能力的有效对接，促进资源能力的跨行业融合互补。面向“专精特新”中小企业，上海市企业服务云开设服务专窗，为“专精特新”中小企业提供一门式服务。

在企业服务团队方面，自 2013 年起，由上海市经信委、团市委牵头打造企业志愿服务团队，多年来不断发展壮大，开展多样活动全方位服务企业，2020 年的“千智万企”行动计划，推荐志愿专家、工作站认定成为公益顾问、公益基地为企业排忧解难，同年还推出“线上工作坊”赋能双创，为重点企业出具诊断报告，2021 年的“百园万企公益行”计划，走进各大园区开展“十四五”规划等热点政策解读活动。目前，上海已建立了超过 6 000 人覆盖近 10 万家企业的中小企业服务专员队伍，服务体系进一步深化细化。通过采用“人工智能+大数据”等技术赋能政策服务，可以将政策智能匹配到对应企业，让企业所得即所需。

（四）引聚优质企业人才

上海陆续发布《上海领军人才队伍建设实施办法》《上海市优秀科技创新人才培育计划管理办法》《上海市浦江人才计划管理办法》等人才政策，逐步形成东方英才计划、学术/技术带头人计划、扬帆计划、启明星计划、浦江计划等以人才成长规律为根据、以项目为载体、以团队为支撑的层次分明、各有侧重、较为完整的科技人才培养体系，并建立了专门针对企业人才的申报通道。如东方英才计划设立应用开发类领军人才和经营管理类领军人才，划拨专项资金资助领军人才，建立完善的服务机制，同时加大人才宣传力度；技术带头人计划面向五年以上从事技术研发工作的企业人员；启明星计划和浦江计划均设立 B 类项目，支持企业科技人才、创新创业人才。面向重点领域，上海发布科技创新领域紧缺人才开发目录，从人才培养、人才双向流动、人才评价、人才激励等方面发力加速紧缺人才集聚。针对集成电路、生物医药、人工智能、软件、高端装备、航空航天、先进材料、新能源等 8 个重点产业领域，上海推出专项奖励办法，个人最高可获 50 万元奖励。面向外籍人才，上海推出外国人来华工作许可“不见面”审批制度 5.0 版，不断深化外籍人才工作和居留的政策、管理和服务创新，大力引进外国科技人才、优秀青年人才和急需紧缺人才，加快全球顶尖人才及其团队集聚发展。

（五）营造创新创业氛围

上海不断做精孵化器、众创空间等创新创业载体，推进大学科技园高质量发展，建设创新创业集聚区，形成梯次分明的双创载体培育体系。上海已拥有各类科技创新创业载体 600 余家，强化“投孵结合”，不断提升企业孵化服务能力。近年，上海建设“大零号湾”科技创新策源功能区，实施创新策源、成果转化、产业引领等五大行动；联合江苏、浙江和安徽打造长三角科技创新共同体，探索区域协同的有效机制，引导鼓励企业构建或参与跨学科、跨领域、跨区域的创新联合体。

打造创新创业品牌活动，充分挖掘有潜力的创业者和有成长后劲的中小企业，这也是上海促进企业创新发展的重要一环。面向科技型中小企业，上海连续多年举办“创·在上海”国际创新创业大赛，大赛中立项企业最高可获 40 万元资助补贴，此外，还有超过 100 家投资机构通过比赛寻找投资机会。目前，大赛累计参赛企业超 5 万家，其中已有 1.4 万余家企业通过该活动获得超过 25 亿元的财政支持。此外，中国创新挑战赛（上海）、“海聚英才”全球创新创业大赛、上海创新创业青年 50 人论坛等活动的举办，集聚众多创新资源来沪，不断加深创新创业氛围。

第四节　江苏构建“专精特新”集聚高地

江苏省作为传统经济大省，在经济增长、工业发展等方面保持领先地位，国家级专精特新企业数量一直位居全国前列。专精特新企业助力江苏产业梯度化建设与立体化发展，注入发展新动能，保持产业链、供应链稳定，成为江苏省高质量建设制造强省的关键力量。

一、“专精特新”企业发展历程

“专精特新”企业指具有“专业化、精细化、特色化、新颖化”特征的中小工业企业，专注于产业链上某个关键节点，聚焦核心业务，其创新能力、抗风险能力、核心竞争力较强。工信部于 2011 年 7 月首次提出“专精特新”概念；2011 年 9 月，“十二五”制定的中小企业规划中提出将“专精特新”作为中小企业转型升级的重要途径；2018 年 11 月，工信部开展首批专精特新“小巨人”企业培育；“十三五”以来，随着专精特新政策热度不断提升，国家及各省市支持力度持续加大；“十四五”规划、2021 年 7 月 30 日政治局会议均提及“专精特新”，且与制造强国、科技强国等国家战略结合在一起。根据《关于支持“专精特新”中小企业高质量发展的通知》（财建〔2021〕2 号）要求，2021—2025 年，中央财政持续下大力度支持企业发展，将安排百亿元以上奖补资金，引导地方完善扶持政策和公共服务体系。

二、江苏省“专精特新”企业发展总体情况

江苏着力构建创新型中小企业—专精特新中小企业—专精特新“小巨人”企业—制造业单项冠军的梯度培育体系。截至2022年底，江苏省累计培育省级专精特新中小企业5 594家，创建国家级专精特新“小巨人”企业709家。2023年2月6日，江苏省政府出台《江苏省专精特新企业培育三年行动计划（2023—2025年）》，计划到2025年，累计培育专精特新“小巨人”企业1 500家，专精特新中小企业突破10 000家。

从区域分布看，江苏省专精特新“小巨人”企业主要集中在苏州、南京、无锡、常州等经济发展相对较好的区域，这四个城市专精特新“小巨人”企业累计占比超过六成。其中，苏州市专精特新“小巨人”企业数量最多，共有169家，占比达23.94%；从行业分布看，江苏省专精特新“小巨人”企业主要集中在研究和试验发展、专用设备制造业、通用设备制造业三个行业。其中，研究和试验发展的专精特新“小巨人”企业占比达16.34%；从有效专利情况来看，江苏省专精特新“小巨人”企业在发明专利这一类型拥有的专利数量最多，共有32 850件，其中有效授权专利数量为12 553件。但从有效授权率来看，发明授权的授权率最高，有47.28%的发明授权处于有效期内；从融资能力看，2022年1—10月，江苏与广东、浙江、北京、上海等五个省市处于全国第一梯队，江苏省融资事件在90起以上，获得融资的专精特新“小巨人”企业主要集中在其他工业、机械制造、汽车及零部件制造等领域；从上市情况来看，江苏省、浙江省、广东省、上海市、北京市等省市是专精特新“小巨人”上市企业的主要分布区域，合计占比达62.9%，江苏省以114家专精特新“小巨人”上市企业，上市总市值为8 246亿元，位居全国第一（截至2022年11月15日）。

三、江苏省“专精特新”企业发展典型经验

（一）梯度培育构建创新生态

江苏省作为制造业大省，高度重视对专精特新企业的培育和发展，为其提供了政策引导、梯度培育、创新支持、协作配套等多方面的支持措施，积极探索建立部门协同、上下联动、共同推进的培育工作机制。2012年江苏省着力实施专精特新“小巨人”企业培育计划，加强省、市、县三级工作联动，构建梯度培育体系，持续引导支持中小企业向“专精特新”方向发展，完善针对初创企业的服务体系，梯度培育专精特新企业，推进高质量发展。

江苏省围绕16个先进制造业集群和50条重点产业链，积极发挥龙头企业的核心带头作用，上下游协同支撑服务专精特新中小企业高质量发展。重点培育“五基”领域产品和重点产业链优势企业，在集成电路、环保装备制造业、核心基础零部件、先

进基础工艺、关键基础材料产品等重点制造业方面重点培育专精特新企业，激发市场主体创新活力，实现省内产业链供应链的自主可控和安全稳定，全面塑造创新发展新优势。

（二）金融支撑释放经济活力

2023 年 1 月，江苏省人民政府办公厅发布《江苏省专精特新企业培育三年行动计划（2023—2025 年）》，提出特色金融助力工程，发挥省综合金融服务平台作用，推动银行业金融机构为专精特新企业量身定制金融服务方案，创新知识产权质押贷款等产品，加大中长期贷款、信用贷款支持力度。引导银行机构采取更加灵活的利率定价和利息还付方式，优化审批流程，提高服务效率。依托“科创专项贷款”，大力支持专精特新企业研发投入、技术攻关、成果获取及产业化。建立健全专精特新企业信息共享机制，打通数据壁垒，推动全省银行机构新增 5 000 亿元以上的授信，支持专精特新企业发展。支持保险机构，针对专精特新企业发展阶段和需求开发多种形式的保险产品。

江苏省地方金融监管局针对专精特新企业融资特点，推动各类金融资源及要素向专精特新企业集聚，同上交所、深交所、北交所及全国股转系统合作，先后设立沪深北证券交易所江苏基地和新三板江苏基地，建立省市县三级联动的拟上市企业培育机制，推动专精特新上市企业开展融资和再融资。2022 年，全省新增 A 股专精特新上市企业 24 家、首发融资 272 亿元，共有 19 家专精特新上市公司通过增发股票、发行可转债等方式获得再融资 538 亿元，有 148 家专精特新企业进入上市后备企业数据库。

（三）人才培养激发创新动力

江苏省近年来积极推进专精特新人才队伍建设，采取多项举措保障人才供给、加强人才培育：实施“英才名匠”人才培训工程，助力解决人才短缺难题，每年培训 10 000 名专业技能人才；组建省专精特新企业家俱乐部，为企业家搭建一个相互交流、取长补短的平台。此外，江苏省还将专精特新企业所需人才纳入“一网、一窗、一卡、一线”的江苏“苏畅”人才服务体系，鼓励专精特新企业向一线科研人才倾斜，优先将符合条件的专精特新企业人才纳入当地的子女入学、医疗保障、住房保障、交通出行等政策优享范围，进一步吸引人才、留住人才，激发创新创造活力。

三年行动计划提出要依托国家重点人才计划和省“双创计划”“333 工程”等，将省级以上专精特新企业人才需求纳入支持范围，将具有引领性、原创性、突破性技术的科技领军人才和创新团队作为助力专精特新企业引进的主要目标，组建创新联合体，鼓励专精特新企业联合高校院所、科研机构、上下游企业组建关键核心技术人才攻关联合体，围绕国家和省重大战略需求展开协同攻关。

参考文献

[1] 郑秋生,刘桂兰,胥家富. 广东高新技术企业发展情况分析及对策建议[J]. 广东科技,2021,30(8):47-50.

[2] 石义寿. 广东高新技术企业发展若干问题思考[J]. 科技创新发展战略研究,2018,2(1):10-14.

[3] 风从海上来 上海市如何全方位优化中小企业发展环境[J]. 中国中小企业,2022(1):25-44.

[4] 上海银保监局"专精特新"课题组,晋欣怡. 金融精准服务"专精特新"企业的上海实践[J]. 中国银行业,2022(3):38-40+6.

[5] 李斌,张漫子,吴文诩. 跃居"独角兽之城"背后 北京积极打造创新之城、活力之城[J]. 中国中小企业,2023(3):23-25+22.

[6] 马腾,李一杰,余杰. 独角兽企业空间格局演化及其区位影响因素研究——以北京、上海、深圳、杭州为例[J]. 中国科技论坛,2022(8):128-138.

[7] 刘刚,王宁. 创新区与新经济的起源关系和动力机制研究——基于北京海淀区独角兽企业的价值网络分析[J]. 南京社会科学,2018(12):31-40.

[8] 王健,姚常乐,王丽芳. 北京独角兽企业特征、问题及对策建议——基于北京入选胡润全球独角兽榜单数据[J]. 科技和产业,2021(8):41-46.

[9] 赵中星. 江苏中小企业及"专精特新"发展调研与对策[J]. 江南论坛,2022(3):30-33.

[10] 吴丽琳. 江苏亮. 新招之一:"专精特新"早培育　"把脉问诊"高质量巡诊促企业提档升级[J]. 中国中小企业,2022(4):25-27.

第四章　天津市推动创新型企业高质量发展的实践

第一节　天津市支持创新型企业发展的顶层设计

一、改革深化不断激发企业活力(1978—1987年)

这一阶段,我国正值改革开放和振兴经济的发展开端,市场全面向好。天津市经济结构以国有经济为主,企业创新活动以技术引进和技术改造为主,政府面向企业发展的政策举措以推动工业企业改革、改造传统产业等为主。

1979年,天津市按照中央部署开始工业企业改革,依据国务院《关于扩大国营工业企业经营管理自主权的若干规定》等文件规定,不断扩大国营工业企业自主权,开展包括利润留成、独立核算、自负盈亏等试点工作,充分调动企业生产积极性,促进企业提质增效。1984年起,天津市先后印发《贯彻执行〈国务院关于进一步扩大国营工业企业自主权的暂行规定〉的实施办法》《天津市扩大国营工业企业自主权实施办法》《关于进一步深化工业企业改革的意见》,进一步深化企业改革、下放企业权利。

在国营企业深化改革的同时,天津的外资企业也在蓬勃发展。1984年,天津经济技术开发区成立,作为我国首批国家级开发区之一,借助国家政策支持、低廉的劳动力成本和毗邻首都的区位优势,开发区吸引大量外资企业落户。天津市企业格局由原来的国企独大转变为国企、外企并重的局面,外资企业的落户为天津市企业发展注入活力,企业对外合作加强,创新活动从技术引进逐渐转向模仿创新。

1986年,针对《天津市城市总体规划方案》,国务院在企业发展方面对天津提出"重点发展技术密集型产业和新兴产业,引进先进技术,改造老企业,调整原有的工业结构和布局,为国家的经济发展提供先进的技术装备和工业产品"的批复,这是天津市首次编制的具有法律效力的城市发展规划,该规划进一步明确了利用先进技术改造传统产业的战略部署。

二、持续推动企业增强创新能力(1988—1999年)

这一阶段,国家火炬计划的实施、天津新技术产业园区的成立拉开了天津市高新技术产业发展的序幕,“科技兴市”战略的实施、科技百亿工程项目的开启,进一步推动天津高新技术产业发展提速。随着高新技术产业化进程推进,天津市企业的自主开发创新能力不断增强。

1988 年,为推动高新技术产业发展,我国开始实施火炬计划项目。同年,天津新技术产业园区成立, 1991 年经国务院批准成为首批国家级高新区,开展高新技术企业认定工作,推动高新技术企业集群式发展。天津市高新技术企业积极开展引进技术的消化吸收和配套材料、零部件的国产化攻关。

1991 年,《天津市科学技术发展十年规划和“八五”计划纲要》将大力发展高新技术产业作为主要奋斗目标之一。1992 年,天津市颁布《关于依靠科技进步加快经济发展的若干意见》,在全国率先实施“科技兴市”战略,并提出 6 项具体政策规定,明确要发展高新技术产业。其中,《关于推进工业企业技术进步的暂行规定》《关于进一步加快技术引进和国产化的暂行规定》与企业技术创新息息相关。

1994 年,天津市启动科技百亿工程推动高新技术产业化发展,计划用 5 年时间建成 10 个年产值 5 亿元以上的高新技术产业,带动一批高新技术产品,最终形成百亿产值规模的经济增长点。同年,天津市出台《关于鼓励企业加速科技成果转化为生产力的若干规定》鼓励企业积极开发、大力吸收各类科技成果。

1995 年,根据国家科教兴国战略,天津市适时进行了战略调整,全面启动“科教兴市”战略,出台《关于贯彻全国科学技术大会精神加速科学技术进步的实施意见》,把“发展高技术,实现产业化”作为科技工作的重中之重来推进。

1998 年,天津市政府召开民营科技企业工作会议,出台了《天津市促进民营科技企业发展的若干规定》,将民营科技企业纳入全市经济发展的总体规划。

1999 年,《天津市高新技术产业发展规划》出台,深入剖析天津市高新技术产业发展现状及存在问题,立足天津经济发展,对高新技术产业未来发展方向做出整体部署,包括重点任务和实施计划。

三、逐步确立企业创新主体地位(1999—2009 年)

这一阶段,针对当时企业还没有真正成为科技进步的主体、大部分科技资源集中在独立的科研机构等不适应产业化要求的问题,天津市政府着力推动企业技术创新机制建设完善,逐步确立企业的技术创新主体地位。

1999 年,天津市印发《关于加速科技进步和技术创新的若干意见》,强调了技术创新的重要性,围绕促进结构优化和产业升级、科技成果产业化、人才激励机制、营造技术创新的良好环境等方面,对加速科技进步和技术创新进行了全面部署。2001 年,《天津市科学技术发展第十个五年计划》提出要“推动企业成为技术创新主体”。

2006 年,天津市积极落实创新型国家发展目标,部署创新型城市建设,《天津市国民经济和社会发展第十一个五年规划纲要》将"增强自主创新能力,建设创新型城市"作为重点任务之一,提出"重点建设以企业为主体、以市场为导向、产学研相结合的技术创新体系,重点支持优势产业的大企业提高自主创新能力,激发中小科技企业创新活力",进一步推动科技企业发挥创新主体作用。同年印发的《天津市中长期科学和技术发展规划纲要(2006—2020年)》提出"确立企业的技术创新主体地位"。从"推动"到"确立"的表述变化,进一步强调了企业的技术创新主体地位。

2008年,天津市分批组织实施了多个自主创新产业化重大项目,鼓励企业开展自主创新活动。2009年,随着国家新税法实施以及《企业研究开发费用税前扣除管理办法(试行)》的出台,天津市出台《天津市企业研究开发费用税前加计扣除项目鉴定办法(试行)》,对本市企业研发投入加计扣除政策进行了明确界定和规范,有效提升了企业研发投入的热情。

四、创新驱动科技型企业发展升级(2010—2018年)

这一阶段,民营高成长型企业和中小企业逐渐成为促进天津经济社会快速发展的重要力量,企业科技创新模式转为以自主创新为主,国家开始实施创新驱动发展战略,天津市政府将促进科技型中小企业发展作为政策着力点,打造天津科技"小巨人"自主品牌。

2010年,天津市出台《关于加快科技型中小企业发展的若干意见》,作出加快发展科技型中小企业的重大战略决策,实施天津市科技"小巨人"成长计划。2011年,《天津市国民经济和社会发展第十二个五年规划纲要》提出大力推动科技型中小企业发展,实施科技"小巨人"成长计划。此后,《关于进一步促进科技型中小企业发展的政策措施》《天津市科技小巨人发展三年(行动)计划(2013—2015)》《关于打造科技"小巨人"升级版的若干意见》陆续出台,层层递进推动科技型中小企业升级。

2016年,《国家创新驱动发展战略纲要》印发,天津市在《关于贯彻落实国家创新驱动发展战略纲要的实施意见》中提出"发展科技企业,提高创新能力和质量效益"。同年,《天津市国民经济和社会发展第十三个五年规划纲要》提出"打造科技小巨人升级版"。通过实施领军企业培育、"小升高"、高端人才引进培养、"小壮大"、并购"双百"和企业上市融资六大工程,天津市进一步提升科技型企业规模和创新能力。

2016年国家修订高新技术企业认定管理办法和工作指引,2017年国家启动科技型中小企业评价工作,对天津市科技型企业评价提出了新要求。2018年,根据国家有关文件精神,天津市提出助力"创新型企业"发展的目标和任务,推动创新型企业进入高质量发展阶段。

五、企业支撑自主创新和原始创新（2019 年至今）

这一阶段，围绕打造我国自主创新的重要源头和原始创新的主要策源地这一目标，天津市政府以促进创新型企业发挥有效支撑作用为政策落脚点，着力推动创新型企业高质量发展。

2019 年，习近平总书记在京津冀协同发展座谈会上对京津冀地区提出"着力打造我国自主创新的重要源头和原始创新的主要策源地"的要求。为贯彻落实习近平总书记的重要指示精神，2020 年，天津市印发《天津市科技创新三年行动计划（2020—2022 年）》，提出要强化创新源头供给，促进成果转移转化，提升企业创新能级等重点任务。2021 年，《天津市国民经济和社会发展第十四个五年规划和 2035 年远景目标纲要》发布，面向企业提出"创新能力明显增强，创新型企业集群进一步壮大，对打造我国自主创新的重要源头和原始创新的主要策源地形成有力支撑"的发展目标。

2019 年以来，天津市陆续开启了"专精特新"中小企业培育工程、雏鹰—瞪羚—领军企业梯度培育工作、高新技术企业倍增计划等，创新型企业培育体系进一步完善，创新型企业实现了量质双提升。

第二节　天津市支持创新型企业发展的政策措施

企业既是市场主体，也是创新主体，更是推动经济社会高质量发展的重要力量。习近平总书记在党的二十大报告中提出："强化企业科技创新主体地位，发挥科技型骨干企业引领支撑作用，营造有利于科技型中小微企业成长的良好环境，推动创新链产业链资金链人才链深度融合。"可见强化企业科技创新主体的战略意义，对此天津市推出多项相关举措，从企业培育、创新机构建设、创新投入、人才引育等方面支持创新型企业发展。

一、创新型企业培育

（一）重点培育中小企业

数量众多的中小企业是企业作为科技创新主体不可或缺的一部分，也是促进国民经济和社会发展的生力军。根据工信部数据显示，截至 2019 年底，我国企业总数占比 99%的中小企业贡献了全国约 65%的发明专利、75%的企业创新成果及 80%以上的新产品开发。[①] 中小企业的创新发展潜力可见一斑，从国家到天津市均把促进中小企业创新发展作为重要任务。

① 数据来源：专精特新企业数字化白皮书。

2014年5月《天津市促进中小企业发展条例》出台，从法律层面引导中小企业发展，特别是科技型企业。2018年10月，天津市成立促进中小企业发展工作领导小组，2020年1月该领导小组印发《天津市支持中小企业高质量发展的若干政策》，从企业梯度培育、人才引进、金融支撑、优化服务等方面多维度支持中小企业。除了支持中小企业整体的政策举措，科技型中小企业和高新技术企业也是天津市重点关注对象。

1. 科技型中小企业

早在2010年，天津市就出台《天津市科技型中小企业认定管理办法（试行）》，开启市级科技型中小企业和科技小巨人企业认定管理工作（2019年停止），通过资金资助、贴息等方式予以支持，多年来为国家科技型中小企业积累大量后备企业。目前，天津市按照《科技型中小企业评价办法》（国科发政〔2017〕115号）开展国家科技型中小企业认定工作，对入库企业进行动态监测、分层分类管理。

国家科技型中小企业面向职工总数500人以内，年销售收入2亿元以内，资产总额2亿元以内的中小型企业，以科技人员占比、研发投入占比、知识产权数量为评价指标。国家科技型中小企业可按照企业上一年度研发费用的2.5%享受研发费用后补助。国家科技型中小企业也是国家高新技术企业的重要储备力量，天津实施“小升高”工程，不断完善帮扶体系，助力企业尽快达到高新技术企业认定标准。

2. 高新技术企业

《高新技术企业认定管理办法》中将高新技术企业定义为“在《国家重点支持的高新技术领域》内，持续进行研究开发与技术成果转化，形成企业核心自主知识产权，并以此为基础开展经营活动，在中国境内（不包括港、澳、台地区）注册的居民企业”。从定义中可以看出高新技术企业的关键是拥有核心自主知识产权，发展高新技术企业既是落实国家政策，也是天津市推动企业创新的重要途径。

天津市实施高新技术企业倍增行动计划，2020年6月发布《天津市高新技术企业认定奖励实施方案》，对首次通过认定或外省市整体迁入的国家高企，按照规模大小予以30万至50万元支持；对资格期满当年通过重新认定的国家高企予以20万元支持；对纳入高企培育库的企业予以5万元支持；对年服务企业申报国家高企成效突出的咨询服务机构给予最高100万元支持。

（二）构建企业梯度培育体系

企业梯度培育体系将企业划分为层次分明又相互衔接的不同梯度，一方面有利于企业明确自身定位及努力方向，另一方面有助于各级主管部门提高企业服务的针对性，实现企业高质量发展。天津市目前形成了两条企业梯度培育路径，一是市科技局主管的天津市雏鹰企业—天津市瞪羚企业–天津市科技领军（培育）企业认定工作；二是工信局主管的创新型中小企业、专精特新“种子”企业、专精特新中小企业和专精特新“小巨人”企业认定工作。二者各有侧重，共同构成天津市的企业梯度培育体系。

1. 天津市雏鹰企业—天津市瞪羚企业—天津市科技领军（培育）企业

2018 年 6 月，天津市科技局印发《天津市科技领军企业和领军培育企业认定支持办法（试行）》，开始科技领军企业及领军培育企业认定工作。2019 年 5 月，《天津市创新型企业领军计划》提出“开展‘雏鹰—瞪羚—领军’企业评价认定，加速高成长企业梯度培育”，随后天津市科技局印发《天津市雏鹰和瞪羚企业评价办法（试行）》。此后，天津市建立起“雏鹰—瞪羚—领军”企业梯度培育机制。2021 年 7 月，《天津市雏鹰企业、瞪羚企业、科技领军企业和科技领军培育企业评价与支持办法》对原有各类企业认定条件进行了更新。

其中，将申报雏鹰企业需满足的注册时间从“1 年（含）以上 5 年（含）以内”放宽到“8 年以内”，扩大了潜在企业存量。对科技领军培育企业和科技领军企业拥有的知识产权提出了明确的数量标准，科技领军企业至少拥有有效期内的 20 项（含）以上知识产权或 5 项（含）以上 I 类知识产权，科技领军培育企业至少拥有有效期内的 15 项（含）以上知识产权或 3 项（含）以上 I 类知识产权。从认定标准看，雏鹰到领军企业的梯度变化主要体现在研发经费占比、营业收入以及知识产权数量的提升。

在资金支持方面，对连续 12 个月内年日均贷款余额不低于 50 万元的雏鹰企业，给予 5 万元奖励；对首次通过评价的瞪羚企业给予 20 万元奖励；对首次通过评价的科技领军企业和科技领军培育企业，分别给予最高 500 万元和 300 万元的项目资助；科技领军培育企业成长为科技领军企业的，给予 50 万元成长奖励。

2. 创新型中小企业—专精特新“种子”企业—专精特新中小企业—专精特新“小巨人”企业

专精特新企业面向中小企业，深耕细分领域，聚焦专一产品，“专业化、精细化、特色化、新颖化”是其主要特征。2011 年工信部首次提出“专精特新”概念，经历十余年发展至今已上升至国家战略层面。

天津市始终坚持贯彻落实国家政策部署，2017 年发布《天津市中小企业“专精特新”产品认定奖励试行办法》，开展“专精特新”产品认定奖励申报工作；2019 年 10 月，发布《天津市“专精特新”中小企业培育工程管理办法》；2022 年 12 月，落实工信部《优质中小企业梯度培育管理暂行办法》要求，印发《天津市优质中小企业梯度培育管理实施细则》，建立创新型中小企业、专精特新“种子”企业、专精特新中小企业和专精特新“小巨人”企业梯度培育体系。

天津市在工信部暂行办法的基础上，新增专精特新“种子”企业，进一步细化了专精特新企业层次，有效衔接创新型中小企业和专精中小企业之间的发展路径。此外，天津市结合本市中小企业发展实际，设定了专精特新中小企业认定标准中的“特色化指标”。创新型中小企业和专精特新“小巨人”企业认定标准则按照国家要求执行。

在资金支持方面,《天津市“专精特新”中小企业培育工程管理办法》提出,对列入市级“专精特新”中小企业培育名单的企业择优给予最高不超过50万元的一次性奖励。随着《天津市优质中小企业梯度培育管理实施细则》的发布,上述管理办法已废止,新的奖励政策还未出台。

(三)完善企业创新发展生态

培育创新型企业不是特指某个企业,而是指企业群体的创新发展。企业创新能力不仅取决于内部资源,外部创新生态也至关重要。产业链上下游企业间的互补发展,不同规模企业间的融通发展,不同创新主体间的合作发展,都会影响企业的创新发展。不断完善企业创新生态也是天津市发展创新型企业的关键路径之一。

1. 强化产业链上下游协同创新

天津市于2021年5月出台《天津市产业链高质量发展三年行动方案(2021—2023年)》,重点针对信息技术应用创新、集成电路、车联网、生物医药等10条产业链,全面实施“链长制”,从龙头企业、重点园区、创新平台、人才引进、项目支撑等方面推进串链、补链、强链,加速创新链与产业链双链融合。

2. 促进大中小企业融通创新

2022年10月,天津市印发《天津市开展“携手行动”促进大中小企业融通创新(2022—2025年)实施方案》,通过促进大中小企业创新链、产业链、供应链、数据链、资金链、服务链、人才链全面融通,着力构建大中小企业相互依存、相互促进的企业发展生态。

2023年2月,天津市印发《天津市贯彻落实科技部财政部〈企业技术创新能力提升行动方案(2022—2023年)〉的工作举措》,从惠企政策、企业参与科技创新决策机制、企业核心技术攻关、企业基础前沿研究、企业人才集聚、企业金融支持、创新资源面向企业开放、产学研用和大中小企业融通创新等十个方面提出工作举措,全方位促进企业创新能级提升。

3. 推动不同主体合作创新

一方面,天津市积极鼓励企业与研发机构、高校院所构建产学研联合体,通过企业创新联盟、博士后工作站等产学研合作方式,共同开展研究开发、成果应用与推广、标准研究与制定等活动;另一方面,天津市多措并举推动大学科技园建设,营造产学研用联动发展生态,2021年《天津市人民政府关于加快推进天津市大学科技园建设的指导意见》《天津市大学科技园认定与绩效评价管理办法》先后出台,对评估结果为优秀和良好的大学科技园最高奖励1 000万元,对认定为国家大学科技园的市级科技园奖励500万元。

4. 营造创新创业浓厚氛围

天津市坚持高水平建设双创示范基地，打造众创空间、孵化器、小型微型企业创业创新示范基地、大学生创业孵化基地、海外人才创新型载体等孵化载体。根据《天津市科技企业孵化器、众创空间绩效评估工作方案》，评估结果为优秀和良好的市级孵化载体分别给予100万元和60万元的支持；科技部评估为优秀和良好的国家级孵化机构分别给予50万元和30万元的支持。此外，天津市积极举办“双创”活动周、创新创业大赛、“创客中国”“中国创翼”等赛事，进一步营造创新创业浓厚氛围。根据《天津市科技局、市财政局关于支持天津市创新创业大赛有关工作的通知》，获奖企业可得到5~10万元的一次性奖励。

二、支持企业研发机构建设

企业研发机构是依托企业设立的，是具有自主研发能力的技术创新组织载体，在集聚社会创新资源，凝聚企业创新能力，为企业提供技术、工艺及新产品支持，带动行业技术进步和产业转型升级，实现经济高质量发展等方面发挥重要作用。天津大力推进企业研发机构建设，广泛开展企业重点实验室、企业技术中心、工程研究中心、产业技术研究院等研发机构认定管理工作，并在项目申报、设备购置、基金设立等方面予以支持。

（一）企业技术中心

天津市早在2008年就开始认定市级企业技术中心，《天津市企业技术中心认定管理办法》在2010年、2016年、2021年不断更新，对申请企业的营业收入、研发费用、研发人员、设备原值等条件进行了调整。天津市支持市级企业技术中心所在企业购置研发设备，提升创新能力，最高可给予200万元支持；市级企业技术中心升级为国家级的，最高给予100万补助。

（二）产业技术研究院

2018年，天津市先后印发《天津市人民政府办公厅关于加快产业技术研究院建设发展的若干意见》《天津市产业技术研究院认定与考核管理办法（试行）》，择优对产业技术研究院给予每年每家最高1000万元的资金支持。

（三）技术创新中心

2018年8月，《天津市技术创新中心实施方案》印发，对综合性技术创新中心的研发创新能力建设项目安排不高于项目总投资30%的财政补助资金，每年不超过500万元，连续支持3年；专业性技术创新中心以三年为一个周期进行考核评估，评估为优秀的给予一次性30万元市财政资金奖励。

（四）企业重点实验室

天津市在重点实验室建设方面，坚持有序推进、规模适度的原则，其中企业重点实验室主要以研发条件好、科技创新实力强的企业为依托对象，聚焦行业和产业关键共性技术，开展应用基础研究、关键核心技术研究。

三、支持企业研发投入

企业实现研发创新和技术突破离不开在研发上的投入，支持引导企业加大研发投入力度是推动创新型企业发展的重要途径。天津市从财税支持和金融支撑两方面入手，为企业运营特别是开展科研活动提供财税减免，为金融资本助力。

（一）财税支持

在财税支持方面，天津市成立中小企业发展专项资金、智能制造专项资金等支持企业成长，并实施企业研发投入后补助、促进科技成果转化后补助、研发费用加计扣除、科技创新券以及各类所得税减免等优惠措施帮助企业降低经营成本，鼓励企业加大研发投入力度。

企业研发投入后补助按照规模以上企业和规模以下企业分类择优进行补助，其中当年通过评价的雏鹰企业可直接获得补助，单个企业获得的最终补助额最高不超过 500 万元。促进科技成果转化后补助分为科技成果概念验证后补助和技术交易后补助两类。开展概念验证服务的企业按照年度服务总收入的 50%最高可获得 50 万元补助。科技创新券是针对企业开展科研活动过程中对外购买科技服务产生的支出予以补贴，同一周期内申请额度不超过 10 万元。

所得税减免包括高新技术企业所得税减免、技术开发及技术转让免征增值税、技术转让企业所得税减免、小型微利企业所得税减免等。其中，被认定为天津市技术先进型服务企业的企业，可按降低 15%的税率征收企业所得税；职工教育经费支出不超过工资薪金 8%的部分可在计算应纳税所得额时扣除，超过部分可在以后纳税年度结转扣除。

（二）金融支撑

科技创新及其成果转化的过程存在许多不确定性和风险性，且科技创新项目或科技型初创企业的估值极其困难，科技型初创企业普遍面临融资难问题。对此，天津市出台多项科技金融政策、投入大量资金、打造金融服务平台，推动科技型企业股权融资、上市挂牌。

1. 助力企业融资发展

天津市出台《天津市人民政府办公厅关于促进创业投资持续健康发展的实施意见》，致力于培育创业投资机构、创业投资基金，构建创业投资生态体系。

天津市安排了 20 亿元科技专项资金，设立覆盖创业项目全生命周期的引导基金和专项投资，包括天津市天使投资引导基金、天津市众创空间种子引导基金、天津市创业投资引导基金、天津市科技“小巨人”企业产业并购引导基金、高成长初创科技型企业专项投资、天津市科技型企业政策性担保资金等。

2. 支持企业股改上市

天津市出台《科技型企业股份制改造补贴资金管理办法》《天津市雏鹰企业贷款奖励及瞪羚企业、科技领军企业和领军培育企业股改奖励管理暂行办法》等鼓励企业股改。在推动企业上市方面,天津市设立支持企业上市专项资金,实施上市企业三年倍增行动计划,以实现全市境内外上市公司增量、储量和市值倍增。其中,针对科技型企业,计划其占比不低于 90%,新增不少于 45 家,科创板上市企业数量翻番,上市企业研发投入占比稳步提升。

2022 年 6 月,天津市工业、信息化局和天津 OTC 在天津区域性股权市场共建专精特新企业上市后备板(专精特新板),引导专精特新企业利用多层次资本市场加快发展进程。同年 12 月,天津市实施区域性股权市场制度和业务创新试点三年行动计划,创新开展资本市场服务,为中小微企业提供融资等综合金融服务。

3. 完善金融服务机制

天津市与建设银行等多家银行建立深度合作关系,共同优化科技企业金融产品;为担保机构增加注册资本金,提高担保机构为科技企业担保的能力和意愿。2021 年 12 月,天津市出台《天津市"政银保"合作机制实施方案》,引导鼓励银行、担保机构等更好地服务科技型中小企业特别是初创期雏鹰企业。此外,面向 12 条重点产业链,天津市实施重点产业链"主办行"制度,为每条产业链确定 2 到 3 家主办行,推动双方的高效对接。

天津市打造了具有区域特色的科技金融对接服务平台,包括区级综合服务平台和市级专业化服务平台。前者包括天津空港经济区科技金融服务平台、津南区科技金融对接服务平台等,后者包括如天津市科技企业跨境金融服务中心、天津新四板科技金融服务平台、天津科技金融中心等。服务平台通过培训活动、专业沙龙、项目路演等活动形式,为科技企业提供融资对接、法律、财务、人才等综合服务。

此外,天津市持续多年举办"金桥之友"科技金融大讲堂活动,帮助科技企业有效利用和盘活自身资源,加强科技企业与各类资本的供需对接。

四、支持企业引育人才

人才是企业创新发展的驱动器,发展创新型企业少不了创新型人才的支持。天津市把培养一流的创新创业人才和团队作为重点任务,实施创新人才推进计划、组建人才创新创业联盟,畅通企业人才对接渠道,为企业注入科技人才资源。

(一)实施创新人才推进计划

2013 年,天津市印发《天津市创新人才推进计划实施方案》,成立天津市创新人才推进计划工作领导小组,分类遴选人才和团队。其中,科技创新创业人才主要面向科技型企业创办人，重点领域 B 类创新团队面向科技领军企业的技术人才及其团队。入选人才团队将被优先推荐参评科技部人才推进计划、国家级人才计划。

此外，针对领军企业人才需求，天津市于 2018 年制定《天津市战略性新兴产业领军企业引进急需型人才实施细则》，领军企业可根据实际需求自主确定人才标准及名单，市区相关人才服务部门开辟绿色通道，提供政策咨询、落户经办等“一站式”服务。

（二）重点培养“项目+团队”

2019 年起，天津市陆续发布了《天津市“项目+团队”支持服务实施办法（试行）》《市人社局关于实施天津市“项目+团队”重点培养专项的通知》，推动优秀团队和高端项目的整体加速落地。

在资金奖励方面，每年遴选 200 个左右团队进行重点培养，最高给予建设资助 200 万元以及最高 100 万元的贴息资助，另外，团队带头人可连续 3 年获最高 50 万元资助；“项目+团队”建设研发平台升级为国家级的，最高可获 100 万元资助，设立博士后科研工作站的，给予 30 万元资助；支持“项目+团队”成果转化，给予最高 100 万元专项资助，对企业开展获得专利权质押贷款所产生的评估费用也给予补贴；对“项目+团队”成员，在落户、配偶工作、子女入学、父母医疗等方面给予优待。

（三）推行企业科技特派员制度

2017 年 2 月，天津市印发《天津市企业科技特派员工作实施细则（试行）》，推行企业科技特派员制度，2021 年 4 月，《天津市企业科技特派员管理办法》实施。企业科技特派员是从高校院所中选拔派驻到科技型企业开展创新服务的科技人员，这种形式的人才资源导入，为科技型企业提供了科技和智力支撑，加速推进产学研深度融合。

（四）激发企业家创新创业活力

2017 年 11 月，天津市委、市政府印发《关于营造企业家创业发展良好环境的规定》，激发企业家创新创业活力。

在企业支持方面，企业研发平台升级为国家级的，给予 50 万元至 100 万元专项资金补贴。市科技领军企业和领军培育企业实施重大创新项目、创新平台建设，分别给予最高 500 万元和 300 万元科技资金补助。诺贝尔奖获得者、国内外院士等高层次人才在津创办科技型企业担任董事长或总经理的，一次性给予最高 1 000 万元的科技成果转化资金补助。

在企业家激励方面，对市科技领军企业和领军培育企业的企业家，按当年的综合贡献给予奖励。加大收益分红、股权激励、股票期权等收入分配力度，推进国有上市公司股权激励。开展优秀企业家评选表彰活动，评选十名践行优秀企业家精神的先进典型，每位企业家奖励 100 万元。

（五）实施“海河工匠”建设

2019年4月，天津市人民政府印发《关于实施“海河工匠”建设的通知》，以高技能人才队伍建设为抓手，通过支持企业开展公共实训、特色培训、校企合作培训，鼓励企业实施首席技师制度、新型学徒制等方式，助力企业创新发展。

在资金奖励方面，对被认定为高技能人才培训基地的企业，最高资助500万元建设经费；技能大师工作室带培期限1至2年，按照每名学徒每年6 000元标准给予奖励资助，认定为市级以上技能大师工作室的，最高资助50万元建设经费；遴选1 000名技能名师带培学徒，按照每名学徒每年4 000元标准给予奖励资助；每年选拔100名优秀首席技师，连续3年给予每人每月1 000元奖励资助；与企业签订3年以上劳动合同的高技能人才，最高奖励50万元；新型学徒制培训，培养期不超过3年，按每人每年最高7 000元标准给予企业补贴；举办技能竞赛的企业、获得技能大赛奖项的个人和企业，均可获得最高50万元奖励。

（六）组建十大产业人才创新创业联盟

2020年，天津市在全国率先组建十大产业人才创新创业联盟，为人才搭建合作平台，产业包括高端装备和智能制造、智能网联汽车、电子信息与大数据、半导体集成电路、航空航天等。2021年，市科技局提出覆盖人才引进、人才选育、技术创新、平台建设、机制创新、成果应用、资源整合等方面的若干举措支持人才创新创业联盟发展。

（七）支持引进国（境）外人才

天津市企业聘用国（境）外专家来津开展联合攻关，破解关键技术和管理难题，根据《天津市引进国（境）外专家项目管理办法》和《天津市引进国（境）外智力项目专项资金管理办法》，单个项目最高可得到50万元的专项资金支持。

天津市支持科技型企业引进外籍人才，不断优化来津工作的外籍人才引进、管理和服务等政策，不定期开展对接洽谈会、需求座谈会、政策培训班、招聘会等活动，畅通科技型企业人才招引渠道。

五、支持重点领域企业

制造业一直以来都是天津的优势产业。近年来，天津坚定实施制造业立市战略，制造业高质量发展行动作为推动天津发展的十项行动之一写入2023年天津市政府工作报告。在智能时代发展背景下，天津市重点推进智能制造产业发展，给予该领域创新型企业大力度资金扶持。

2018年，天津市出台《天津市关于加快推进智能科技产业发展的若干政策》，设立总规模100亿元的智能制造财政专项资金，以及千亿级的新一代人工智能科技产业基金，对智能科技产业领域发展进行了全方位支持。

具体奖励措施包括：支持企业智能化升级，智能化改造装备的购买或租赁费用、改造产生的设计咨询费用等均有资金补助,最高可达 1 000 万元;支持企业上市,市级示范项目最高可获 200 万元资助;支持机器人、集成电路、软件和信息服务、大数据等产业发展,对获得国家或市级首台(套)装备的企业、获批国家级专项资金和试点示范应用的企业等均给予奖补;支持企业开展人才引进,高端人才来津工作或创业均有资金支持;支持企业加大研发投入,按 10%~20%的研发费用比例补贴企业;并购重组智能科技领域上市公司并将其迁入我市的智能制造企业,一次性给予 500 万元补助;等等。

2020 年 8 月,《天津市关于进一步支持发展智能制造的政策措施》印发,对智能制造领域的创新型企业给予高额度资金支持,包括每年最高 500 万元支持企业创建创新中心,最高 2 000 万元支持国家制造业领航企业,最高 1 000 万元支持国家级制造业单项冠军企业等。2021 年,《天津市促进智能制造发展条例》颁布,从法律层面强化智能制造领域的创新型企业培育。

第三节　天津市创新型企业发展成效

一、各类创新型企业实现量质双提升

在各项政策举措加持下,天津市各类创新型企业实现了数量和质量的双重提升,对经济高质量发展起到了“强创新、强带动”“小投入、大产出”的有力支撑作用。

天津市贯彻落实国家政策要求,积极开展科技型中小企业、高新技术企业、专精特新企业等认定培育工作。截至 2022 年底,天津市国家科技型中小企业、国家高新技术企业分别达到 10 824 家和 10 719 家,近三年年均增长率均超过 20%。其中,国家高新技术企业以 1%左右的全市企业主体数量,贡献了全市逾 10%的企业所得税。国家级专精特新“小巨人”企业累计 192 家,市级“专精特新”中小企业累计 961 家;国家级制造业单项冠军 28 家。①

天津市 2019 年启动“雏鹰—瞪羚—领军”企业梯度培育工作,从 2021 年度科技统计调查情况看,培育企业数量占全市三上企业②的比重仅为 12%,但研发人员、研发费用和发明专利比重分别高达 41.5%、39.6%和 41.9%;培育企业对全市高技术服务业、高技术制造业营业收入增长的贡献率分别达到 37.8%和 52.1%,拉动营业收入分别增长 11.4%、13.1%。③截至 2022 年底,市级雏鹰企业、市级瞪羚企业、市级科技领军(培育)企业分别达到 5 620 家、447 家和 300 家,同比增长率分别达到 13%、

① 数据来源:《2022 年天津市国民经济和社会发展统计公报》。

② 三上企业是对“规模以上工业、资质以上建筑业和限额以上服务业”企业的统称。

③ 数据来源:天津市科学技术局官网。

18.3%和 30.4%。[①]

目前，天津市拥有国家重点实验室 14 家，其中 4 家依托企业建设；天津市企业重点实验室 189 家；拥有国家级企业技术中心 77 家，市级企业技术中心 680 家；拥有市级工程技术中心 217 家，其中 125 家依托企业组建，占比高达 57.6%；拥有天津市产业技术研究院 26 家。

二、科技金融支撑企业发展效果显著

天津市持续健全科技型企业全生命周期金融支持体系，目前，政府引导基金出资 9.3 亿元，参股设立子基金 27 支，投资科技型企业 259 家，带动投融资 213.6 亿元，扶持科技企业做大做强。同时，创新优化金融产品与服务 37 项，助力科技型企业贷款达 1 096 亿元，同比增长 8.7%。科技担保服务科技型企业 1 711 家，实现了数量翻倍，在保余额 30.4 亿元。截至 2021 年底，天津市科技型上市企业达到 45 家。2022 年 6 月，“专精特新企业上市后备板”正式开板，首批 33 家企业挂牌， 50 多家企业被列为挂牌储备企业。[②]

三、创新创业激发企业强劲发展活力

目前，天津市市级以上科技企业孵化器达到 86 家，在孵企业 4 300 家，15 家国家级孵化器在科技部考评中达到 A 级，评优数量、优秀率均超过北京、上海；市级以上众创空间 206 家，常驻企业和团队 6 200 个；产业技术研究院 26 家。天津市已认定 12 家市级大学科技园，其中，2021 年底第一批公示的 4 家市级大学科技园成效显著，围绕“1+3+4”产业布局，共汇聚科技创新企业 132 个，转化科技成果近 100 项，技术交易额近亿元。此外，天津市成功举办天津创新创业大赛，报名参赛企业超千家，处于全国前列。

四、人才集聚推进企业科技创新进程

目前，天津的十大产业人才创新创业联盟已链接了 80 所高校院所，聘请了 75 位两院院士，凝聚了 2 000 余家头部企业，汇集了 3.5 万名工程师，激发出协同创新助力产业发展的强大合力。特别是在今年第五届世界智能大会上，十大产业联盟集中签约灿芯半导体等 51 个人才团队和高端项目，总投资额达 122 亿元，预计年产值超过 200 亿元，带动就业 4.3 万人。[③]

---

① 数据来源：《创新型企业领军计划工作简报》第 30 期。

② 数据来源：天津市科学技术局官网。

③ 数据来源：天津市工业和信息化局官网。

参考文献

[1] 邓亮. 温州市企业研发机构高质量发展对策研究. 浙江省温州市工业科学研究院,2021-11-22. 非正式出版物.

[2] 贾蓓妮. 天津市企业科技创新发展回顾(四十年系列第二十二篇)[Z/OL].(2018-12-27).https://mp.weixin.qq.com/s/E_uNSuODturyXLwsreEkhA.

[3] 郑卫华. 天津市科技创新政策发展历程与经验(四十年系列第七篇)[Z/OL].(2018-12-19). https://mp.weixin.qq.com/s/HXxdEUaYqGps2tTdhiuB9w.

[4] 上海市科学学研究所. 上海科技创新发展与改革 40 年[M]. 上海:上海人民出版社, 2018.

[5] 许优美. 天津市科技人才创新发展研究[J]. 科技经济市场,2020(06):146-148.

[6] 李久佳,王振华,魏颖,等. 天津市高水平科技人才队伍现状分析及培养对策建议[J]. 天津科技,2022,49(9):9-13+19.

[7] 中国科技创新政策体系报告编写组. 中国科技创新政策体系报告[M]. 北京:科学出版社, 2018.

[8] 天津市科学技术局. 天津市科技创新政策要点汇编[EB/OL].(2022-04-20). https://kxjs.tj.gov.cn/managecol/linkshouye/linkwyk/202 008/t20200817_3 484 057.html.

[9] 李晓锋,高峰,叶润森,等. 新时期天津创新型企业能级提升的思考与对策[J]. 天津经济,2021(2):40-44.

第五章　天津市高新技术企业高质量发展成效与评价

第一节　天津市高新技术企业高质量发展成效

高新技术企业认定政策实施30多年来，为天津市经济高质量发展提供了有力保障，已成为实施创新驱动发展战略、全面塑造发展新优势的骨干力量。本节从天津市高新技术企业的发展历程和基本特征方面，对天津市高新技术企业发展情况进行分析。

一、政策日趋完善，发展新动能不断积蓄释放

伴随国家科技创新战略的调整和高新技术企业政策的修订完善，天津市高新技术企业认定工作也经历了政策推广、标准统一、创新发展及高质量发展四个阶段。

一是政策推广阶段（1988—1999年）。1988年，国家科委启动火炬计划，颁布了《关于高技术、新技术企业认定条件和标准的暂行规定》。1991年，国务院发布《国家高新技术产业开发区高新技术企业认定条件和办法》，授权国家科委在国家高新区内开展高新技术企业认定工作，全国高新技术企业认定工作的大幕由此正式拉开。根据国家政策，天津市高新技术企业认定、发展正式启动，一系列政策措施的出台有力促进了全市高新技术企业的发展。

1988年，天津市委、市政府审核通过了天津新技术产业园区的构建请示，同年10月，天津市科委颁布《天津市新技术产业园区高新技术企业认定暂行办法》，指导园区内高新技术企业认定工作，12月底，天津新技术产业园区从南开区新建的鞍山西道起步建设，天津大学达通科技开发部、普辰电子工程有限公司等36家企业当月进驻，成为天津市第一批高新技术企业。为促进高新技术产业的发展，促进天津新技术产业园区的建设，1995年天津市第十二届人民代表大会常务委员会第十六次会议通过了《天津新技术产业园区管理条例》，明确了园区内高新技术企业应具备的条件，包括企业应从事一种或多种园区重点发展的高新技术及其产品的研究、开发、生产和经营业务；具有大专以上学历的科技人员占企业职工总数的30%以上；用于高新技术及其产品研究、开发的经费占本企业每年总收入的3%以上，等等。1997年，《天津新技术产业园

区高新技术企业认定管理暂行办法》(津园区企字〔1997〕207号)发布,进一步明确了园区管委会是园区内高新技术企业认定主管部门,负责审批认定高新技术企业工作,并对申报材料内容进行了规范。1999年,为规范高新技术企业认定管理工作,根据市政府办公厅津政办发〔1999〕12号文件及国家科技部国科发火字〔1996〕018号文件的有关规定,市科委会同市财政局联合制定了《天津市高新技术企业认定管理办法》(津科发工字〔1999〕139号),办法明确了高新技术及其产品的九个领域,用于高新技术及其产品研究开发的经费应占本企业每年总收入的5%以上等认定条件。这一阶段,天津市出台了多项促进高新技术产业发展、规范高新技术企业认定的政策法规,为后期天津市高新技术企业的有序发展奠定了政策基础。

二是标准统一阶段(2000—2011年)。1999年,《中共中央、国务院关于加强技术创新发展高科技实现产业化的决定》(中发〔1999〕14号)对加强我国高新技术企业的研究开发活动提出了更新更高的要求,指出企业是技术创新的主体,技术创新是发展高科技、实现产业化的重要前提。为贯彻中央精神,国家科委对《国家高新技术产业开发区高新技术企业认定条件和办法》进行了修订,再次调整了国家高新区内高新技术企业认定标准。2008年,科技部、财政部、国家税务总局联合颁布了《高新技术企业认定管理办法》和《高新技术企业认定管理工作指引》,新办法突出强调企业创新,将企业研发投入强度、研发活动、自主知识产权列为认定评价的核心指标。同年,高新技术企业认定管理工作网开通,实现了全国高新技术企业认定工作网上办理。这是对高新技术企业认定管理工作的一次重要调整,标志着我国高新技术企业工作进入新的发展阶段。依据国家的政策调整,天津市也出台了相应政策,鼓励高新技术企业认定发展由生产型企业向研发型企业转变。

2005年,天津新技术产业园区管理委员会根据《天津新技术产业园区管理条例》和国家科技部《国家高新技术产业开发区高新技术企业认定条件和办法》(国科发火字〔2000〕324号)制定《天津新技术产业园区高新技术企业认定办法》(津园区管发〔2005〕35号)。2006年,为进一步规范天津市高新技术企业认定工作,推动滨海新区开发开放,天津市科技局、财政局、国税局、地税局重新修订了《天津市高新技术企业认定管理办法》(津科高〔2006〕117号)。2007年市政府批转市财政局《关于加快财税改革促进科学发展和谐发展率先发展的意见》(津政发〔2007〕58号),提出要对滨海新区内新建并经认定的高新技术企业给予"免二减三"的优惠政策,将具有信息化、自动化、网络化、智能化特点的现代物流企业,具有高端服务技术的现代服务企业等纳入高新技术企业认定范围,依规享受企业所得税15%税率的优惠政策。2008年8月,根据国科发火〔2008〕172号,科技局、财政局、国税局、地税局制定了《关于印发〈天津市高新技术企业认定管理工作的实施意见〉的通知》(津科高〔2008〕173号),明确滨海新区、新技术产业园区和区县科委应加强所在区域内高新技术企业认定的宣传、咨询和培训工作，做好高新技术企业认定申请的初审工作，市高企认定办公室负责本市高新技术企业认定（复审）工作。自此，天津市高新技术企业认定政策在全市范围内实现了统一标准。

三是创新发展阶段（2012—2015年）。2012年，党的十八大强调实施创新驱动发展战略，明确提出，科技创新是提高社会生产力和综合国力的战略支撑，必须摆在国家发展全局的核心位置。为深入贯彻落实党的十八大精神，进一步促进全市科技型中小企业发展，《天津市人民政府关于印发〈进一步促进科技型中小企业发展政策措施〉的通知》（津政发〔2012〕22号）规定，外省市高新技术企业整体或部分迁入我市，给予1年认定过渡期，过渡期后1年内被认定为高新技术企业的，市和区县财政按其过渡期内缴纳的企业所得税地方留成部分，给予全额奖励。2013年，为更好支撑天津市高新技术及产业化发展，天津市高技术研究发展中心成立，其主要职责之一就是承担全市高新技术企业认定的咨询、受理、分析统计与技术服务等工作。高技术中心发布了企业申报材料参考格式，并对材料形式审查环节进行了规范，使材料的完整性、合规性大幅提升，同时加大政策培训力度，使天津市高新技术企业认定效率和质量取得新突破。2015年，天津市通过了《天津市人民政府办公厅关于加快我市高新技术企业发展的实施意见》（以下简称《实施意见》）（津政办发〔2015〕50号），对天津市高新技术企业的发展提出了有力举措，如制定天津市市级高新技术企业认定管理办法；培育市级高新技术企业为申报国家高新技术企业做好储备；对第一次认定的国家级高新技术企业直接给予十万元资金支持；对高新技术企业更多的政策优先支持等。《实施意见》的发布是高新技术产业发展的重要保障，政府的多项举措将帮助企业提高高新技术产品收入比例，增加成果转化项目，在更大程度上刺激规模偏小的中小企业，使其自身更注重对技术创新与自主研发的投入，积极成为高新技术企业。2015年，为培育壮大天津市科技型企业规模，天津市人民政府办公厅印发打造科技"小巨人"升级版配套文件，通过加大政府简政放权力度、发挥各类园区吸引聚集作用、优化科技创新与服务体系、完善科技金融服务、引进培养高端人才等一系列举措，推动企业提高自主创新能力，高新技术企业进入创新发展的新阶段。

四是高质量发展阶段（2016年至今）。2016年4月，《科技部关于印发建设创新型省份工作指引的通知》（国科发创〔2016〕111号）明确要强化企业主体、加快创业创新，加强研发费用加计扣除、高新技术企业认定等普惠性政策落实。"高新技术企业数量"是创新型省份建设五大考核指标之一，体现了高新技术企业在推动技术创新、培育产业集群等方面发挥的重要作用。同年，科技部、财政部、国家税务总局修订发布了《高新技术企业认定管理办法》《高新技术企业认定管理工作指引》，通过修订完善研发投入比例、知识产权评价导向等，进一步加大对科技型中小企业创新支持力度，鼓励企业持续提升创新驱动发展能力。

“十三五”期间，天津坚持创新驱动发展战略，出台实施新动能引育五年行动计划、科技创新三年行动计划，加快提升自主创新和原始创新策源能力，发展新动能不断积蓄释放。2016年，为扶持和鼓励高新技术企业发展，参照《高新技术企业认定管理办法》（国科发火〔2016〕32号），市科委等部门联合修订印发《天津市市级高新技术企业认定管理办法》（津科高〔2016〕39号），为认定国家级高新技术企业做好前期培育。2020年，为有效激发高新技术企业创新发展活力，促进高新技术产业高质量发展，市高企认定办印发《天津市高新技术企业认定奖励实施方案》，对首次认定、重新认定、外省市整体迁入的高新技术企业，纳入高新技术企业培育库的企业以及咨询服务机构均制定了相应的奖励政策，鼓励通过培育发展高新技术企业，壮大科技创新型企业底盘，落实创新驱动发展战略。近年来，天津市深入贯彻习近平总书记关于统筹推进新冠肺炎疫情防控和经济社会发展工作系列重要讲话精神，认真落实科技部火炬中心《关于推动高新技术企业认定管理与服务便利化的通知》（国科火字〔2020〕82号）要求，推行高新技术企业认定全流程网上办理，积极推进网络申报、审查、评审等线上服务，切实减轻企业申报负担，全面提升高新技术企业认定管理工作规范化、便利化水平。截至2022年底，天津市高新技术企业数量首次突破1万家，已成为提升区域竞争力、打造全市经济高质量发展新引擎的核心力量。

二、总量快速增长，成为高质量发展的生力军

截至2021年底，天津市拥有有效高新技术企业9 198家，同比增长23.93%，高于全国平均增长率5%，总量居全国省市第12位。每万家企业法人中高新技术企业数量仅次于上海，位居全国第二，民营高新技术企业全市占比92.8%；先进制造与自动化、电子信息、高技术服务三大领域高新技术企业约占全市总量的69.25%；滨海新区、武清、西青、津南是全市高新技术企业主要集聚区。

（一）高新技术企业数量持续增长

2017—2021年，天津市高新技术企业数量规模呈现出逐年增加的变化趋势，年均增长率达22.4%。2017年天津市高新技术企业数量为4 093家，2018—2020年增长速度放缓，2021年的数量达到9 198家，占全国高新技术企业的比重为2.8%，居全国省市第12位，城市排名第7位。

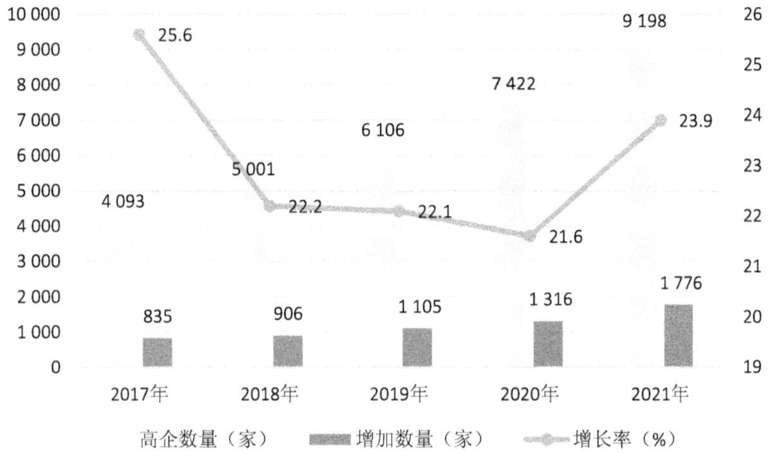

图 5-1 2017—2021 年天津市高新技术企业数量及增长情况

（二）先进制造与自动化是高新技术企业主阵地

天津市高新技术企业主要集中在先进制造与自动化、电子信息、高技术服务三大领域。截至 2021 年底，先进制造与自动化、电子信息、高技术服务领域高新技术企业数量分别为 3 057 家、1 698 家、1 615 家，占全市高新技术企业的比重分别为 33.24%、18.46%、17.56%。2017—2021 年，先进制造与自动化领域高新技术企业数量一直遥遥领先，高技术服务领域高新技术企业数量增长最快，年均增长率为 36.81%。天津市加快建设全国先进制造研发基地，着力推动制造业高质量发展，先进制造与自动化、电子信息、生物医药、新材料领域高新技术企业合计占全市的比重超七成，有力强化了制造业立市的产业支撑。

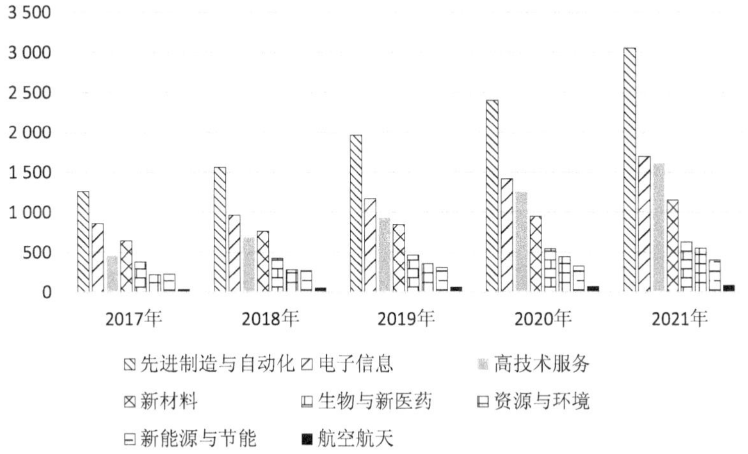

图 5-2 2017—2021 年天津市高新技术企业领域分布

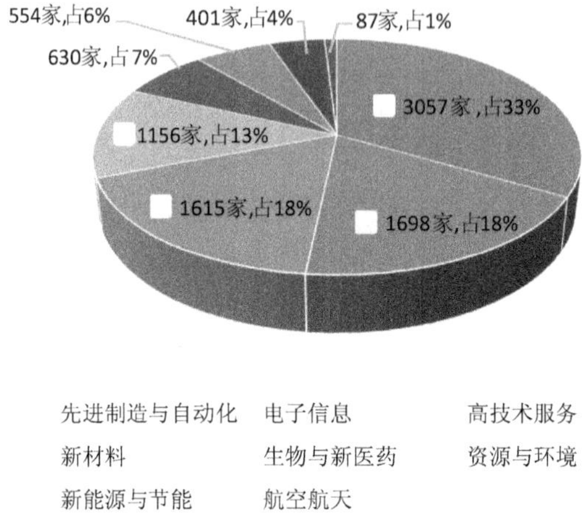

图 5-3　2021 年天津市高新技术企业领域分布

(三)滨海新区是高新技术企业主要聚集区

截至 2021 年底,天津市高新技术企业数量排名前三位的区域为滨海新区、武清区、西青区,分别为 3 943 家、793 家、779 家,占全市高新技术企业的比重分别为 42.9%、8.6%、8.5%,三个区域合计占全市高新技术企业的比重约 60%,是天津市高新技术企业集聚核心区。2017—2021 年,和平区、静海区、津南区等区域高新技术企业数量增长较快,年均增长率分别为 44.5%、39.5%、28.9%。

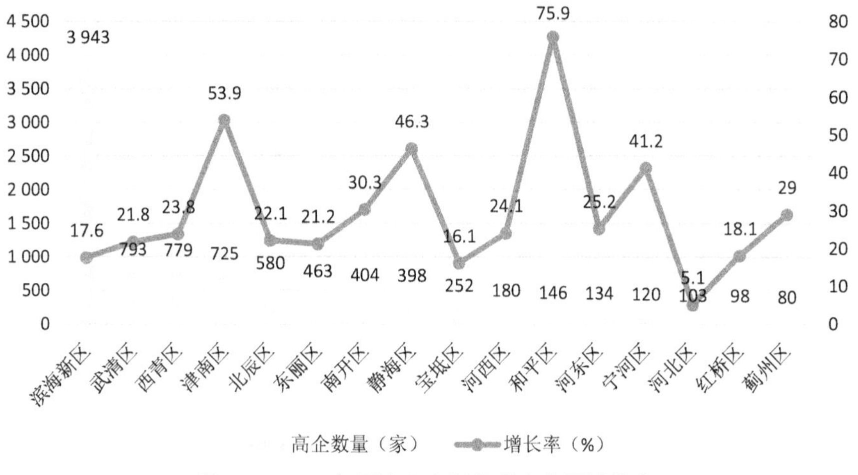

图 5-4　2021 年天津市高新技术企业区域分布

三、创新能力强劲，科技创新指标领跑全市

2021 年，天津市高新技术企业研究开发经费内部支出 602.9 亿元，同比增长 22.7%；高新技术企业从业人员 76.7 万人，同比增长 10.6%；高新技术企业有效专利占全市有效专利总量的 59.50%，发明专利占全市发明专利总量的 59.52%，高新技术企业持续以高水平科技供给支撑经济社会高质量发展。

（一）创新投入持续增加

2017—2021 年，天津市高新技术企业研究开发费用总量增速加快，研究开发经费内部支出年均增长率达到 16.3%。2021 年，天津市高新技术企业研究开发经费内部支出 602.9 亿元，同比 2020 年净增 111.6 亿元，研究开发经费内部支出增速从 2018 年的 19.7%上升到 2021 年的 22.7%。2021 年，高新技术企业户均研究开发经费内部支出 661.2 万元/户，同比下降 1.1%；人均研究开发经费内部支出 29.4 万元/人，同比增长 11.8%。

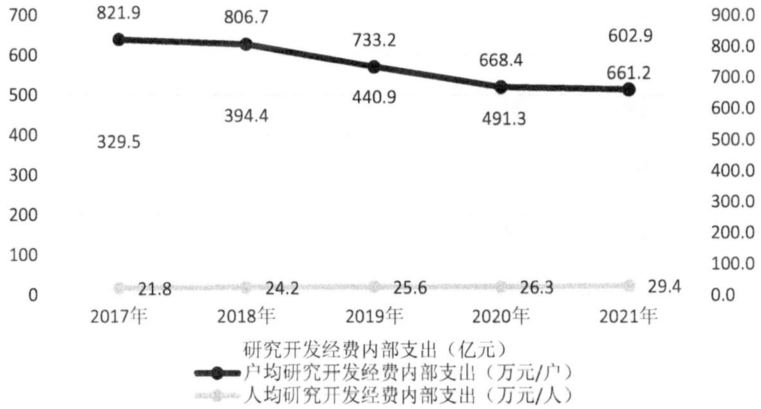

图 5-5　2017—2021 年天津市高新技术企业研究开发经费内部支出情况

高新技术企业是科技人才聚集的高地。截至 2021 年底，天津市高新技术企业从业人员超 76.7 万人。2017 年以来，天津市高新技术企业期末从业人员数量持续增长，增长率呈 V 字形态，从 2017 年的 12.9%下降至 2019 年的 6.9%，再上升到 2021 年的 10.6%。引进留学归国人员和外籍专家是深入实施创新驱动发展战略，加快天津高质量发展的有力举措。截至 2021 年底，天津市高新技术企业共吸纳 2 532 名留学归国人员在津就业。

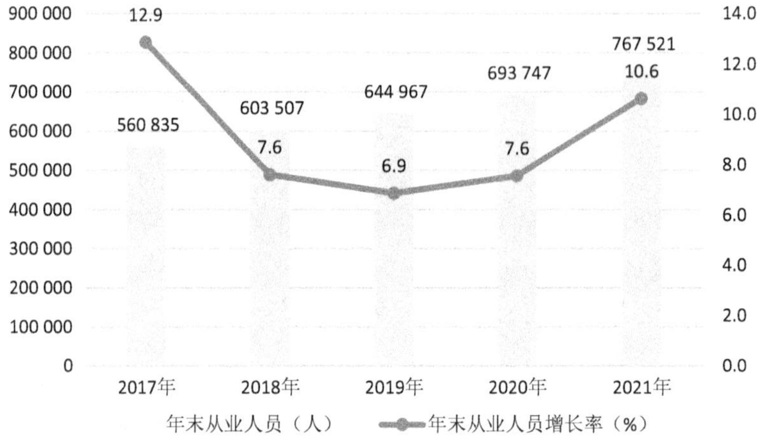

图 5-6　2017—2021 年天津市高新技术企业从业人员情况

科技人力资源是创新活动的核心。截至 2021 年底，天津市高新技术企业研究开发人员达到 20.5 万人，较 2020 年净增 1.8 万人，同比增长 9.9%，占从业人员总数的 26.7%，近五年研究开发人员的占比基本保持稳定。户均研究开发人员有所下降，从 2017 年的 37.6 人/户下降至 2021 年的 23 人/户，下降幅度与高新技术企业户均从业人员降幅接近。

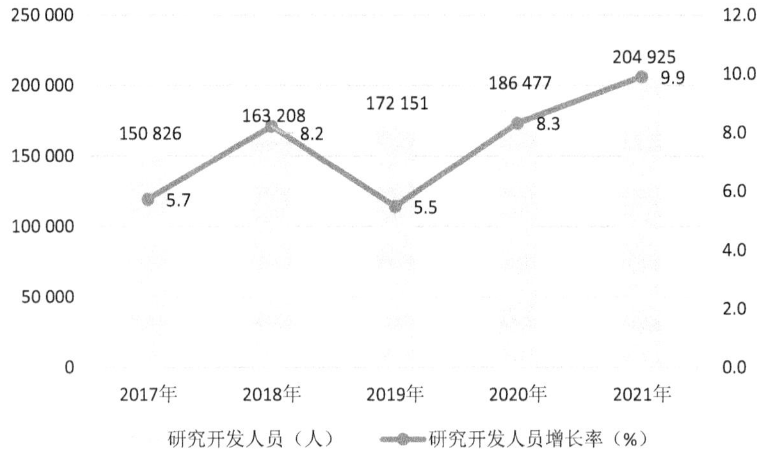

图 5-7　2017—2021 年天津市高新技术企业研究开发人员情况

（二）创新成果不断涌现

知识产权是衡量创新产出的重要指标之一，也是实现高质量发展的标配。2017—2021 年，天津市高新技术企业拥有有效发明专利数保持增长态势，由 2017 年的 17 251 件增长至 2021 年的 25 831 件，年均增长率为 10.6%。天津高新技术企业有效发明专利占全市发明专利的比例保持在 60%左右，2018 年比例最高，达到 64.2%。

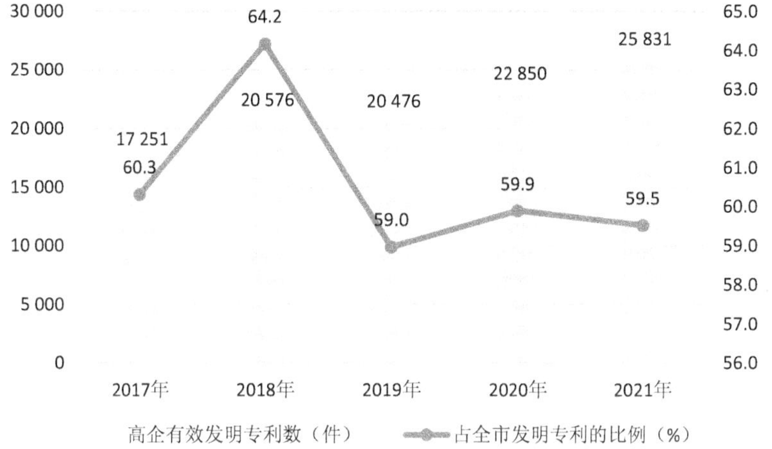

图 5-8　2017—2021 年天津市高新技术企业有效发明专利情况

2017—2021 年，天津市高新技术企业发明专利申请数呈波动式增长。2017—2018 年，全市高新技术企业发明专利申请数由 8 996 件增长至 9 572 件，2019 年降至 9 370 件，2020 年大幅攀升至 10 422 件，2021 年达到 10 677 件。近 5 年，高新技术企业申请专利中发明专利占比持续下降，从 2017 年 35.3%下降到 2021 年的 25.9%。

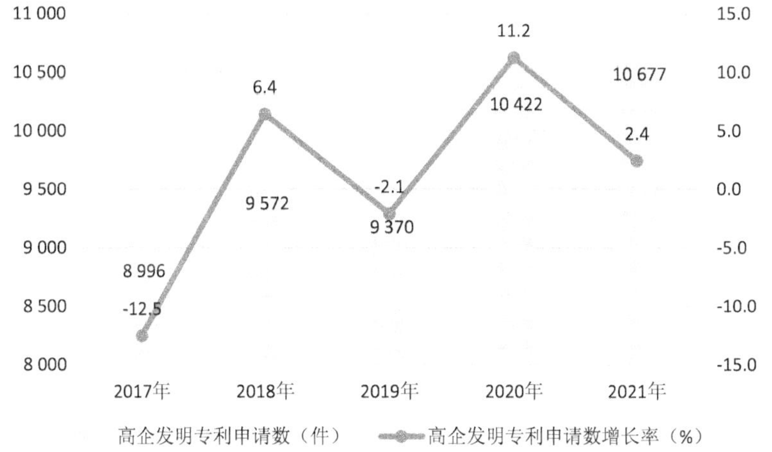

图 5-9　2017—2021 年天津市高新技术企业发明专利申请情况

2017—2021 年,天津市高新技术企业专利授权数逐年增长,由 2017 年的 15 716 件增长至 2021 年的 41 020 件,年均增长率为 27.1%;高新技术企业专利授权数占全市专利授权数的比重呈 N 字形发展态势,从 2017 年的 37.7%增长至 2019 年的 42%, 2021 年回落至 41.9%。天津市高新技术企业发明专利授权数呈波动式增长,由 2017 年的 3 077 件增长至 2021 年的 3 765 件,年均增长率为 5.2%;高新技术企业发明专利授权数占全市专利授权数的比重先升后降, 2019 年占全市的 61.2%, 2021 年占比为 51%。

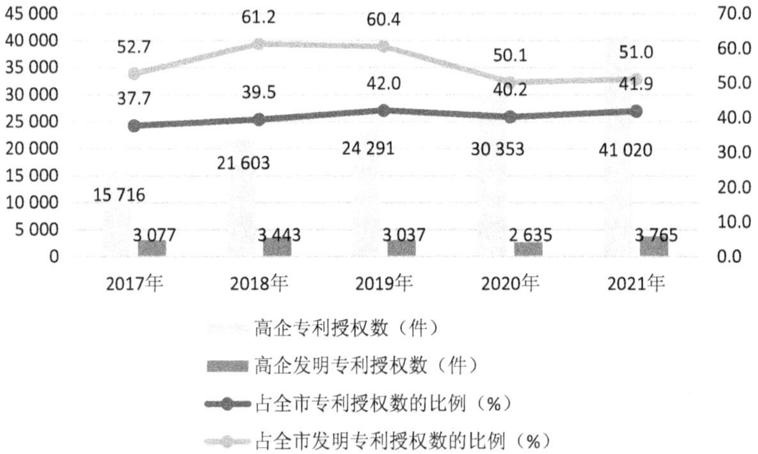

图 5-10 2017—2021 年天津市高新技术企业专利授权情况

四、经济贡献突出,助推经济高质量发展

营业收入指在一定时期内,商业企业销售商品或提供劳务所获得的货币收入,是企业利润的晴雨表,也是推动经济高质量发展的有力保障。2017—2021 年,天津市高新技术企业营业收入持续增长,从 7 204 亿元增长至 13 741.7 亿元,年均增长率为 17.5%, 2018 年增长率最高,达到 22.4%;户均营业收入呈下降态势,从 17 969.6 万元/户下降至 15 071 万元/户;人均营业收入持续上升,从 128.5 万元/人增长至 179 万元/人,高于全国人均营业收入水平。

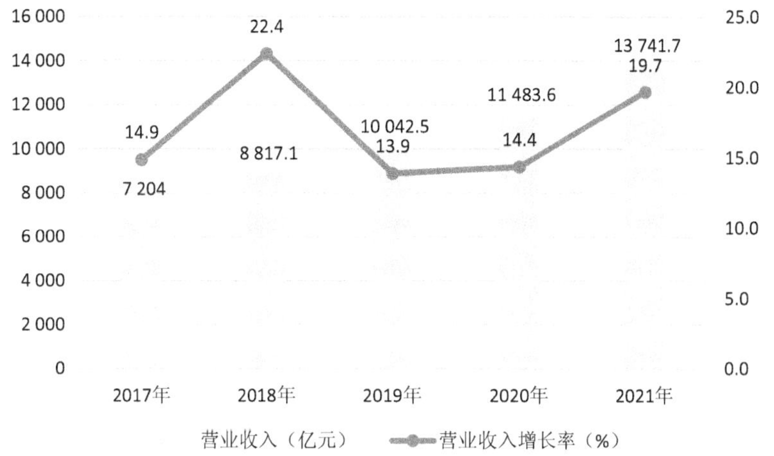

图 5-11 2017—2021 年天津市高新技术企业营业收入情况

工业总产值是以货币形式表现的工业企业在一定时期内生产的已出售或可供出售的工业产品总量，反映出一定时间内工业生产的总规模和总水平。2017—2021年，天津市高新技术企业工业总产值大幅增长，从 4 073.9 亿元增长至 7 739.1 亿元，年均增长率为 17.4%，2021 年增长率最高，达到 27.7%；户均工业总产值在连续下降后，2021 年触底反弹，达到 8 487.7 万元/户；人均工业总产值呈上升趋势，从 72.6 万元/人增长至 100.8 万元/人。

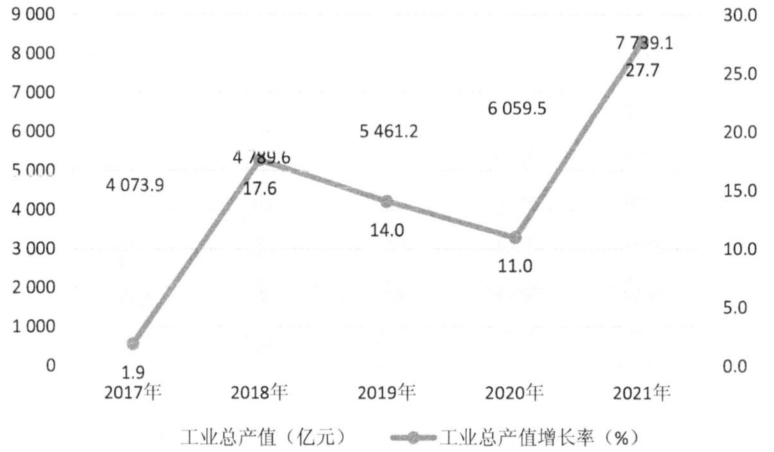

图 5-12 2017—2021 年天津市高新技术企业工业总产值情况

净利润是企业经营的最终成果，净利润越多，企业经营效益越好。2017—2021年，天津市高新技术企业净利润持续增长，从 375.6 亿元增长至 612.4 亿元，净利润增长率持续攀升，年均增长率达13%；户均净利润不断下降，从2017年的936.9万元/户下降至2019年的671.6万元/户，低于全国同期水平；人均净利润稳定增长，从2017年6.7万元/人上升至8万元/人。

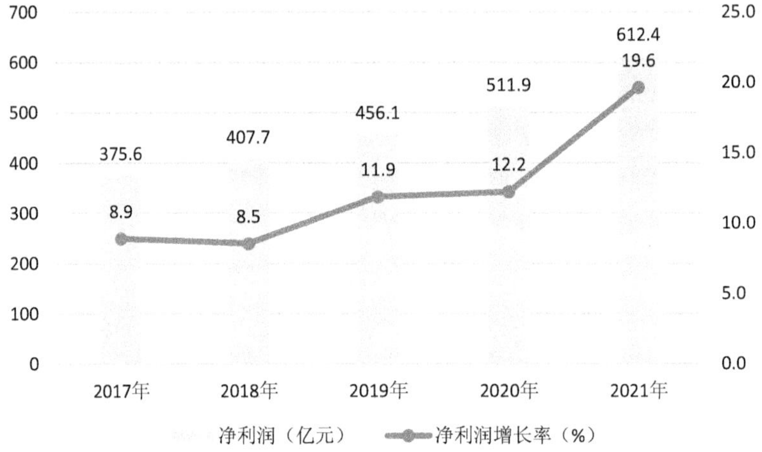

图5-13 2017—2021年天津市高新技术企业净利润情况

税收是政府公共财政最主要的收入形式和来源，为经济社会发展提供了有力保障。2017—2021年，天津市高新技术企业上缴税费不断增长，从290.4亿元增长至369.3亿元，年均增长率约6.2%；上缴税费占全市税收收入[①]的比例从18%提升至22.8%，有力地支撑了天津经济高质量发展。

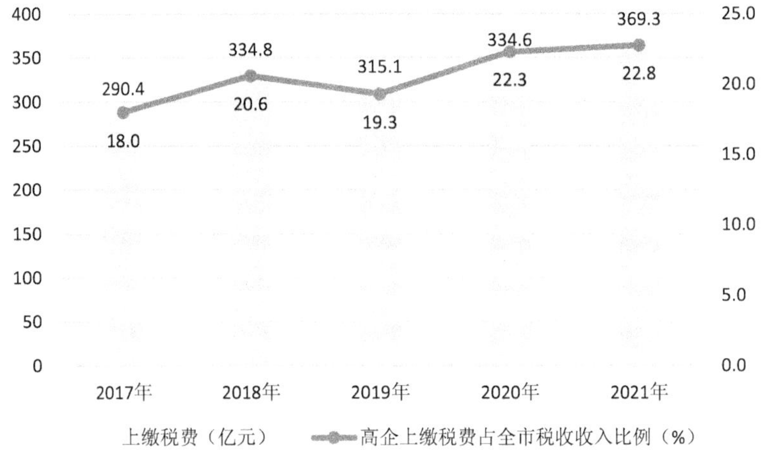

图5-14 2017—2021年天津市高新技术企业上缴税费情况

① 数据来源：天津市国民经济和社会发展统计公报。

出口是拉动中国经济增长的“三驾马车”之一，外贸企业在推动我国企业融入全球产业链，参与全球资源配置，提升企业全球竞争力和国家整体经济实力方面，发挥着不可替代的作用。2017—2021年，天津市高新技术企业出口总额逐年增加，从716.4亿元增长至908.8亿元，年均增长率约6.1%；高新技术企业出口总额占全市出口[①]总额的比例从2017年的24.3%提升至2019年的29.1%，2021年回落至23.4%。

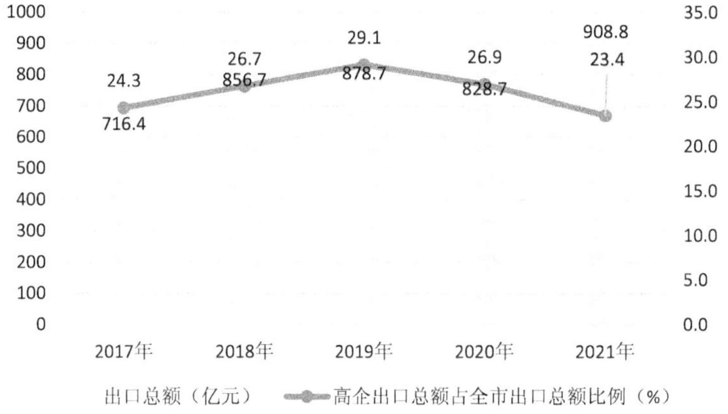

图5-15　2017—2021年天津市高新技术企业出口情况

第二节　天津市高新技术企业高质量发展评价

目前，由于学术界对“创新型企业”“创新型企业高质量发展”等内涵和外延缺乏共识，导致创新型企业高质量发展评价缺乏统一标准。构建科学合理的创新型企业高质量发展评价指标体系成为当前学术界研究热点和难点。针对此，本节尝试将经济学中“技术创新理论”和“效率理论”应用于创新型企业高质量发展成效评价，即从“投入—产出”角度，以单位时间内单位创新产出所需的最小成本或单位投入所带来的最大产出来衡量创新型企业高质量发展成效。

实际应用中，创新型企业高质量发展成效评价可包括动态成效评价和静态成效评价两方面。动态成效评价是从时间纵向变化维度评价创新型企业在某时段相对上一时段的变化趋势，直接反映基于时间序列数据的创新型企业高质量发展水平变化趋势。静态成效评价则建立在相对基础之上，强调时间序列截面，强调创新型企业高质量发展成效横向比较以及明确其所处的相对位置，直接反映基于时间序列截面数据的创新型企业高质量发展效率。

基于以上分析，本节以天津市创新型企业典型代表——高新技术企业为研究对

① 数据来源：天津市国民经济和社会发展统计公报。

象，一方面采用层次分析法（AHP）从整体实力、创新投入、创新产出、社会贡献四个维度，测算天津市高新技术企业发展指数，对天津市高新技术企业高质量发展水平进行动态评价，基于时间序列数据分析天津市高新技术企业高质量发展水平变化趋势；另一方面，运用数据包络分析法（DEA），构建创新投入与创新产出指标体系，对天津市高新技术企业高质量发展效率进行静态评价。同时，为弥补 DEA-BCC 模型只能测算静态效率能力的不足，引入 DEA-Malmquist 指数模型，进行动态效率变化分析，旨在研究技术进步与规模效益对天津市高新技术企业高质量发展效率的影响。

一、天津市高新技术企业高质量发展水平评价

（一）评价方法

天津市高新技术企业发展水平评价主要包括两大步骤，第一步是各级指数得分测算，其中需要重点关注数据无量纲处理；第二步采用 AHP 层次分析法计算确认各级指标体系权重系数。

1. 数据无量纲处理

由于不同指标之间数据量纲存在较大差异，如企业数量、收入总额、人员数量等，难以进行统一评价，因此需要将指标数据进行无量纲化处理。目前，常见数据标准化方法主要有最大最小标准化法、Z-score 标准化法、神经网络归一化法等。结合现有数据特征，拟采用最大最小标准化法进行无量纲处理。本节指数测算以 100 分为基期标准，标准化方法如下：

$$x^* = \frac{x - x_{min}}{x_{max} - x_{min}} \times 100$$

其中，x 为某个指标原始值，x_{min} 为该指标在所有样本中的最小值，x_{max} 为该指标在所有样本中的最大值，x^* 为经过标准化处理后的特征值。

2. 层次分析法（AHP）

层次分析法是指将与决策总是有关的元素分解成目标、准则、方案等层次，在此基础之上进行定性和定量分析的决策方法。首先，采用该方法需要构建指标体系递阶层次结构。一般分为三个层次，即目标层，准则层和执行层；其次，构建判断矩阵（正互反矩阵）。矩阵判断可以使用"德尔菲法"通过专家讨论得出，也可以采用方差法确定各项问题的相对重要程度；最后，通过判断矩阵计算相应的权重系数，通常计算权重系数的方法有算术平均法、几何平均法、特征值法。本节根据指标体系结构特点，采用算术平均法计算各级指标权重系数，具体计算方法如下：

$$w_i = \frac{1}{n}\sum_{j=1}^{n}\frac{x_{ij}}{\sum_{k=1}^{n} x_{kj}}$$

其中，w_i 表示评价指标的权重系数，x_{ij} 表示判断矩阵中的指标对应值。

3. 指数求解方法

指数测算是在各指标数据无量纲化基础上，选取事先确定的每项指标权数对所有指标数据进行加权组合，从而计算出高新技术企业发展指数。本文采取线性加权方式进行指数测算，具体计算公式如下：

$$\sum_{i=1}^{n} w_i \sum_{j=1}^{m_i} w_{ij} v_{ij}$$

其中，w_i 和 w_{ij} 满足以下条件：

$$\sum_{i=1}^{n} w_i = 1\text{£»}\sum_{i=1}^{m_i} w_{ij} = 1$$

其中，w_i 为指标体系中一级评价指标权重系数，m_i 是指第 i 个一级指标下有 m_i 个二级指标，w_{ij} 为指标体系中第 i 个一级指标下第 j 个二级指标权重，v_{ij} 是指第 i 个一级指标下第 j 个二级指标数据无量纲化数值。

（二）指标选取原则

高新技术企业是最具创新活力的群体，具有高投入、高风险、高收益、高成长等特点，是科技创新的动力源、经济发展的新引擎。构建天津市高新技术企业发展指数指标体系，既要体现高新技术企业作为普通企业的共性，也要体现作为创新型企业的特性；既要关注高新技术企业本身创新，也要考虑高新技术企业对天津整体创新的贡献；既要包括创新投入、创新产出等指标，也要包括社会贡献等指标。总体看，指标选取应遵循以下原则。

1. 科学性原则

指标体系构建必须以科学理论、科学评价方法为指导，必须与实践相结合。指标体系应全面、完整、系统、客观，能够体现天津市高新技术企业发展的实际情况，既要能反映天津市高新技术企业的规模和体量，又要能反映天津市高新技术企业发展的质量和效益。

2. 可获得原则

用于天津市高新技术企业发展水平评价的指标数据必须可获得，如无法获得，则评价无法顺利进行，指标体系就无意义。指标体系数据主要来源于天津市高新技术企业火炬统计年报，按照相同的统计口径获取数据，同时，指标数据计算要科学合理，评价过程简单，以便于掌握和操作。

3. 通用性原则

评价指标含义应采用国内统一标准或公认概念，避免不确定因素、特定条件以及其他因素影响。指标体系必须在概念、数据、时间空间、计算等方面实现统一，便于对不同年度天津市高新技术企业发展水平进行评价，保证评估结果真实、客观和可比较。

4. 导向性原则

对天津市高新技术企业发展水平进行评价，不是单纯地评价优劣，而是通过评价，引导天津市高新技术企业朝着最优资源配置方向和目标发展。因此，在构建指标体系的过程中，应紧密结合天津市高新技术企业高质量发展要求，充分考虑天津市高新技术企业长远发展的需求。

（三）指标体系构建

遵循以上指标选择原则，参考学术界现有研究，并结合天津市高新技术企业发展特点，从整体实力、创新投入、创新产出以及社会贡献四个方面构建天津市高新技术企业发展水平评价指标体系，包括 4 个一级指标和 17 个二级指标，具体如表 5-1 所示。

表 5-1　天津市高新技术企业发展水平评价指标体系

一级指标	二级指标	指标序号
整体实力	高新技术企业数量	A1
	工业总产值	A2
整体实力	年末资产总额	A3
	主营业务收入总额	A4
	净利润总额	A5
	年末从业人数	A6
创新投入	研究开发费用	A7
	科研活动人员数量	A8
	科研活动人员占比	A9
	研发设备投入量	A10
	研发机构数量	A11
创新产出	知识产权成果数量	A12
	高新技术产品（服务）收入	A13
	高新技术产品（服务）收入占营收比例	A14
社会贡献	上缴税费总额	A15
	出口总额	A16
	新增从业人员数量	A17

1. 整体实力

该指标旨在衡量天津市高新技术企业整体发展水平，涉及数量规模、从业人员以及经济效益三个方面，具体包括高新技术企业数量、工业总产值、年末资产总计、主营业务收入总额、净利润总额、年末从业人数 6 个二级指标。

2. 创新投入

该指标旨在衡量天津市高新技术企业创新投入情况，涉及研究开发相关的财力资源投入、人力资源投入以及物力资源投入三个方面，具体包括研究开发费用、科研活动人员数量、科研活动人员占比、研发设备投入量、研发机构数量 5 个二级指标。

3. 创新产出

该指标旨在衡量天津市高新技术企业创新产出情况，涉及成果产出和效益产出两个方面，具体包括知识产权成果数量（含发明专利、实用新型专利、软件著作权等）、高新技术产品（服务）收入、高新技术产品（服务）收入占营收比例 3 个二级指标。

4. 社会贡献

该指标旨在衡量高新技术企业对于天津市经济社会的贡献情况，具体包括上缴税费总额、出口总额、新增从业人员数量 3 个二级指标。

（四）指标体系权重确定

本节采用层次分析法确定权重，以问卷调查的形式咨询 10 位高新技术企业相关专家、学者及实际工作者，对各项指标内容进行重要性两两比较打分，构建一级指标与二级指标间的判断矩阵，从而计算确定各一级指标与二级指标的权重系数。具体指标体系权重系数如表 5-2 所示。

表 5-2　天津市高新技术企业发展水平评价指标体系权重

一级指标	指标权重	二级指标	指标权重
整体实力	25.52%	高企数量	20.45%
		高企工业总产值	15.60%
		年末资产总计	7.99%
		主营业务收入总额	24.95%
		净利润总额	23.52%
		年末从业总人数	7.49%

续表

一级指标	指标权重	二级指标	指标权重
创新投入	22.32%	研究开发投入经费	26.08%
		科研活动人员数量	25.44%
		科研活动人员比例	25.44%
		研发设备投入量	17.55%
		研发机构数量	5.48%
创新产出	37.61%	知识产权成果数量	23.08%
		高新技术产品收入	38.46%
		高新技术产品收入占营收比例	38.46%
社会贡献	14.55%	上缴税费总额	46.23%
		出口总额	17.39%
		当年新增从业人员数量	36.39%

(五)结果与分析

本节以2016—2022年天津市高新技术企业火炬统计年报数据为研究样本,分别对天津市高新技术企业发展水平综合指数和分项指数进行评价,评价结果如表5-3所示。

表5-3 天津市高新技术企业发展水平综合指数及分项指数

年份	2017年	2018年	2019年	2020年	2021年	2022年
综合指数	100.00	115.52	129.31	142.17	165.42	179.07
整体实力	100.0	116.8	134.2	153.1	184.4	194.7
创新投入	100.0	113.0	134.2	139.5	136.7	153.9
创新产出	100.0	117.9	130.0	152.1	183.4	203.0
社会贡献	100.0	111.2	111.4	101.5	129.8	128.3

1. 综合指数分析

从综合指数看,2017—2022年,天津市高新技术企业发展综合指数年均增长率为12.36%,2022年天津市高新技术企业发展综合指数达到179.07点,较2017年增长79.07%,发展水平呈显著上升趋势,说明近年来天津市高新技术企业发展势头良好,整体水平显著提升,综合实力显著增强。

其中,2021年表现出了强劲发展势头,发展指数达到165.42点,较上一年增长

16.35%。究其原因,可能与天津市 2020 年《天津市高新技术企业认定奖励实施方案》密切相关,扶持政策成为高新技术企业发展的重要推动力。

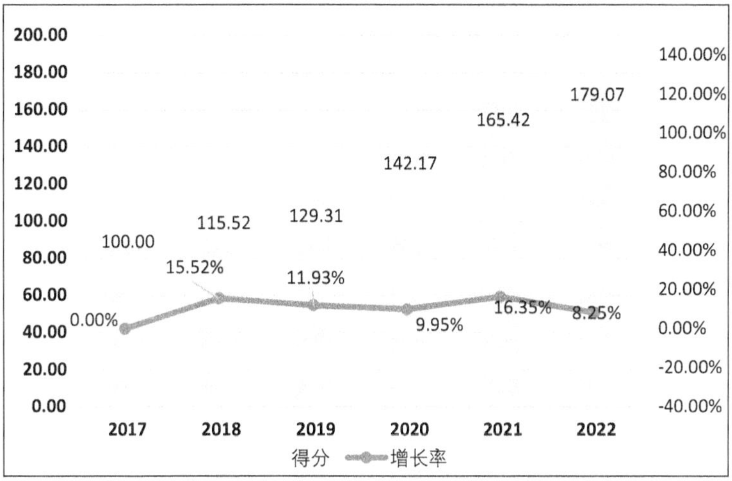

图 5-16 天津市高新技术企业发展水平综合指数趋势图

2. 分项指数分析

从分项指数看,2017—2022 年,整体实力、创新投入、创新产出、社会贡献 4 项指数均显著增长,2022 年分别达到 194.7 点、153.9 点、203 点、128.3 点,呈现出良好发展的态势。

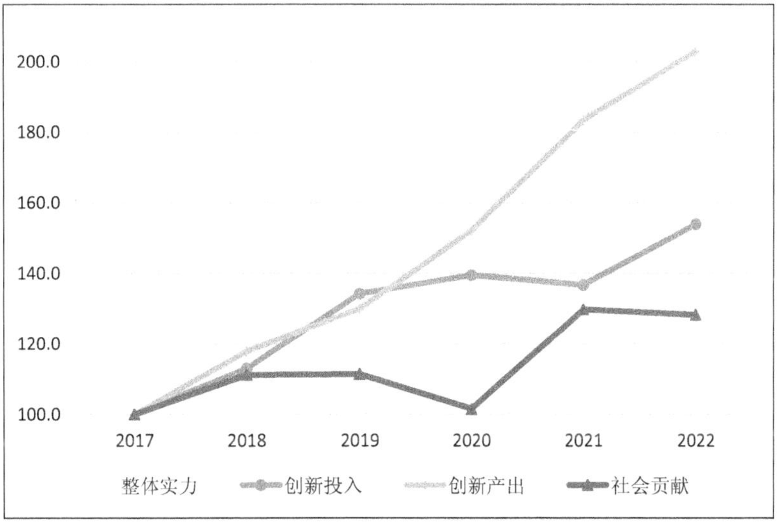

图 5-17 天津市高新技术企业发展水平分项指数趋势图

（1）整体实力指数显著提升

2017—2021 年，天津市高新技术企业整体实力指数持续保持 10%以上的增长率。2022 年，整体实力指数较 2021 年发展增速减缓，但较 2017 年提升显著，指数得分提高 94.47%。集中表现为天津市高新技术企业数量规模、从业人员、经济效益等方面取得显著进展，天津市高新技术企业整体实力迈上新台阶，总体进步明显。

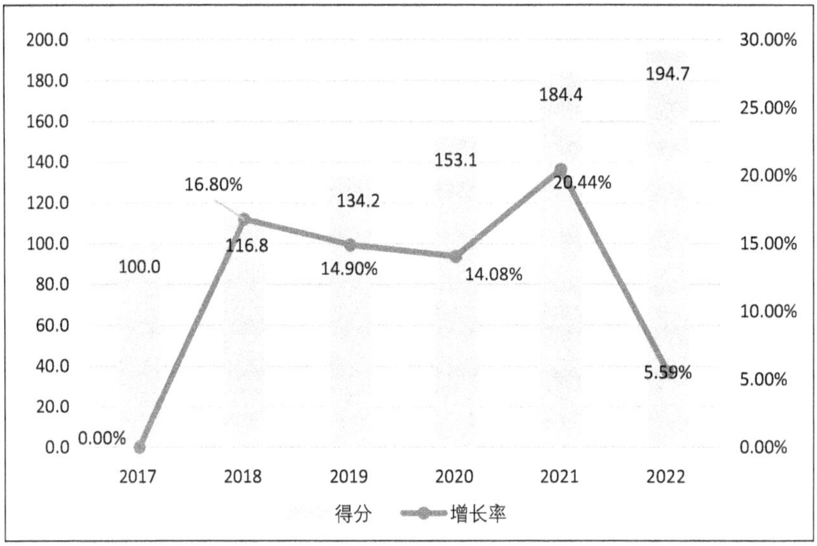

图 5-18　2017—2022 年整体实力指数及其增长率

（2）创新投入指数稳步发展

2017—2022 年，天津市高新技术企业创新投入指数整体呈上升趋势。其中，2017—2019 年，随着研究开发经费和固定资产投入的大幅增加，创新投入指数势头强劲。2020—2021 年，随着相关创新投入资源减少，2020—2021 年创新投入指数增速有所减缓，且 2021 年指数有所下降，但指数一直维持在 130 分以上，保持着平稳的发展趋势。2022 年，创新投入指数突破 150 分，增速达 12.58%，这表明天津市高新技术企业创新投入已平稳回升，进入上升通道。

（3）创新产出指数高速增长

2017—2022 年，天津市高新技术企业创新产出指数平均年增速达到 20.6%，呈增长态势。但可以发现，2017 年至 2022 年，天津市高新技术企业高新技术产品（服务）收入占营收比例指标保持平稳，并未明显增长，而知识产权成果数量和高新技术产品（服务）收入等绝对指标增长较为明显，平均增速分别为 28.4%和 16.6%，这是带动天津市高新技术企业创新产出指数增长的主要原因。这说明天津市高新技术企业知识产权成果转化为高新技术产品（服务）的能力还需要提升，需进一步加大科技成果转化力度。

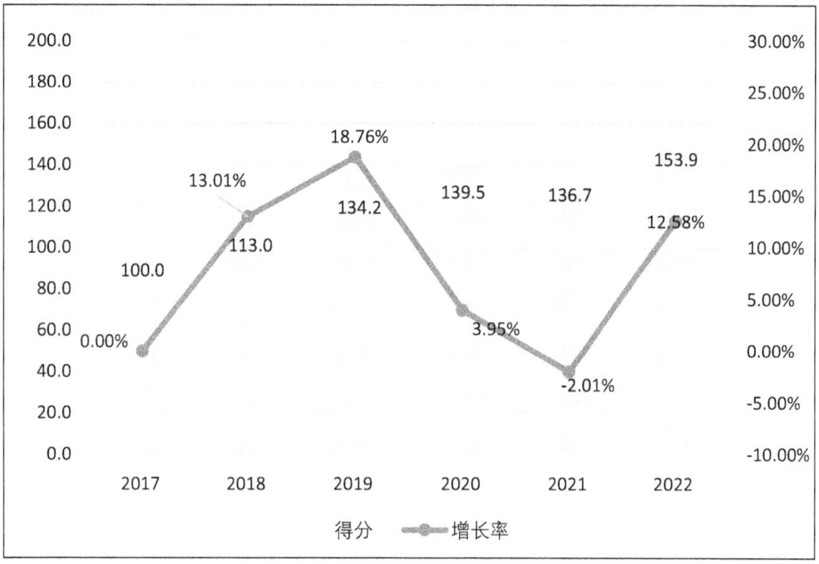

图 5-19　2017—2022 年创新投入指数及其增长率

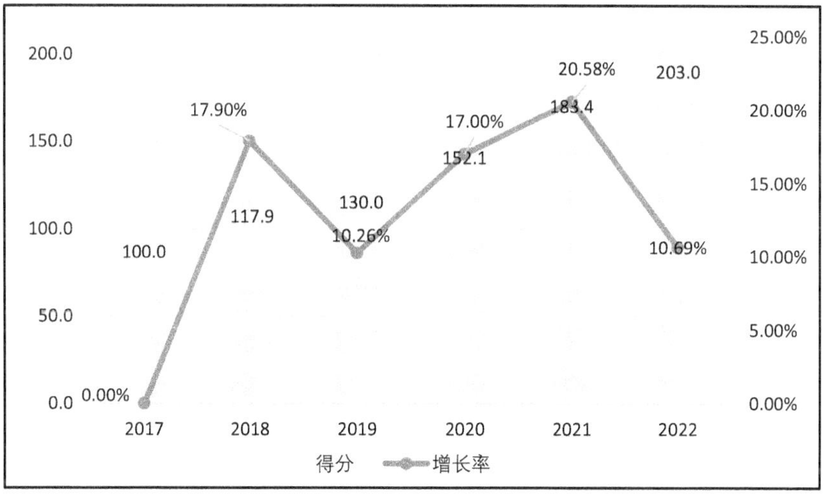

图 5-20　2017—2022 年创新产出指数及其增长率

（4）社会贡献指数波动上升

2017—2022 年，天津市高新技术企业社会贡献指数年增长率虽然略有浮动，但指数得分持续保持稳定增长趋势，2018—2019 年维持在 110 分上下，受疫情影响，2020 年指数有所下降，但 2021—2022 年指数回升至 130 分附近，说明高新技术企业在税收、出口、就业等方面，为天津市经济社会发展作出了积极贡献，且贡献程度逐步提升。

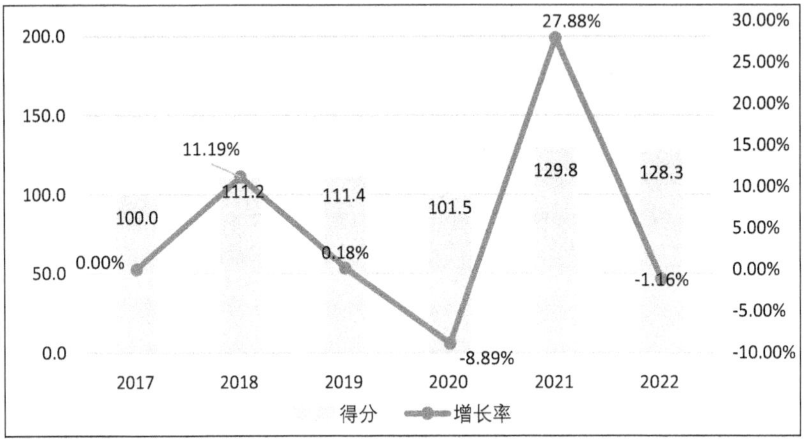

图 5-21　2017—2022 年社会贡献指数及其增长率

二、天津市高新技术企业高质量发展效率评价

（一）评价模型

1. 数据包络分析（DEA）

数据包络分析（Data Envelopment Analysis，简称 DEA）是由美国经济学家 A. Charnes 和 W.W.Cooper 提出的效率评价方法。与传统的统计方法不同，该方法注重最优性和相对有效性。DEA 通过保持决策单元（Decision Making Units，简称 DMU）的输入或输出不变，确定相对有效的生产前沿面，将 DMU 投影到 DEA 生产前沿面上，通过衡量 DMU 偏离 DEA 前沿面的程度来测度相对有效性。凡处在前沿面上的 DMU，DEA 就会认定其投入产出组合最具效率，其效率指标定为 1；不在前沿面上的 DMU 则被认定为无效率，同时以效率前沿面之有效点为基准，给予一个相对的效率指标（大于 0，小于 1）。

此外，DEA 还可判断各 DMU 投入规模的适合程度，据此给出各 DMU 调整其投入规模的方向和程度。由于该模型通过数据和数学规划模型评估，具有客观性，且不用考虑数据的量纲问题，DEA 模型被广泛应用于管理科学、系统工程、决策评价技术等领域。CCR 模型和 BCC 模型是 DEA 的基本模型，两者虽然适用于不同的情境条件，但都可以判定决策单元是否 DEA 有效，其中 CCR 模型假设规模收益不变，BCC 模型则假设规模收益可变。

（1）CCR 模型

CCR 模型是 DEA 中最常用的模型之一。该模型是由 Charnes、Cooper 和 Rhodes 三位学者于 1978 年提出的。该模型的基本思想是将每个决策单元视为一个点，该点在输入产出空间中代表它的输入产出配置。由于该模型假设规模报酬固定不变，因此 CCR 模型被广泛用于评价相同类型部门或单位的相对有效性。在规模报酬固定不变的假设下，生产可能集 P_c 为：

$$P_c=\left\{(X,Y):X\geqslant\sum_{i=1}^{n}\lambda_iX_i,Y\geqslant\sum_{i=1}^{n}\lambda_iY_i,\lambda_i\geqslant0,1\leqslant i\leqslant n\right\}$$

该模型的数学形式可以表示为：

$$\begin{aligned}&min\theta\\(CCR)s.t.\ &\sum_{i=1}^{n}X_i\lambda_i\leqslant\theta X_0\\&\sum_{i=1}^{n}Y_i\lambda_i\geqslant Y_0\\&\lambda_i\geqslant0,i=1,2,\ldots,n\end{aligned}$$

为了对有效性进行较简单的判别，Charnes 和 Cooper 引入了非阿基米德无穷小量的概念，以便用线性规划的单纯形方法求解模型，对决策单元进行一次性判别。具有非阿基米德无穷小量的模型可以表示为：

$$\begin{aligned}&min\left(\theta_v-\epsilon\left(e^{-T}s^-+e^{+T}s^+\right)\right)\\(CCR)s.t.\ &\sum_{i=1}^{n}X_i\lambda_i+s^-=\theta_vX_0\\&\sum_{i-1}^{n}Y_i\lambda_1-s^+=Y_0\\&\lambda_i\geqslant0,i=1,2,\ldots,n,s^+\geqslant0,s^-\geqslant0\end{aligned}$$

其中 $e^{-T}=(1,1,\ldots,1)\in E_m$，$e^{+T}=(1,1,\ldots,1)\in E_s$，$X_i$ 表示 DMU 对输入类型的投入量，Y_i 为 DMU 对输出类型的产出量，s^- 和 s^+分别为松弛变量。

该模型得出的 θ 为被考察单元的总效率，指被考察单元可以减少（或称浪费）投入的最大比例，满足 $0\leqslant\theta\leqslant1$。该效率值包含了纯技术效率和规模效率两个方面，其经济含义是当被考察单元的产出水平保持不变（投入导向）时，如以样本中最佳表现（处于效率前沿面上）的考察单元为标准与实际所需要的投入比例。当 $\theta=1$ 时，DMU 处于有效状态，被考察单元是效率前沿面上的点。

（2）可变规模报酬模式下的 BCC 模型

在 CCR 模型中，决策单位有效是同时针对技术有效和规模有效，存在一定局限性。因此,为测算生产单元的纯技术效率水平, Banker、Charnes 和 Cooper 对模型进行了扩展,提出了可变规模报酬模式下的 BCC 模型。在可变规模报酬的假设下,生产可能集 P_b 为:

$$P_b=\left\{(X,Y):X\geqslant\sum_{i=1}^{n}\lambda_i X_i,Y\geqslant\sum_{i=1}^{n}\lambda_i Y_i,\sum_{i=1}^{n}\lambda_i=1,\lambda_i\geqslant 0,1\leqslant i\leqslant n\right\}$$

该模型在 CCR 模型基础上,增加一个凸性假设,其数学形式可以表示为:

$$min\left(\theta_v-\epsilon\left(e^{-T}s^-+e^{+T}s^+\right)\right)$$

$$(\text{BCC})\text{s.t.}\ \sum_{i=1}^{n}X_i\lambda_i+s^-=\theta_v X_0$$

$$\sum_{i=1}^{n}Y_i\lambda_i-s^+=Y_0$$

$$\sum_{i=1}^{n}\lambda_i=1$$

$$\lambda_i\geqslant 0,i=1,2,\ldots,n,s^+\geqslant 0,s^-\geqslant 0$$

其中 $e^{-T}=(1,1,\ldots,1)\in E_m$, $e^{+T}=(1,1,\ldots,1)\in E_s$, X_i 表示 DMU 对输入类型的投入量, Y_i 为 DMU 对输出类型的产出量, s^- 和 s^+分别表示松弛变量, θ_v 为该模型得到的纯技术效率水平。总技术效率 θ、纯技术效率 θ_v 和规模效率 θ_s 的关系为:

$$\theta=\theta_v\times\theta_s$$

通过分别运行 CCR 模型和 BCC 模型得到总效率值 θ 和纯技术效率 θ_v,便可以进一步推算规模效率 θ_s。则当该模型的最优解为 θ_v^*、λ^*、s^{-*}、s^{+*}时,得到如下结论:

①若 $\theta_v^*=1$,且 $s^{-*}=s^{+*}=0$ 时,则 DMU_0 有效;

②若 $\theta_v^*=1$,s^{-*}不等于 0,s^{+*}不等于 0,则 DMU_0 弱有效;

③若 $\theta_v^*<1$,则 DMU_0 非有效;

当综合效率值等于 1 时,说明该决策单元 DEA 有效,同时达到规模有效和技术有效,且该决策单元的生产要素实现最优组合。当综合效率值小于 1,则说明存在技术无效的情况,决策单元应该在扩大规模的同时优化管理。倘若此时纯技术效率值等于 1,则表示该决策单元纯技术效率有效,其技术无效主要来自规模无效。该决策单元存在资源闲置浪费的情况,应该进一步优化资源配置,扩大生产规模。

2. Malmquist 指数

Malmquist 指数是由瑞典经济学家 Malmquist 在 1953 年首次提出的,Caves 等首先将该指数应用于生产率变化的测算,此后与 Charnes 等建立的 DEA 理论相结合,在生产率测算中的应用日益广泛。Malmquist 指数旨在研究不同时期决策单元的效率演化，并将生产率的变化分解为技术进步（即生产函数前沿的移动）和效率变化（即生产函数前沿与实际生产点之间距离的变化）两个部分。

本章主要从产出的角度来研究全要素生产率（Total factor productivity change，TFP）变化。以 t 时期技术 Tt 为参照，基于产出角度的 Malmquist 指数可以表示为：

$$M_0^t(x_{t+1}, y_{t+1}, x_t, y_t) = \frac{d_0^t(x_{t+1}, y_{t+1})}{d_0^t(x_t, y_t)}$$

$$M_0^{t+1}(x_{t+1}, y_{t+1}, x_t, y_t) = \frac{d_0^{t+1}(x_{t+1}, y_{t+1})}{d_0^{t+1}(x_t, y_t)}$$

其中，(x_{t+1}, y_{t+1}) 和 (x_t, y_t) 分别表示 t+1 时期和 t 时期的投入和产出向量；d_0^t 和 d_0^{t+1} 分别表示以 t 时期技术 Tt 为参照，时期 t 和时期 t+1 的距离函数。为避免时期选择的随意性可能导致的差异，仿照 Fisher 理想指数的构造方法，Caves 等选择几何平均值，即下式，作为衡量从 t 时期到 t+1 时期生产率变化的 Malmquist 指数。当该指数大于 1 时，表明从 t 时期到 t+1 时期全要素生产率是增长的，小于 1 则说明全要素生产率下降，等于 1 即全要素生产率不变。

$$M_0(x_{t+1}, y_{t+1}, x_t, y_t) = \left(\frac{d_0^t(x_{t+1}, y_{t+1})}{d_0^t(x_t, y_t)} \times \frac{d_0^{t+1}(x_{t+1}, y_{t+1})}{d_0^{t+1}(x_t, y_t)}\right)^{\frac{1}{2}}$$

根据上述处理所得到的 Malmquist 指数具有良好的性质，它可以分解为综合技术效率变化指数（Efficiency change，EC）和技术进步指数（Technical change，TC），即全要素生产率是技术效率与技术进步的乘积。综合技术效率变化指数是指在给定价格和技术的条件下，生产给定产出和投入的最佳组合。技术进步指数是指在给定一组投入要素不变的情况下，实际产出与最大产出之比。具体的分解过程如下：

$$M_0(x_{t+1}, y_{t+1}, x_t, y_t) = \frac{d_0^{t+1}(x_{t+1}, y_{t+1})}{d_0^t(x_t, y_t)} \times \left(\frac{d_0^t(x_{t+1}, y_{t+1})}{d_0^{t+1}(x_{t+1}, y_{t+1})} \times \frac{d_0^t(x_t, y_t)}{d_0^{t+1}(x_t, y_t)}\right)^{\frac{1}{2}}$$

$$EC = \frac{d_0^{t+1}(x_{t+1}, y_{t+1})}{d_0^t(x_t, y_t)}$$

$$TC = \left(\frac{d_0^t(x_{t+1}, y_{t+1})}{d_0^{t+1}(x_{t+1}, y_{t+1})} \times \frac{d_0^t(x_t, y_t)}{d_0^{t+1}(x_t, y_t)}\right)^{\frac{1}{2}}$$

从而：

$$M_0(x_{t+1}, y_{t+1}, x_t, y_t) = TFP = EC \times TC$$

通过分解，我们可以更加详细地了解提高全要素生产率的源泉，从而避免对于效率的变化只归因于某一个指数，而忽视另一个指数的作用。综合技术效率是对决策单元的资源配置能力、资源使用效率等多方面能力的综合衡量与评价，因此，综合技术效率变化指数还可进一步分解为纯技术效率指数（Pure efficiency change，PE）和规模效率指数（Scale efficiency change，SE），即技术效率是纯技术效率与规模效率的乘积。

具体的分解过程如下：

$$EC=\frac{d_0^{t+1}\left(x_{t+1},y_{t+1}\right)}{d_0^t\left(x_t,y_t\right)}=\frac{SE_0^{t+1}\left(x_{t+1},y_{t+1}\right)}{SE_0^t\left(x_t,y_t\right)}\times\frac{d_0^{t+1}\left(x_{t+1},y_{t+1}\mid V\right)}{d_0^t\left(x_t,y_t\mid V\right)}$$

从而：

$$M_0\left(x_{t+1},y_{t+1},x_t,y_t\right)=SE\times PE\times TC$$

纯技术效率指数是由于企业管理和技术等因素影响的生产效率，反映的是DMU在一定（最优规模时）投入要素的生产效率。规模效率是由于企业规模因素影响的生产效率，反映的是实际规模与最优生产规模的差距。与单纯的截面数据DEA分析相比，Malmquist指数分析将技术效率指数进一步剥离，这样分析的结果更为精确。

（二）指标选择

1. 投入指标

高新技术企业投入指标应重点关注与科技创新活动密切相关的资源要素投入，具体包括“人财物”三个方面，即科技财力资源、科技人力资源、科技物力资源等要素。科技财力资源投入主要以高新技术企业当年科技活动经费支出来衡量；科技人力资源投入主要以高新技术企业当年科技活动人员来衡量；科技物力资源投入主要以高新技术企业当年形成用于科技活动的固定资产支出来衡量。

2. 产出指标

高新技术企业产出指标主要包括直接产出和间接产出两个方面。根据高新技术企业的特性，直接产出主要表现为高新技术企业通过科技创新活动产出的科技成果，主要以当年专利申请数量（包括发明专利、实用新型专利、外观设计专利）和当年获得软件著作权数量来衡量；间接产出主要表现为推动科技成果转化带来的经济效益和经济贡献，主要以当年高新技术产品（服务）收入以及当年实际上缴所得税来衡量。

表5-4 投入产出评价指标体系

类别	序号	评价指标
投入变量	X1	当年科技活动经费支出（万元）
	X2	当年科技活动人员（人）
	X3	当年形成用于科技活动的固定资产支出（万元）

续表

类别	序号	评价指标
产出变量	Y1	当年高新技术产品（服务）收入（万元）
	Y2	当年专利申请数量和获得软件著作权数量（件）
	Y3	当年实际上缴所得税（万元）

（三）实证研究

本节样本数据来源于2016—2022年天津市高新技术企业国家火炬统计年报，数据处理所采用的软件为DEAP2.1。

1. 静态技术效率测算

以2016年为基准，对天津市高新技术企业创新发展效率进行测算，得到综合发展效率、纯技术效率、规模效率以及规模报酬变动情况，如表5-5所示，规模报酬类型如表5-6所示，投入与产出分析如表5-7、表5-8所示。

表5-5　静态技术效率评价结果

年份	技术效益	规模效益	综合效益	松弛变量 S^-	松弛变量 S^+	有效性
2016	1.000	0.972	0.972	13 183.764	3 206 377.417	非DEA有效
2017	1.000	1.000	1.000	0.000	0.000	DEA强有效
2018	1.000	1.000	1.000	0.000	0.000	DEA强有效
2019	0.999	0.981	0.980	98 134.541	189 689.890	非DEA有效
2020	1.000	1.000	1.000	0.000	0.000	DEA强有效
2021	1.000	1.000	1.000	0.000	0.000	DEA强有效
2022	1.000	0.997	0.997	294 665.424	139 714.578	非DEA有效

由上表可知，其中2017、2018、2020、2021年天津市高新技术企业综合发展效益、纯技术效益和规模效益值均为1，说明这四个年份达到了有效发展，处于最佳状态，无需对投入、产出进行资源优化配置。然而，2016、2019、2022年综合效益分别为0.972、0.981和0.997，小于1，说明这三年发展效率偏低，有待进一步提升。

此外，综合发展效率还可以进一步分解为纯技术效益与规模效益，2016、2022年综合发展效益较低的主要原因是规模因素，2019年综合效益较低是由纯技术效益无效和规模效益无效共同造成的。并且2019年，规模效益为0.981，低于纯技术效益0.999，说明规模效益低是导致非DEA有效的主要原因。

表 5-6 规模报酬分析

年份	规模报酬系数	类型
2016	0.778	规模报酬递增
2017	1.000	规模报酬固定
2018	1.000	规模报酬固定
2019	0.927	规模报酬递增
2020	1.000	规模报酬固定
2021	1.000	规模报酬固定
2022	1.073	规模报酬递减

从规模效益分析来看，2017、2018、2020、2021 年规模报酬固定，即达到最佳状态。2016 和 2019 年天津市高新技术企业处于规模报酬递增状态，即产出增加比例大于各种创新要素增加比例，说明应当加大对高新技术企业投入，使其发挥规模效益的积极作用。但 2022 年处于规模报酬递减，说明规模效益作用已经完全发挥，此时，倘若持续加大高新技术企业投入也不会再带来更高效益，甚至可能会导致资源冗余，从而导致经济效益负增长。

表 5-7 投入冗余分析

年份	松弛变量 *S*-分析			汇总	投入冗余率		
	X1	X2	X3		X1	X2	X3
2016	0.0	13 183.764	0.0	13 183.764	0.0	0.092	0.0
2017	0.0	0.0	0.0	0.0	0.0	0.0	0.0
2018	0.0	0.0	0.0	0.0	0.0	0.0	0.0
2019	0.0	3 389.970	94 744.571	98 134.541	0.0	0.020	0.198
2020	0.0	0.0	0.0	0.0	0.0	0.0	0.0
2021	0.0	0.0	0.0	0.0	0.0	0.0	0.0
2022	233 412.9	0.0	61 252.524	294 665.424	0.032	0.000	0.168

投入冗余方面，从松弛变量可以看出，在综合效率无效的三个年份中，2016 年不存在研发经费投入浪费以及研发设备资源闲置情况，但在科技活动人员投入方面存在部分资源冗余，说明在现有规模水平下，科技活动人员投入相较于科技活动经费和科技活动固定资产之间的配置比例不合适，从而造成部分资源相对冗余，导致 2016 年天津市高新技术企业发展成效水平较低。同理，2019 年不存在科技活动经费投入

浪费情况,但在科技活动人员和科技活动固定资产方面存在冗余,且科技活动固定资产冗余率达到 19.8%,这是投入资源浪费的主要原因。此外,2022 年不存在科技活动人员投入冗余情况,但出现了研发经费投入浪费以及研发设备资源闲置情况。从冗余率来看,科技活动固定资产和研发经费冗余率分别为 16.8%和 3.2%。因此,高新技术企业在创新发展过程中,需要把握好"人财物"三者之间的平衡,优化科技创新资源配置,减少投入资源冗余浪费,获得更多成果产出。

表 5-8 产出不足分析

年份	松弛变量 S^{+}分析			汇总	产出不足率		
	Y1	Y2	Y3		Y1	Y2	Y3
2016	3 205 097.300	1 280.117	0.0	3 206 377.417	0.084	0.049	0.0
2017	0.0	0.0	0.0	0.0	0.0	0.0	0.0
2018	0.0	0.0	0.0	0.0	0.0	0.0	0.0
2019	189 689.890	0.0	0.0	189 689.890	0.003	0.0	0.0
2020	0.0	0.0	0.0	0.0	0.0	0.0	0.0
2021	0.0	0.0	0.0	0.0	0.0	0.0	0.0
2022	0.0	3 327.178	136 387.4	139 714.578	0.0	0.060	0.145

产出不足方面,2016 年产出不足主要体现在高新技术产品(服务)收入与知识产权成果,产出不足率分别为 8.4%和 4.9%,说明高新技术企业相应创新投入并未带来相应创新产出。因此,在推进高新技术企业创新发展过程中,在增加创新投入的同时,要更加注重创新产出,加快提升创新效率。同理, 2019 年仅在高新技术产品(服务)收入方面出现产出不足,且产出不足率为 0.3%,虽然占比不高,产出效果趋近有效,但仍需要加强对高新技术企业产出成果的关注,加大科技成果转化力度,推动科技成果向现实生产力转化。此外, 2022 年存在知识产权成果和实际上缴所得税产出不足情况,产出不足率分别为 6%和 14.5%,说明实际上缴所得税是当年产出不足的主要原因。

2. Malmquist 指数测算

为弥补 DEA-BCC 模型只能测算静态能力的不足,本节引入 DEA-Malmquist 指数模型对面板数据进行动态变化分析,旨在考察一段时间内,技术进步与规模效益对企业技术创新效率的影响。运用 DEAP2.1 软件,对 2016—2022 年天津市高新技术企业时序数据进行 Malmquist 指数分析,测算结果如表 5-9 所示。

表 5-9 Malmquist 指数及分解结果

年份	技术效率(EC)	技术进步(TC)	纯技术效率(PE)	规模效率(SE)	综合发展效率
2016—2017	1.000 0	1.119 2	1.000 0	1.000 0	1.119 2
2017—2018	1.000 0	0.957 7	1.000 0	1.000 0	0.957 7
2018—2019	1.000 0	0.838 6	1.000 0	1.000 0	0.838 6
2019—2020	1.000 0	1.113 7	1.000 0	1.000 0	1.113 7
2020—2021	1.000 0	1.270 2	1.000 0	1.000 0	1.270 2
2021—2022	1.000 0	0.883 4	1.000 0	1.000 0	0.883 4
平均值	1.000 0	1.030 5	1.000 0	1.000 0	1.030 5

由上表可知，在 2016—2022 年天津市高新技术企业综合发展效率均值为 1.030 5，表明 2016—2022 年天津市高新技术企业发展效率处于正向增长状态，且 2022 年较 2016 年整体发展效率年均增长 3.05%。其中，2017—2019 年、2021—2022 年综合发展效率小于 1，呈负向增长，其余年份均呈现正向增长。

从影响综合发展效率变动因素来看，2016—2022 年间技术效率、纯技术效率和规模效率保持稳定均等于 1，而综合发展效率处于正向增长状态，表明综合发展效率提高主要是技术进步的结果。

（四）结果与分析

通过 DEA-BCC 模型对天津市 2016—2022 年高新技术企业发展效率进行静态分析，并利用 DEA-Malmquist 指数对相关时序数据进行测度研究，得到以下结论。

1. 综合创新发展效率相对较高

2016 年、2019 年、2022 年天津市高新技术企业发展存在投入冗余和产出不足现象，其中 2016 年、2019 年规模效益处于规模报酬递增状态、2022 年处于递减状态。但从整体看，天津市高新技术企业综合发展效率相对较高（均值 1.0305），创新资源利用和创新产出效率处于较高水平。未来，推进天津市高新技术企业高质量发展，需要持续关注创新投入和创新产出，特别是要注重科技活动固定资产、研发经费等资源配置有效性和使用合理性，需要持续关注高新技术产品（服务）、知识产权成果产出。

2. 技术进步在综合效率提升中发挥主导作用

2016—2022 年，天津市高新技术企业综合发展效率较为稳定，且呈正向增长趋势。但综合发展效率提升主要是由技术进步带动，管理创新在推进天津市高新技术企业发展中作用不明显，说明天津市高新技术企业发展方式还较为粗放，集约化、精细化管理水平有待提升。未来，推进天津市高新技术企业高质量发展，需要加强制度创新、管理创新，特别是要激励高新技术企业持续加大科技成果转化力度，加速推动高价值科技成果向高新技术产品、高新技术服务转化，避免科技与经济“两张皮”现象出现。

参考文献

[1] 曹洪军，赵翔，黄少坚. 企业自主创新能力评价体系研究 [J]. 中国工业经济，2009（9）：105-114.

[2] 郑春东，和金生，陈通. 企业技术创新能力评价研究[J]. 中国软科学，1999（10）：108-111.

[3] 陈劲，国容毓，刘畅. 世界一流创新企业评价指标体系研究 [J]. 创新科技，2020（6）：1-9.

[4] 李荣生. 中国高技术产业技术创新能力分行业评价研究——基于微粒群算法的实证分析[J]. 统计与信息论坛，2011（7）：59-66.

[5] 尹航，李柏洲，郭韬. 基于 Entropy-Topsis 模型的产品创新过程分析与实证检验[J]. 运筹与管理，2013（5）：185-195.

[6] 徐立平，姜向荣，尹种. 企业创新能力评价指标体系研究[J]. 科研管理，2015（S1）：122-126.

[7] 易继承. 创新型国家发展水平评价及效率测度研究[D]. 武汉：中南财经政法大学，2021.

[8] 沙秀娟，刘彦宏. 创新驱动下我国民营企业高质量发展综合评价体系研究[J]. 新经济，2023（5）：50-61.

[9] 曹志鹏. 创新驱动发展模式下我国科技资源配置效率[J]. 企业经济，2013，32（8）：155-158.

[10] 郭玉明. 创新型企业创新效率与发展模式研究[D]. 天津：河北工业大学，2015.

[11] 蒲佳玮. 高质量发展背景下甘肃省民营企业创新能力评价[D]. 兰州：兰州财经大学，2022.

[12] 窦超，关忠诚，陈光华，等. 创新驱动发展战略下中小企业创新效率研究[J]. 科技促进发展，2018，14（4）：289-297.

[13] 赵清军，车鑫，周毕芬，等. 基于 DEA-Tobit 模型的中国省域创新发展效率测评[J]. 资源开发与市场，2018，34（9）：1196-1203.

[14] 黄森，蒲勇健. 中国区域创新集群发展效率研究[J]. 科技与经济，2012，25（1）：22-26.

[15] 薛健，郭万山. 新常态“创新驱动发展战略”实施前后规模以上工业企业研发创新效率比较研究——基于 DEA-Malmquist 指数方法的实证分析[J]. 工业技术经济，2020，39（5）：65-73.

[16] 沈映春,吴佩珍,张旭辉. 新发展理念下北京市创新主体投入结构产出效率动态分析——基于 DEA-malquist 指数与灰色系统理论的专利产出分析[J]. 科技管理研究,2019,39(2):71-79.

[17] 王惠颖,王源昌. 科技创新评价指标体系文献综述[J]. 价值工程，2019,38(31):284-286.

[18] 孟玉明. 区域科技创新与评价指标体系研究[J]. 市场周刊(研究版)，2005(3):91-92+95.

[19] 易平涛,李伟伟,郭亚军. 基于指标特征分析的区域创新能力评价及实证[J]. 科研管理,2016,37(S1):371-378.

[20] 魏阙,戴磊. 吉林省区域创新能力评价指标体系研究[J]. 科研管理，2015,36(S1):22-28.

第六章 天津市高新技术企业高质量发展路径

第一节 健全高新技术企业管理体系,构建高质量发展新格局

一、建立有效管理体制

一是不断健全政策体系。2015 年以来,天津市先后实施“十三五”、“十四五”规划、“新动能引育”、“十项行动”等战略部署,发布《关于加快我市高新技术企业发展的实施意见》《打造小巨人升级版“小升高”实施方案》《天津市高新技术企业倍增行动计划》等高新技术企业相关政策,加大企业财税支持力度,政策体系不断完善,高新技术企业实现量质并举发展。

二是持续完善工作机制。天津市强化目标导向,将高新技术企业培育工作纳入历年政府工作报告。市科技局、市财政局、市税务局作为天津市高新技术企业认定管理机构全面统筹协调全市高新技术企业培育认定工作,制定受理材料、开展评审、加强监督等工作方案,定期召开工作协调会,严格按照“8”项认定标准、“8”个技术领域、“8”项附件材料,推动认定工作;各区深挖资源、现场走访、严格把关,做好推荐,形成“遴选+入库+培育+认定”四个一批的工作机制。

二、创新企业服务模式

一是持续丰富培训形式。天津市多次邀请全国高新技术企业认定办专家来津授课,举办京津冀高新技术企业认定管理人员专题培训,市区两级创新工作举措,采取“线上+线下”“直播+录播”相结合的宣传方式加大政策培训力度,每年度开展政策解读,组建专家团队,常态化深入企业开展高新技术企业申报“一企一策”培育辅导,提供精准帮扶,为后备企业答疑解惑。

二是不断加强服务深度。天津市把高新技术企业培育作为科技支撑新动能引育、壮大创新主体的关键抓手,聚焦小微企业普遍面临的研发投入占比不足、人才招

聘困难、缺少专利支撑、产品需要应用验证等难题，会同相关部门，通过加大研发后补助力度、撮合高校企业就业对接、辅导专利申请转让与快速审查、提供新技术新产品应用场景等“组合拳”，精准切入，切实提升企业自主创新能力。

三、加强机构监管力度

强化中介机构行业自律教育。天津市相关部门，面向中介机构和从业人员，开展政策培训和自律教育，进一步敦促相关机构恪守从业准侧，维护中介服务市场秩序，提升执业水平，引导机构开展高质量服务，对工作中出现严重失误或弄虚作假行为的，建立中介机构黑名单，3 年内不得参与高新技术企业认定相关工作。

四、实施专家动态管理

提高科技专家管理工作水平。天津市制定《天津市科技专家库管理办法》，将高新技术企业专家纳入天津市科技专家库统一管理。每年度征集高新技术企业认定评审专家，扩容专家队伍，开展高新技术企业专家政策培训，就评审要点进行解读；高新技术企业评审专家实施动态管理，对未参加高新技术企业政策培训，或长期未参加评审的专家实施动态出库管理，保证专家评审专业性与公平性。

第二节 把握战略发展机遇，打造高质量发展新引擎

一、落实京津冀协同发展战略“引”高新技术企业

一是充分发挥区位优势和产业基础优势，立足“一基地三区”功能定位，以招引高新技术企业为重点，积极承接北京非首都功能疏解，“十三五”以来，已有 13 家原北京市高新技术企业整体迁入。二是依托滨海中关村科技园、天开高教科创园等主题园区建设，打造多功能于一体的特色产业载体，积极招引北京高校、科研院所创办的高新技术企业，确保重点高新技术企业顺利孵化、转化及产业化。三是充分利用世界智能大会平台优势，举办京津智能产业对接、京津冀工业互联网和智能制造等专题对接活动，做好重点高新技术企业招商和跟踪。

二、推进制造业立市战略部署“聚”高新技术企业

一是围绕“1+3+4”现代化产业体系，聚焦重点产业和关键领域，以主导产业引领、核心企业带动、本地高新技术企业配套、产业生态支撑为方向，充分发挥政府引导、市场主导作用，面向国内先进地区，积极引进一批主业优势明显、带动能力突出的龙头高新技术企业和发展潜力好、创新能力强的“专精特新”高新技术企业。二是通

过高新技术企业聚集，带动产业链、供应链、创新链、资金链、人才链等协同融合发展，打造出“信创谷”“细胞谷”等一批创新力强、竞争力大和辐射力广的战略性新兴产业集群。

三、抢抓产业链高质量发展机遇“链”高新技术企业

一是补齐产业链短板。围绕信息技术应用创新、生物医药等十二条重点产业链全景图，明确产业链薄弱环节、断链环节以及空白领域，面向全国按图索骥开展高新技术企业精准招商，加快重点产业高端补链、整体强链；根据产业链龙头企业发展需求，精准招引，尤其是将北京市高新技术企业作为招商引资的重点，推动产业链补链、补链、强链，加快形成上中下游产业衔接配套的产业发展新格局。二是锻造产业链长板。鼓励产业链上高新技术企业、“专精特新”企业，在优势领域精耕细作，打造一批特色产品、“杀手锏”产品，进一步提高产业链质量。

第三节　建立高效孵化机制，培育高质量发展新动能

一、注重源头培育，孵化高新技术企业

一是完善培育链条，增强源头供给。市区两级全面梳理挖掘优质科技型企业资源，建立高新技术企业培育库，按照“遴选一批、入库一批、培育一批、认定一批”工作思路，推动形成“创业团队—初创企业—入库培育—高新技术企业”的培育链条。提升“众创空间—孵化器—大学科技园—产业园区”全链条孵化能力，将培育高新技术企业数量作为衡量孵化平台工作成效的重要指标之一，孵育了一批创新能力强、成长性好的高新技术企业后备企业。二是发挥平台优势，推动成果转化。发挥海河实验室、合成生物技术创新中心等重大科研设施和创新平台创新支撑作用，加强与产业链链主企业合作，加快科技成果就地转化，加速高新技术企业本地孵化。充分发挥大学科技园集聚效应与平台效应，整合园区“产学研用金才介”等要素资源，加强园区内企业优势互补，共同开展共性关键技术攻关和科技成果转化，加快高新技术企业培育。

二、多库协同联动，培育高新技术企业

一是依托高新技术企业培育库，靶向服务精准施策。天津市围绕重点产业发展领域，积极推动符合条件的企业纳入高新技术企业培育库，对培育企业动态管理、跟踪服务，建立长效工作机制，“一企一策”帮助企业提升科技创新能力，助力企业早日成长为高新技术企业。二是多部门共同推动，储备后备力量。科技、税务、财政、市场

监管、知识产权等部门协同联动，推动高新技术企业培育库与企业登记信息库、知识产权数据库，以及“科技型中小企业”“雏鹰企业”“瞪羚企业”“科技领军企业”等数据共享、多库联动，有效筛选一批创新意识强、拥有核心自主知识产权、具备科技成果转化能力、企业管理规范、成长性好的科技型企业入库培育，储备一批创新能力强的高新技术企业后备力量。三是加强知识产权保护，助推高新技术企业培育。依托中国（天津）知识产权保护中心、中国（滨海新区）知识产权保护中心，为重点领域企业提供知识产权快速申请、快速确权相关服务，推动有研发无专利的企业加快实现知识产权清“零”。

三、聚集创新要素，壮大高新技术企业群体

一是支持科技创新。以“揭榜挂帅”“研测并行”等方式支持高新技术企业实施重大科技创新工程项目，开展重点领域“卡脖子”技术攻关，推动高新技术企业创新能力由大变强、高质量发展。二是加大人才引育。推动实施更加开放的人才政策，围绕以“第一资源”强化“第一动力”，立足科技创新主战场，加强科技人才队伍建设，营造有利于高新技术企业发展的政策环境，着力推动高新技术企业一体化高质量发展。三是落实奖励政策。对首次认定、重新认定、异地迁入高新技术企业按企业规模给予资金奖励，实施研发费加计扣除政策，鼓励企业加大研发投入，提升科研管理水平，支持引导高新技术企业上市，扶持和鼓励高新技术企业发展。

第四节　优化完善服务保障，营造高质量发展新生态

一、加强政策宣传服务

一是充分利用多种线上渠道公开宣传。通过政府网站、融媒体等多种渠道第一时间发布高新技术企业认定、奖励相关通知及政策，包括研发费用加计扣除、高新技术企业所得税优惠、制造业高新技术企业增值税加计抵减等与高新技术企业息息相关的优惠举措，提高政策覆盖面，提高市场主体知晓率与政策的认识程度。二是畅通咨询渠道快速响应企业问题。建立市区两级的高新技术企业咨询答疑服务机制，公布市区高新技术企业咨询热线电话，及时为企业提供申报高新技术企业全流程遇到的各种问题答疑。发挥各区贴近企业、了解企业需求的优势，做好企业政策培训、申报动员、辅导服务等工作。

二、开展广泛调研服务

一是面向潜力企业及高新技术企业开展调研服务。筛选有潜力认定高新技术企

业的优质企业，通过实地走访，深入了解企业发展情况，特别是核心产品、知识产权、研发投入及人员结构等，对标高新技术企业评价标准，针对性给出高新技术企业申报建议，解答企业相关问题，为企业排忧解难；二是对已认定高新技术企业，不定期开展调研服务，面对面进行座谈交流，听取企业未来发展规划，宣讲天津科创政策，支持企业发挥自身技术优势，进一步开展技术创新，助力高新技术企业进入高质量发展快车道；三是面向先进省市调研学习高新技术企业工作经验。重点了解先进地区高新技术企业发展情况、政策制定及实施、认定工作开展情况等方面，充分学习相关经验，为更好服务天津高新技术企业提供借鉴。

三、拓展金融对接服务

一是加强科技与金融对接，充分发挥天津市融资担保发展基金作用，引导融资担保机构为符合条件的高新技术企业提供融资担保服务；二是对接国开行，充分利用开发性金融在支持科技创新领域的积极作用，助力高新技术企业获得国开行科技创新和基础研究专项贷款支持，引导科技金融精准滴灌高新技术企业；三是筛选优质高新技术企业，建立上市企业培育库，对入库企业实施跟踪服务和优先支持，推动高新技术企业与全国股转公司、北交所对接，形成高新技术企业上市一批、挂牌一批、储备一批的培育机制，切实金融政策助力我市创新驱动发展。

四、提供“一对一”精准服务

一是对重点高新技术企业实行清单化管理，量身制定服务方案，加强监测与精准服务；二是推动各区对高科技企业加强摸排，建立高成长企业清单，在提供科研支持、参与重大科研项目和平台建设、人才引进、给予政策指导服务等方面，为企业提供“一对一”的精准服务，稳定企业在津发展信心；三是聚焦企业缺少专利支撑、缺乏应用场景、市场开拓受限等难题，通过辅导专利申请转让、提供新技术新产品应用场景、服务企业市场开拓等措施，为企业高质量发展赋能。

附录　天津市重点领域创新型企业高质量发展典型案例分析

创新型领军企业创新能力强，研发水平高，产业化带动力强，发展潜力好，可通过供应链向配套企业传导创新动力，是产业创新发展的推动者和领导者。研究创新型领军企业创新发展经验不仅有利于拓展重点产业集聚外部性研究，还有利于揭示创新型领军企业在重点产业生态中的“链主”引领规律及创新发展模式，为重点领域创新型企业高质量发展提供经验借鉴。

本章节重点聚焦天津“1+3+4”现代化产业体系构建，通过选取天津市信息技术应用创新、生物医药、高端装备、新材料 4 大重点产业领域 20 家行业引领示范作用显著、创新活跃度较强的创新型领军企业开展深入研究，立足产业布局、技术创新、生态构建、人才引育等多维度视角，总结各产业领域创新型领军企业成长历程及创新发展经验，归纳创新型企业的发展创新模式及内在成长规律，为我国及天津市重点领域创新型企业培育发展提供经验借鉴。

本章节企业分析相关数据均来源于重点企业公开年报、企业官方网站、网络公开数据资源、合享 incopat 专利数据库、国泰安数据库等。

第一节　信息技术应用创新产业领域创新型企业案例

一、麒麟软件有限公司

（一）企业发展概况

麒麟软件有限公司（以下简称“麒麟软件”）于 2014 年成立。2019 年中国电子信息产业集团有限公司（简称“中国电子”）将旗下天津麒麟信息技术有限公司和中标软件有限公司整合并更名为麒麟软件。该公司先后荣获“中国电力科学技术进步奖一等奖”“国家科技进步一等奖”“中国品牌日电子信息行业国货新品”等国家级、省部级和行业奖项 400 余个，并被授予“2020 年度央企十大国之重器”“工信部 2022 年国家技术创新示范企业”“国家高技术产业化示范工程”“国家规划布局内重点软件企业”“国有重点企业管理标杆创建行动标杆企业”“科改示范行动企业”等荣誉称号。

（二）核心技术产品

麒麟软件主要以安全可信操作系统技术为核心，面向专用和通用领域打造安全创新操作系统产品和相应解决方案，现已形成以桌面操作系统、麒麟云、嵌入式操作系统、银河麒麟服务器操作系统、操作系统增值产品为代表的产品线。旗下包括中标麒麟、银河麒麟、星光麒麟等品牌。麒麟操作系统能全面支持龙芯、飞腾、鲲鹏等六款主流国产 CPU，安全、稳定、易用和系统整体性能等方面均远超国内外同类产品，促进了中国操作系统跨越式成长。企业主持参加制定国家、行业、联盟技术标准 60 余项，成功通过 CMMI5 级评估，是国内拥有专利数量最多的操作系统厂商。

（三）总体产业布局

从产业区域布局看，麒麟软件在北京、上海、深圳、天津、广州、南京等地设有 20 余家分支机构，网点遍布全国 31 个省会城市和 2 个计划单列市。目前，其核心产品已全面应用于党政、交通、能源、通信、金融、教育等重点行业。据统计，麒麟软件操作系统产品连续 11 年居中国 Linux 市场占有率第一名。

在政务领域布局方面，联合广州金其利、力麒智能推出国产超级柜台自助服务终端解决方案，其政务服务体系已经遍及全国，12 个区域服务中心辐射全国各个省市。在电信市场布局方面，占据中标中国移动 2022—2023 年桌面操作系统 70%的集采项目份额。在金融行业领域布局方面，国信证券 OTC 交易柜台系统、反洗钱系统和 HR 人力管理系统等实现全栈化，均采用麒麟操作系统。在交通领域布局方面，麒麟操作系统保障了中国铁路总公司总数据中心相关核心数据存储、全路集中应用系统部署、12306 网站数据的存储及交换等业务系统。在开源建设布局方面，发布中国首个桌面操作系统根社区 openKylin，以 Maintainer 身份承担 80 个项目，除华为公司外贡献第一，是 openEuler 开源社区的发起者；位列 OpenStack 社区贡献国内第一、全球第三。在国家重大项目布局方面，国产麒麟操作系统在中国空间站、远望六号测量船、火星探测器等各领域得到广泛应用。

（四）创新能力分析

1. 创新投入分析

研发经费规模行业领先。为强化核心技术攻关，麒麟软件持续加大研发经费投入，2015—2022 年间，其研发经费投入由 7.679 亿元增至 19.68 亿元，增长近 1.56 倍。受益于中国网信产业转型升级，麒麟软件 2021 年研发投入同比增长近 5 亿元，增幅明显，成为首个营收突破 10 亿的国产操作系统厂商。从研发投入占比看，2018 年研发投入占比最高，约为 21.8%，由于其营业收入增幅远高于研发投入增幅，2018 年开始，其研发投入营业收入比重总体呈下降趋势。

图 7-1 2015—2022 年麒麟软件研发投入情况

数据来源:麒麟软件历年年度报告

研发团队规模浮动拓展。麒麟软件持续强化人才队伍建设，2015—2022 年间，其研发人员数量增长近 1.6 倍,其中 2017 年—2018 年研发人员浮动下降。此外,近些年麒麟软件研发人员数量占比持续维持在 50%以上,在同行业中处于较高水平。未来,随着其“遨天”计划深入推进,其创新人才团队规模也将持续拓大,为创新发展提供有力支撑。

图 7-2 2015—2022 年麒麟软件研发团队规模

数据来源:麒麟软件历年年度报告

从学历构成看,本科学历为研发团队主要构成。截至 2022 年,麒麟软件共有研发人员 6 025 人。从研发人员学历构成看,本科学历 4 574 人,占比约为 75.9%;硕士 896 人,占比约为 14.9%;博士(35 人)和本科以下(505 人)学历人数最少,占比约为 8.96%。从研发人员年龄构成看,80 后、90 后成研发团队主力军。30 岁以下为 2 691 人,占比约为 44.7%; 30~40 岁为 2 628 人,占比约为 43.6%; 40~60 岁为 706 人,占比约为 11.7%。

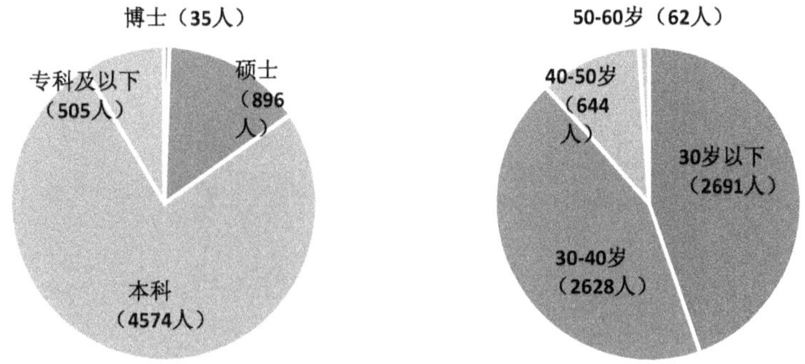

图 7-3　2022 年麒麟软件研发团队成员结构组成

数据来源:麒麟软件历年年度报告

2. 创新产出分析

截至 2022 年底,麒麟软件累计持有专利 339 项,其中发明申请专利 330 件,外观设计专利 6 件,实用新型专利 3 件,发明专利占比近 97.3%。从专利申请和专利公开数量看,2019 年整合完成后,麒麟软件专利申请及公开数量呈几何倍数增长,至 2022 年增至顶峰,单年申请专利数高达 171 项,专利公开数高达近 145 项,技术创新能力持续攀升。

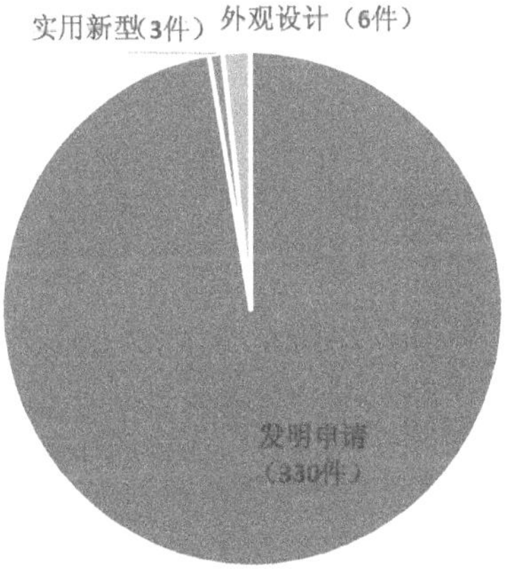

图 7-4　麒麟软件专利类型分布情况

数据来源:合享 incopat 专利数据库

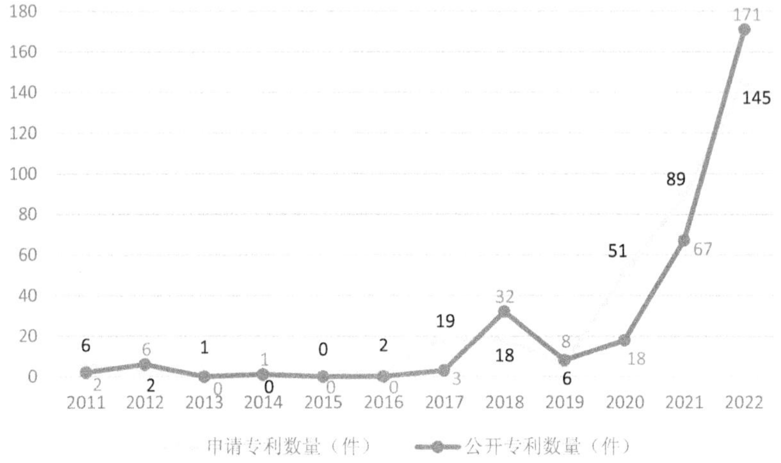

图 7-5 2011—2022 年麒麟软件专利数量

数据来源：合享 incopat 专利数据库

（五）创新发展经验

1. 聚力提升创新发展整体效能

一是打造科技创新平台。牵头联合产业领先企业、科研院所和社会资本，积极筹建先进操作系统创新中心、网信领域省部级重点实验室等创新平台，在北京、天津、上海、长沙等地设立了研发中心，设立有省部级企业技术中心、博士后工作站、省部级基础软件工程中心等，先后获批天津市企业技术中心、市企业重点实验室，获评国家技术创新示范企业。二是策划承担重大科研项目。面向国家重大需求和行业发展需要，策划承担工信部、科技部等国家部委重大科研项目，近三年成功申请科技项目近 30 项，不断拓展操作系统在重点行业、智能制造、人工智能领域的应用场景。三是持续加大科技研发投入。面对操作系统领域基础性、关键性技术掌握于国外厂商的实际情况，建立稳定增长的科技研发投入机制，大力攻关"卡脖子"技术，2022 全年研发投入较 2020 年增长 113%。

2. 多维构建国产操作系统生态圈

麒麟软件持续推进生态体系建设，与东方通、北京鲲鹏、北信源等产业链上下游集成商、软硬件厂商协同发展，建立了集"适配沟通、提交申请、生态审核、适配测试、完成认证、公布上架"于一体的适配流程，打造自主创新生态链，为国家网信领域安全提供支撑。一是不断完善生态适配体系。创新搭建多种平台和机制，构建生态适配认证自助服务平台、软件商店自助上架平台、云测试环境、生态适配硬件环境和信息化平台等；在天津、北京、上海、长沙、广州和江西各地布局建设线下生态适配中心，吸引产业上下游生态伙伴共促生态发展；同时，积极参与国内外开源社区运营和生态建设。二是成立“麒麟应用生态联盟”。吸引政府、金融、企业、能源、通信及医疗等行业的二十多家重要行业应用开发商和标准软件应用厂商加入。三是与芯片厂商紧密合作。现已建立与鲲鹏、飞腾、海光、申威、龙芯、兆芯等整机厂商、CPU 厂商、海南创新院及相关单位生态成果共享、联合认证机制。四是积极牵头产业合作。麒麟软件参加国内外百余个产业合作创新联盟，牵头或参与国家行业基础软件相关标准制定 60 余项。五是牵头组建奇安信、飞腾、金山等先进操作系统创新中心，牵头 142 家单位建立先进操作系统联盟。截至 2022 年 11 月底，已建立合作厂商 5 500 多家，完成软硬件兼容适配超 113 万项，生态适配官网注册用户数累计超 3.7 万人。

3. 深化核心产品体系化改革

一是狠抓核心产品开发。建立了全产品全生命周期管理体系，加速操作系统产品迭代升级，形成以桌面操作系统、银河麒麟服务器操作系统、麒麟云、嵌入式操作系统等为代表的产品线，支持鲲鹏、飞腾等多个自主 CPU 平台，安全性能和用户体验全面升级，与国外同类产品技术和体验差距显著缩小。二是强化产品谋篇布局。定位于成熟的通用操作系统市场，星光麒麟是融合 H5、Android、原生 Linux 三个生态，以弹性扩展、安全可信为特色满足万物互联的发展需求，通过“银河麒麟+星光麒麟”实现全业务场景覆盖。三是打造卓越产品服务。建立技术服务知识库，完成知识库平台所有功能需求的开发和优化。实行技术服务“大练兵”计划，建立内部多层次的操作系统课程体系，打造面向市场快速反应的专业化、数字化、智能化的技术服务体系，服务网点覆盖全国 31 个省市区，有效保证用户需求及时响应。

4. 加快打造高效创新人才团队

一是市场化选聘优秀人才。强化校企合作，打造优质校园雇主品牌，自 2021 年启动“头等舱计划”以来，以微软等行业知名企业为目标招聘中高端人才，人才结构不断优化，2022 年末公司技术研发人员较 2020 年初增长 4 倍，技术研发人员占比达到 75%。二是促进优秀人才脱颖而出。搭建管理、专业双通道职业发展路径，配套制定层级定级标准、晋升管理制度，实现人才纵向晋升、横向流动。面向中层干部，开设信创领军人才培训班，提升中层管理者的管理能力，培育公司管理的中坚力量。三是强化人才正向激励。建立科学的薪酬分配模式，推动薪酬分配向贡献突出的科技人才倾斜；赋予研发技术岗位更高的市场分位值水平，极大提高了科技型人才岗位的整体薪酬竞争力；面向核心人才实施股权激励，真正实现吸引人才、留住人才和激励人才；“员工持股激励”激发了员工的工作创新动力，提升了对核心人才的吸引力与员工忠诚度。四是深化专业人才特色化培育。以麒麟软件教育发展中心为组织平台，形成源自麒麟软件核心技术的“五系”，即培训认证体系、师资体系、教材体系、课件体系、平台体系，并与工信部联合开展“百城百万”操作系统专项培训行动，持续为我国培养各类操作系统专业人才。

二、飞腾信息技术有限公司

（一）企业发展概况

飞腾信息技术有限公司（以下简称“飞腾”）是国内领先的自主核心芯片提供商，2014年由中国电子信息产业集团、天津市滨海新区政府和天津先进技术研究院联合成立。该公司致力于飞腾系列国产高性能、低功耗通用计算微处理器设计研发推广，同时联合众多国产软硬件生态厂商，提供全国信息系统整体解决方案。近些年，飞腾公司及核心产品、团队已荣获国家科学技术进步一等奖、“中国芯”优秀市场表现产品奖、政府信息化产品技术创新奖、“中国芯”重大创新突破产品奖、电子政务安全优秀解决方案奖等众多荣誉奖项和“中国青年五四奖章集体”、科技部重点领域创新团队、国资委央企科技创新团队等荣誉称号，其营业收入持续保持200%增速。

（二）核心技术产品

飞腾芯片产品主要包括高效能桌面CPU（飞腾腾锐D系列）、高性能服务器CPU（飞腾腾云S系列）、飞腾套片、高端嵌入式CPU（飞腾腾珑E系列）四大系列，为从端到云的各型设备提供核心算力支撑。基于飞腾CPU的产品在国内政务、大数据、云计算以及金融、轨道交通和能源等行业领域已实现批量应用。目前，飞腾已联合国内软硬件厂商千余家，支撑飞腾平台设备上市2 800余款，超过26 500款已经或正在适配的软件及外设，分布在操作系统、数据库、应用软件、云产品、安全、中间件等各个领域，兼容移动APP应用200万级，构建起了国内最完善、最庞大的从端到云的信息化建设全栈生态体系。

（三）总体产业布局

从产业区域布局看，其总部设于天津，同时在北京、长沙、广州和成都设有子公司，在南京、深圳、银川、西安、海口、沈阳等地设有办事处，飞腾CPU已经在全国31个省市自治区和121个部委单位部署应用，覆盖了政务办公、数字政府、电子政务核心领域，是目前全国规模最大的、最重要的电子政务应用系统；在北京、天津、湖南、江西、山东等地打造了覆盖中小学及职业教育的信创教室，超1万名学生体验国产“芯力量”。

在电信市场布局方面，与中国移动、中国联通、中国电信三大运营商建立了全面的合作通道；推进20个省级公司PC终端测试及适配，入围运营商服务器及PC终端集采，5G专网解决方案在多个项目中实现落地应用。

在金融领域布局方面，飞腾CPU面向200余家金融机构提供核心基础算力，成为国有六大银行等金融机构主流路线之一，基于飞腾平台的服务器类、终端类和金融机具类产品实现了政策性银行、城商银行、股份制银行、证券、保险等其金融信创单位全覆盖。2022年1月，飞腾CPU在某地方银行核心交易系统上线，已稳定运行一年，服务 7 000 万个账户，首次完成了国内银行系统核心交易系统信创替代。

在电力领域布局方面，飞腾 CPU 已应用于 6 类电力核心控制系统、30 余项生产经营系统，实现 40 多台大型机组自主可控改造，助力电力企业数字化转型升级。飞腾 CPU 已全面入围国家电网、南方电网的服务器和终端集采，应用到输电、变电、配电业务全流程中，打造了继电保护、测控装置等 15 款电力专用设备。以飞腾芯片为算力底座的国产化 DCS 系统已在中国华能、中国华电下属 30 多个发电厂成功投运。

在交通领域布局方面，飞腾技术路线已成为铁路、民航、公路、港口、物流等 15 家央国企主流信创路线之一，30 余个落地案例为交通强国发展保驾护航。基于飞腾 CPU 的系列产品已在高铁列车核心控制装备、通信信号系统以及地铁售检票系统实现规模化应用。

（四）创新发展经验

1. 加快培育联合创新硬核生态

飞腾作为 PKS 体系领导者，已成为行业生态构建的标杆。一是通过生态圈建设、软硬件兼容认证、软硬件适配、解决方案定制等举措拓展生态“朋友圈”，构建国内最庞大、最完善的从端到云的信息化建设全栈生态体系。截至 2022 年底，飞腾生态伙伴数量已经接近 5 000 家，包括集成商合作伙伴 300 余家、硬件合作伙伴 1 000 余家、软件合作伙伴 3 600 余家，已经与飞腾 CPU 完成适配的软件超过 2.65 万款，飞腾携手生态伙伴推出的行业联合解决方案已经超过 1 000 个，成为了国产 CPU 领域市场体量最大的科技企业。二是联合基础软件厂商、数据库厂商、云计算厂商等软件行业重要合作伙伴在数据库、基础软件、云计算领域联合成立实验室，快速、高效解决工业软件的适配和核心基础软件的优化问题。

2. 积极构筑差异化竞争优势

除借助工艺提升产品性能外，飞腾也高度重视差异化竞争布局。一是对高性能服务器 CPU、高端嵌入式 CPU 、高效能桌面 CPU 三条产线品牌进行升级，提供契合各行嵌入式应用的解决方案。二是在 CPU 市场差异化布局方面，其产品覆盖服务器、桌面端、嵌入式，且保持高速迭代，是国内主流 CPU 中唯一独立于第三方 ARM CPU 的提供商。

3. 持续强化数字化支撑赋能

在企业内部治理方面，飞腾立足数字化产业发展成果，对公司运营各方面数字化需求进行分级分类，对数据流转过程进行分域规划，构筑研发体系、支撑体系、客户服务体系和生态体系。以四大体系为核心，借助各地在技术、市场、生态和人力资源方面的优势，进行全国化的公司布局，依托第三方服务、公有云、私有云建设数字化支撑体系，针对公司的成长特点，在平台能力设计上采用核心数据资源+能力滚动迭代的建设方针。基于上述机体组织构造方式，既面向用户和行业提供强有力的产品支撑，又形成了各部分快速成长、整体协调发展的良性循环。

4. 强化产学研深度融合

飞腾在专注造芯的同时，也十分重视人才培养和梯队建设，通过产教融合、校企合作，共同助力我国对集成电路领域人才的培养：与中国计算机学会（简称 CCF）合作设立了“CCF-飞腾基金”，首批投入数百万元资金，支持复旦大学、上海交通大学等 10 所高校在微架构、安全、编译、封装等领域开展合作技术研究；与教育部合作产学合作协同育人项目，与 60 多所重点院校开展了深度合作；与工信部合作培养信创人才，自主打造的 6 大系列赋能培训和认证体系获得了工信部联合认证，编写的课程《CPU 产业、技术发展与应用实践》成功成为信创工委会“首批入库信创培训课程”。飞腾成功入选首批“工业和信息化重点领域产业人才基地联合建设机构目录”，获评第二届“芯雇主”倾“芯”育才产教融合优秀实践案例企业，已累计为各领域超 15 万人次提供信创专业赋能，助力信创专业人才队伍建设。

5. 践行科普宣传育人责任

一是在北京、天津、长沙等地建设“芯科技文化科普教育基地”——“中国芯”科技展厅，通过“飞腾开放日”活动进一步加强大家对国产 CPU 的认同感与荣誉感；二是面向湖南、山东等地初、高中开展“芯课堂”，强化科技强国教育科普，飞腾长沙芯科技文化科普教育基地被评为“2022—2027 年度湖南省科普教育基地”。

三、曙光信息产业股份有限公司（中科曙光）

（一）企业发展概况

曙光信息产业股份有限公司（以下简称“中科曙光”）成立于 2006 年，是在中国科学院推动下以国家“863”计划重大科研成果为基础组建的高新技术企业，于 2014 年在上海证券交易所上市。作为我国核心信息基础设施领军企业，中科曙光提供高效、创新、可靠的 IT 产品、解决方案及服务。中科曙光在高端计算、存储、安全、数据中心等领域拥有深厚技术积淀及领先的市场份额，在打造计算产业生态，为科研探索创新、产业转型升级、行业信息化建设、数字经济发展等方面提供了强力支撑。其陆续多年获得中国高性能计算机 TOP100 市场份额第一，荣获中国品牌 500 强，成为软件融合应用与测试验证工业和信息化部重点实验室成员单位。

（二）核心技术产品

中科曙光拥有完整的信息技术基础架构产品线与服务，深耕 AI 智能计算、云计算、大数据等领域，已形成高性能计算，存储产品，软件开发、系统集成及技术服务（以下简称技术服务）三大业务体系。全产品线已覆盖算力底座、整机系统、操作系统、平台服务、行业应用，核心产品包括通用及 AI 专用智能服务器、高性能计算机、工作站终端、液冷机房硬件设备、分布式存储产品、网络安全产品、大数据平台、云计算平台等。主要为用户提供从标准硬件系统定制化开发到云数据产品一体化解决方案，不仅可以提供高效 IT 基础设施系统的通用解决方案，满足用户数字化转型建设需求，还可以深入研究行业特性，打造与业务应用、数据安全、运维管理紧密结合的行业解决方案。

2022 年，中科曙光推出业界首款液冷存储 ParaStor，系统性能全球领先，填补存储领域液冷产品空白，I/O 模块产品持续深入布局，自主可控性有望进一步提升。此外，中科曙光正加速布局 I/O 模块、I/O 芯片、底层管控固件等前瞻产品，加速突破高端计算机核心关键技术自主研发。现已成功入围“算力领航者计划”，曙光天津市政务云平台正式通过密评三级资格认证。

（三）总体产业布局

从产业区域布局看，中科曙光在全国设立了 30 余家分支机构、5 大智能制造生产基地、7 大研发中心，在全国部署城市云计算中心 50 多个，掌握全国最大算力资源，深度参与国内算力资源调度，第三方计算服务商可以接入算力资源池，目前已助力百度、紫东太初等大模型训练。依托“芯—端—云”的全产业链布局，参建、运营和管理近百家先进计算中心、智算中心、云中心等，具备行业领先的计算资源，且已推出国内首个“全国一体化算力服务平台”。

（四）创新能力分析

1. 创新投入分析

研发经费投入持续加大。目前，中科曙光已建立起以企业为主体、市场为导向、产学研相结合的技术研发体系，围绕高端机等主营核心产品逐年增加研发投入，自研产品比例及核心部件自研能力不断提升。2015—2022 年间，其研发经费投入增长近 9 倍，近三年累计研发投入高达 52.4 亿元，尤其是 2022 年单年研发投入就达 24.7 亿元，创历史新高。从研发投入占营业收入比重看，自 2020 年开始，由于中科曙光研发投入大幅增长，其研发投入占营业收入比重不断提升，创新能力显著增强。

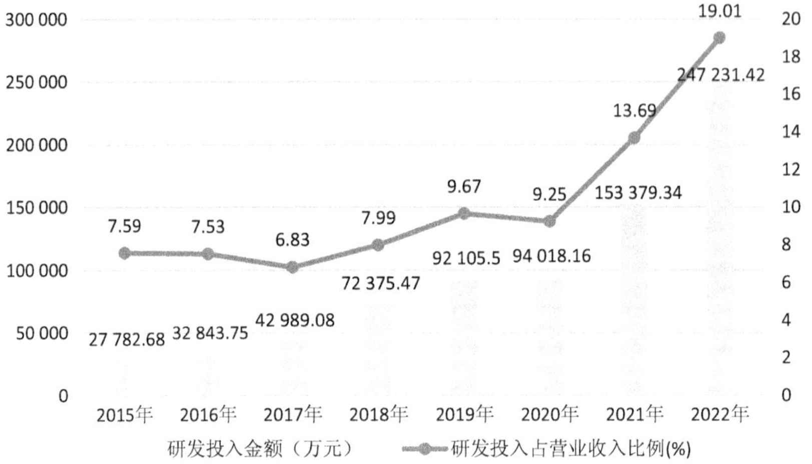

图 7-6　2015—2022 年中科曙光研发投入情况

数据来源：中科曙光历年年度报告

研发人员核心地位凸显。随着核心业务增长、研发投入增加等多维因素叠加，2015—2022 年间，中科曙光研发人员数量由 396 人增长至 3 187 人，增长了近 8 倍。与此同时，中科曙光持续加强研发人员引育，其研发人员数量占比自 2018 年来首次突破 50%，并于 2022 年增至 64.3%，在同行业中处于领先水平。

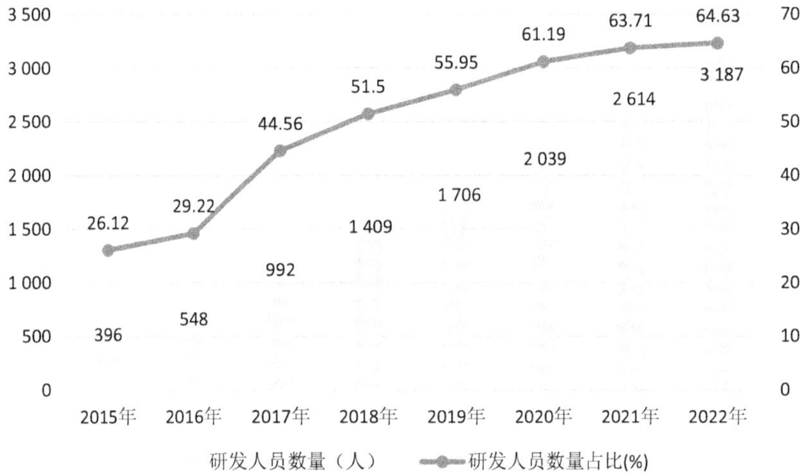

图 7-7　2015—2022 年中科曙光研发团队规模

数据来源：中科曙光历年年度报告

高学历专业化、技术密集型特点显著。截至 2022 年，中科曙光共有研发人员 3 187 人。从研发人员学历构成看，本科学历 1 694 人，占比约 53.2%；硕士学历 1 100

人，占比约 34.5%；专科学历 335 人，占比约 10.5%；博士（48 人）和高中以下（10 人）学历人数最少，占比约 2%。从研发人员年龄构成看，40 岁以下研发人员是研发团队的主力军，占比高达 90%。

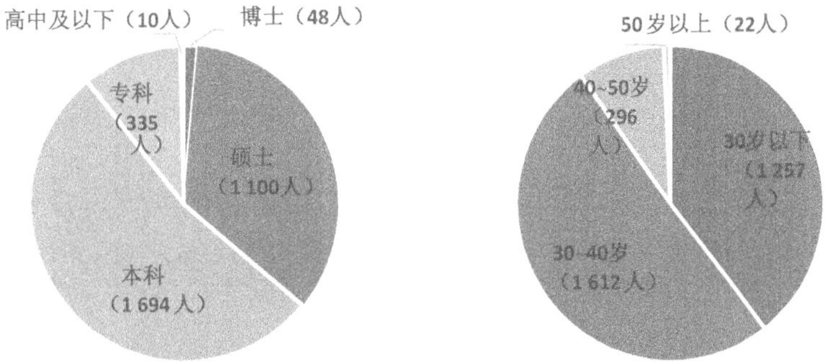

图 7-8　2022 年中科曙光研发团队成员结构组成

数据来源：中科曙光历年年度报告

2. 创新产出分析

专利供给周期性特征显著。截至 2022 年，中科曙光持有专利共计 3 982 项。其中发明专利 3 261 件，实用新型专利 496 件，外观设计专利 225 件，发明专利占比高达 81.9%。从专利申请和专利公开数量看，总体呈现高速增长态势，但周期性明显，2013 年及 2021 年分别增至周期性峰值，其中 2021 年单年申请专利数达 858 项、专利公开数达 653 余项。

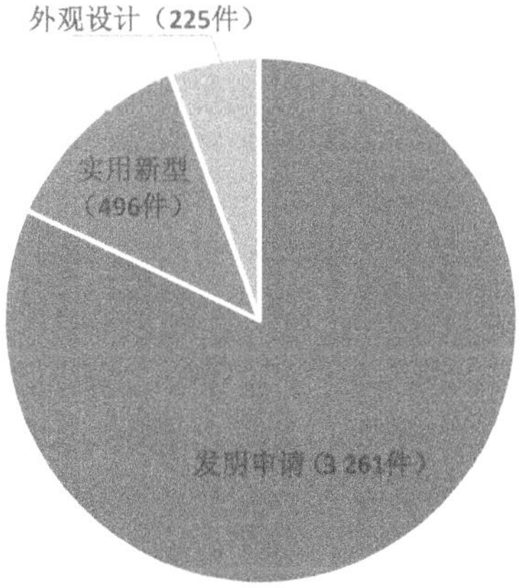

图 7-9　中科曙光专利类型分布情况

数据来源：合享 incopat 专利数据库

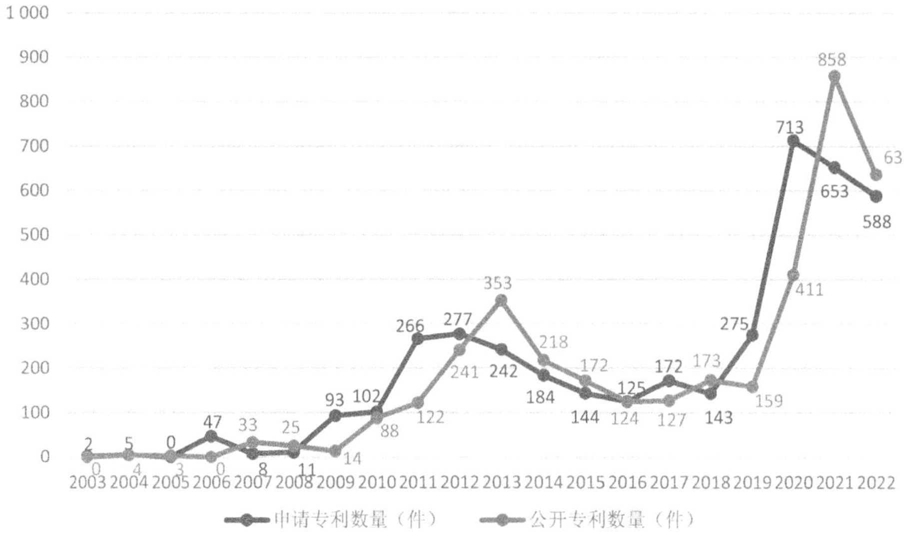

图 7-10　2003—2022 年中科曙光专利数量

数据来源：合享 incopat 专利数据库

（五）创新发展经验

1. 强化多主体协同创新

牵头成立中科院首个创新与产业化联盟；与湘江实验室达成战略合作，共建智算产业国家先进计算产业创新中心；联合中国信息通信研究院成立长三角金融联合实验室；携手海南大学，联合成立智图实验室；参编首部《中国元宇宙白皮书》。

2. 降低大模型研发服务门槛

聚焦智能计算产业深度布局，通过深度融合“大数据+高密计算+深度学习”等技术，构建科技创新算力基础设施和公共计算服务平台；通过建立完备的 AI 核心技术体系，助推“悟道”“紫东太初”等多类大模型训练调优，形成了算法优化、算力供给、行业应用及数据服务在内的全场景人工智能计算服务。

3. 拓展区域数智升级覆盖面

聚焦产业集群发展，构建“产业大脑”，为安徽六安、河北邯郸、云南玉溪等区域提供专业企业画像、趋势预测、产业地图等数据分析服务，精准把握企业运行动向，帮助产业园区搭建全链条运营服务体系，有效解决园区数智化管理、企业数智化转型等问题。

4. 加快算力全产业链布局

率先发布“数据中国”战略，打造我国唯一一所聚焦计算领域的国家级产业创新中心；围绕国家重大重点工程，依托“基础算力”“智算”等先进计算能力基础，打造全国一体化大数据中心、城市云和人工智能算力中心，提升跨区域算力调度水平；发布全国首个“一体化算力交易调度平台”、业内首个“三位一体”算力服务原型,助力形成按需配置、自由流通、有效共享的数据要素市场。

5. 探索人才培育新路径

以人才培育为重要抓手,加速打造“创新链+产业链+教育链”的校企深度融合体系,通过开展课题合作、课程开发、联合实验室、“先导杯”计算应用大赛、“大模型前沿训练营”、专项基金等,与全国超过 100+高校、科研机构展开紧密联动,触达 AI+-Science、生信、能源、材料等诸多领域,联合培养学生超两万人;与教育部联合推出“数据中国—产教融合促进计划”,推动本科院校建立大数据学院超过 100 所,持续向高校投资或捐赠实训室建设资金和设备,形成中科曙光特有的校企深度融合体系;曙光“人工智能系统平台实施”职业技能等级证书成功入选教育部“1+X”试点证书名单,成为较早开展基于《人工智能系统平台实施》职业技能等级的人才培养、考核和评价的企业,并在衡水学院、湘潭大学、华北理工大学等学校成功应用。

四、天津南大通用数据技术股份有限公司

(一)企业发展概况

天津南大通用数据技术股份有限公司(以下简称“南大通用”)成立于 2004 年,是以数据库软件产品研发和服务为核心,具有自主知识产权且规模化应用的独立国产数据库服务商。作为国家首批专精特新“小巨人”企业、国家级高新技术企业、国家规划布局内重点软件企业、信创工委会成员企业,连续多年进入 Gartner 全球数据管理领域魔力四象限,自 2014 年起连续位列中国区数据库市场份额前七、保持亚太地区市场份额前十,先后荣获天津市科学技术进步二等奖,荣登“2021 行业信息化竞争力百强”“信创企业 40 强”榜单、荣获“2021 政府信息化产品技术创新奖”“2021ICT 中国创新奖最佳解决方案”等奖项。

(二)核心技术产品

为填补国内在大数据领域技术短板,南大通用高度重视产品核心技术及底层代码自主可控,其 GBase 系列数据库产品已通过商用密码产品认证、等保四级、分布式分析型数据库性能大规模专项评测(4096 节点,世界规模最大)、涉密信息系统产品检测等资质认证,性能均满足我国各行业对数据库产品各业务场景的需求,在国际国内数据库市场均具有较高的品牌知名度。

目前,GBASE 南大通用已构建了覆盖数据管理全生命周期、全技术栈的数据产品体系,包括:高端事务型数据库 GBase 8t、分布式并行数据库集群 GBase 8a Cluster、新型分析型数据库 GBase 8a、大型目录服务体系 GBase 8d、高速内存数据库 GBase 8m/AltiBase 等多个自主品牌的 GBase 系列数据库产品。核心产品分布式分析型数据库 GBase 8a 已完成跨域异构多引擎融合、数据库加密、跨域透明访问加速、虚拟集

群等关键技术攻关，填补了国内市场同类型产品空白，在数据仓库领域关键能力排名世界第7。GBase 8a V9版本成为TPC-DS官方榜单物理机世界第一的数据仓库；GBase 8a Cluster是国内第一款分布式并行的数据库集群；GBase 8t是国内第一款与世界技术同级的国产事务型通用数据库系统；GBase BI是国内可视化商业智能的领先产品；GBase 8s是国内第一款采用硬件加密技术获得国家密码管理局资质的安全数据库；GBase 8m是国内第一事务处理性能的数据库。

（三）总体产业布局

总体而言，南大通用产业布局立足天津、覆盖全国，自主研发的GBase系列数据库产品服务覆盖全国省级行政区域32个，为政务、电信、金融、交通、能源、国防军工等百余个行业上万家用户提供产品和服务，建立超30 000个节点，管理超300PB数据总量，并远销美国、巴西、墨西哥等30余个国家及地区。其数据库产品成功应用于中国银行、中国农业银行等70余家银行，打破了国外数据库产品在银行领域的垄断地位。

（四）创新发展经验

1. 聚力构建信创产业创新生态

构筑产品上下游生态体系是国产数据库厂商提升市场核心竞争力的关键，也是整个产业实现可控化、安全化和自主系统化的必由之路。一是GBase系列数据库已与国内主要软硬件厂商的数千款产品完成兼容适配认证，并通过多项国家级测试，技术水平和产品性能始终保持在国产数据库前列，可满足各行业多元业务场景需求。二是与鲲鹏生态创新中心成立联合实验室，共同组建研发团队，通过联合研发模式，释放出创新效能；加入京东云“云筑计划”，共建“更懂产业的云”生态，为客户打造“一次接入，多云落地”的云服务平台；与云信达科技联合发布CDM数据管理解决方案，助力企业数字化转型升级。

2. 加速核心优势产品更新迭代

通过持续优化GBase 8a和GBase 8c，发布基于openGauss3.0的国内首款商用多模多态分布式数据库GBase 8c，更是与阿里云计算巢合作，提供免费试用云原生数据仓库GCDW，满足企业用户对高效便捷、自动化部署、高性价比的云原生数据仓库的诉求。

3. 加快推动产学研创新合作

加速联合全国各地的高校深入推进产学研用融合发展，并通过校园“苗圃”积极吸纳年轻技术人才。一是与天津大学、南开大学、河北工业大学、哈尔滨工业大学、兰州大学、西北工业大学等高校开展合作，为学生提供学分实习、暑期实习、寒假实习等机会，共同开展联合毕业设计、数据库源代码研读等活动。二是与13所985、211、双一流高校进行产学研合作，申请的国家教育部产学合作协同育人项目指南获得教育部发布公示,设立了16项国产数据库相关的课程体系改革项目、实践基地建设项目指南和实践条件,7所高校启动了国产数据库实践课程。三是完成了3所“高校战略合作&校外实习实训基地”协议签订,4场高校技术专场,开展了11个“高校国家课题&横向课题”深度合作。

4. 加快专业化创新人才培育

通过GBASE培训中心培养数据库专业人员,近一年完成参训人数超过6 000人,颁发证书3 000余个;通过举办征文比赛,获得了社会各界朋友的支持和关注,在用户和厂商之间搭建起一个沟通的桥梁,为潜在的使用者奠定了丰富的知识库。

五、紫光云技术有限公司

(一)企业发展概况

紫光云技术有限公司(以下简称“紫光云”)于2018年成立,是紫光集团唯一的云计算业务主体,也是紫光集团“芯云战略”的核心组成部分、重要承载体及公有云战略的执行者。其重点聚焦于智慧城市运营,私有云运营,公有云研发、运营及销售,产业互联网等业务,打造一朵“芯云一体、授信安全、场景驱动、混合交付”的云,协同紫光云与智能事业群,致力于融合全场景的云与智能业务,实现全域覆盖、全栈智能、全场景应用,将紫光云打造成为各行业数字化转型的核心引擎。

(二)核心技术产品

综合看,紫光云核心业务主要由平台服务、基础服务以及产业互联网三部分组成:平台服务提供AI、数据库、数据服务、IOT4个大类,超过100个产品与工具;基础服务提供16个大类,304种服务产品;产业互联网服务聚焦工业、智慧城市、芯片、建筑四大领域,构建“平台+生态+运营”一体化体系。在公有云服务方面,具备全新的UniCloud 2.0架构,覆盖网络、计算、安全、存储、数据库、人工智能6大产品服务,可提供包括企业上云、混合云、专属云、高性能计算等在内的解决方案;其“多云监管体系”可实现对多家云服务商进行统一评估和监管,“多云管理平台”可实现数据互通、资源统一调配、资源共享。在数字政府建设方面,具备全面赋能的能力,以紫鸾平台构建云基础管理运营能力,以绿洲平台推动应用开发、数据运营、融合集成,成为赋能政务数据治理的综合平台型代表之一。

(三)总体产业布局

目前,紫光云已建立云服务、工业互联网、芯片云、建筑云、智慧城市等超过十个行业的专家队伍和研发体系,全面参与智慧城市建设,以云智原生全栈底座助力百行百业数字化创新。截至目前,已在全国市县布局智慧城市65个,累计服务智慧城市的建设和运营175个,同时还包括国家部委级17个、省级25个、地市区县级政务云300多个,业务布局覆盖天津、重庆、南京、杭州、成都、武汉、苏州、沈阳、连云港、石家庄、呼和浩特、南昌等全国数十个智慧城市，在政府、金融、医疗、交通、教育等云计算领域服务客户超 10 000 多家，在行业云领域，2021 年布局央企云 40 多朵。

（四）创新能力分析

1. 创新投入分析

核心产品研发力度持续跃升。近些年，紫光云持续加大 ICT 产品、云与智能平台和解决方案研发力度，2015—2022 年间，其研发经费投入由 6 721 万元增至近 53 亿元，增长近 79 倍，研发投入力度行业领先。从研发投入占营业收入比重看，自 2016 年开始，其研发投入占比保持稳定增长态势，占比基本维持在 6%~7%左右。总体看，紫光云创新发展态势良好，持续加大的 ICT 技术和解决方案研发投入为公司业务快速发展及市场份额提升奠定了坚实基础，未来有望引领国内行业云实现突破发展。

图 7-11 2015—2022 年紫光云研发投入情况

数据来源：紫光云历年年度报告

研发团队规模几何倍增。近些年，紫光云持续加大创新人才引育，2015—2022 年间，其研发人员数量增长近 18 倍，尤其是 2016 年研发人员规模快速拓展，实现几何倍增。2017 年后，公司员工总数急剧增加造成研发人员比例呈下降趋势，但总体占比将持续维持在 40%左右，呈稳步小幅增长。

图 7-12　2015—2022 年紫光云研发团队规模

数据来源：紫光云历年年度报告

本硕学历、“80 后”、“90 后”研发人员集聚。截至 2022 年，紫光云共有研发人员 7 276 人。从研发人员学历构成看，本科学历 4 020 人，占比约 55.3%；硕士学历 3 170 人，占比约 43.6%；研发人员中硕士及本科学历总占比约 98.9%，博士及大专学历人员仅占 1.1%。从研发人员年龄构成看，30~40 岁之间有 3 355 人，占比约 46.1%；30 岁以下有 3 008 人，占比约 41.3%；“80 后”和“90 后”成研发团队主力军。

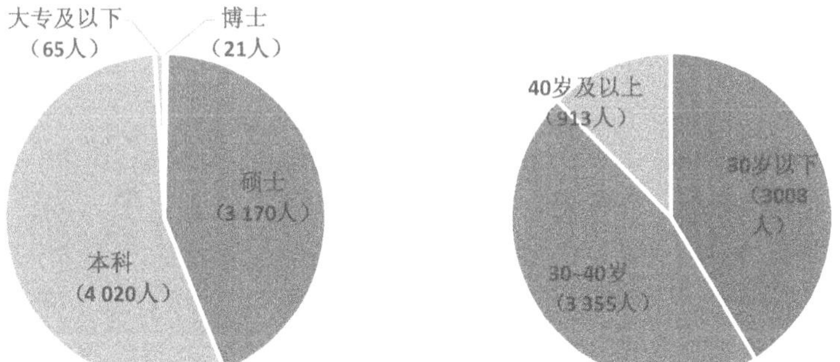

图 7-13　2022 年紫光云研发团队成员结构组成

数据来源：紫光云历年年度报告

2. 创新产出分析

截至 2022 年，紫光云专利申请总量累计超过 14 699 件，其中发明申请专利占总量的 93.9%。从专利申请和专利公开数量看，总体增长幅度及趋势具有一致性，自 2017 年后创新能级实现加速跃升，单年申请专利量突破千件。与此同时，随着专利公开审批环节提速，2019—2020 连续两年，紫光云专利公开数量均高于专利申请量，实现了新突破。

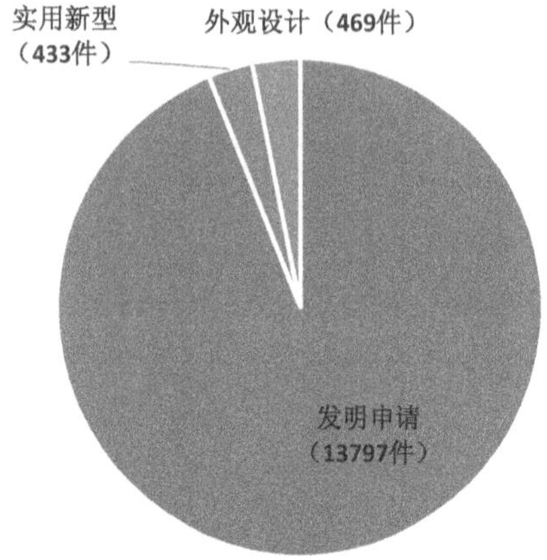

图 7-14　紫光云专利类型分布情况

数据来源：合享 incopat 专利数据库

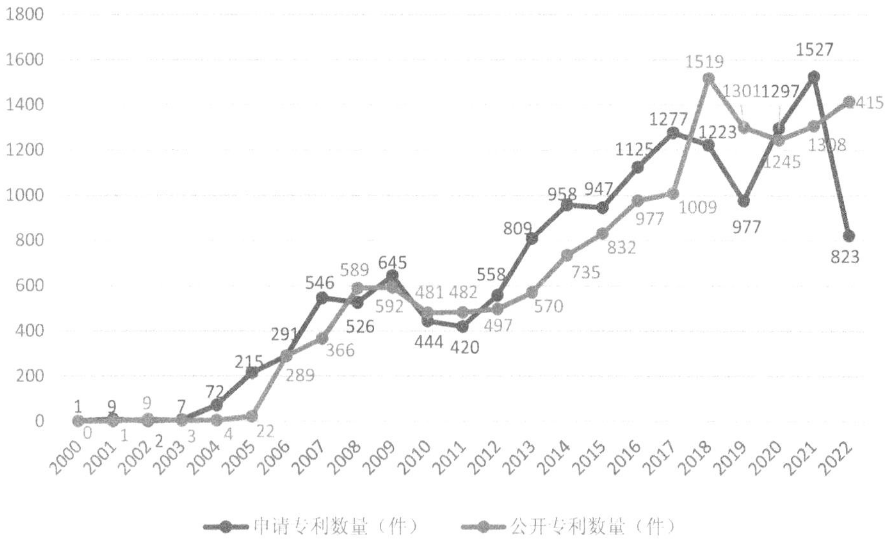

图 7-15　2000—2022 年紫光云专利数量

数据来源：合享 incopat 专利数据库

（五）创新发展经验

1. 深化自主技术研发创新能级

一是聚力打造国产化云平台，以一云统管、“一云多芯”模式，结合自主创新领域的发展与特点，设计了完全自主、可控的公有云管理平台，成为国产化云平台建设领域的核心力量；建设自主创新的云管理运维平台，统一调度国产化的计算、存储、网络、安全、数据库和操作系统等产品，实现“可管、可控、可运营和安全”的国产化云；通过成立生态验证实验室，联合上下游建立了基于国产化生态体系的国产化云平台框架和能力。二是加速自主创新能力提升，在天津筹建首个创新中心——unI X 云创产业基地，聚焦深化协同创新、完善服务平台、培育创新人才、建设国家科学中心前瞻性布局；承建的“滨海新区网格中心市民热线智能派单服务场景”，入围工信部国家人工智能创新应用先导区“智赋百景”；中立国产化云平台中标国家新一代人工智能创新发展试验区天津市重大应用场景项目。

2. 持续创新业务线条战略布局

一是创新采用“核心—边缘两级架构”节点设计，布局建设四个大区节点+22 个城市节点、众多边缘及合营节点，满足数据不出城的应用场景，助力产城融合发展。二是基于政务云建设经验积累，创造性总结出“项目打磨”“优化流程”“开发工具”“优化成本”“生态建立”五大环节的服务标准。三是创新差异化需求解决路径，通过将行业共性能力沉淀到紫光云 PaaS 平台；借助绿洲平台能力，将行业知识库进行标准化，形成行业套件并全面开放，实现缩短应用开发周期、行业能力可复制等创新路径，满足不同行业客户的需求。

3. 推动云服务与运营战略迭代升级

聚焦公有云服务、私有云服务、专享云服务、全场景智能、数据能力、运营能力全面升级，为用户提供线上线下一站式服务。一是在私有云方面，推出 UniCloud Stack 架构，满足客户开箱即云的需求。二是在公有云方面，开发 UniCloud2.0 架构，提供 16 大类 304 项服务，支持一键部署、一站式上云。三是在专享云方面，以线下带动线上，进行与政府、央企、大型国企、运营商等合作模式创新。四是在数据能力上，升级形成全链路数据资产管控体系，构建云端数据库与 DataOps 体系，以数字中台能力构建数字大脑中枢。五是在全场景智能服务方面，从能力平台、产业中台、场景应用全方面进行升级。六是在城市运营能力方面，从建筑、工业、芯片设计三个方面提出产业数字引擎发展新模式，推动数字产城协同发展与智慧城市的整体升级。

4. 加速核心业务数智融合赋能水平

一是坚持数智融合，从业务、运营、安全、管理四个维度实现数据资产精细化运营；通过成立紫光云与智能事业群，以统一的紫光云品牌面向市场；发布紫光云 3.0，全力加速战略落地与平台升级；发布全新绿洲平台 2.0，实现海量数据采集、共享、全域融合。二是持续提升政务数据资源开发利用水平，通过政企协同构建数据基础制度体系、低代码快速开发平台、紫光云智能台账平台、拓宽政务数据与社会数据的综合利用路径，让数据资源转变为数据资产。三是探索政企数字化转型新模式，着力探索大数据融合创新应用价值,通过实施"1+2+3"("1"即云服务;"2"即行业云和智慧城市两大市场;"3"即超融合UIS、云桌面Workspace、虚拟化CAS三类产品)战略路线,实现全面数字化转型升级。

5. 构建"人才+产业"融合新模式

一是深度探索产教融合、校企合作的新模式,携手院校联合推出新工科人才培养课程,培养多层级、全方位、多形式、重应用的云计算领域专业技能人才,通过构建学校、企业、学生"三赢"的人才培养链、供给链,支持云计算产业高质量发展。二是打造"1+3+N"("1"是指"一套产业化人才培养体系";"3"是指"三个核心领域课题";"N"是指"N个项目实训资源")的教学模式推进产教融合,全方位赋能产业化人才培养升级。三是校企结合反哺产业,通过联合设立"天津大学—紫光云AIOT产业创新研究院",协同开展云计算相关课题和产业合作,培育创新型新工科人才;通过与职业院校合作,加速推动中国云计算领域专业技能人才培养;通过与院校合作反哺自身,完善企业内部的标准化人才体系建设,为云计算领域培养一流产业化人才。

六、信息技术应用创新产业领域创新型企业发展模式分析

聚焦信息技术应用创新产业领域,通过对比分析麒麟软件、飞腾、中科曙光、南大通用、紫光云5家创新型企业案例,凝练天津信创企业发展的5点创新模式:一是"企业需求主导技术创新"模式。综合看,信创企业创新发展突破了政府主导模式主线,以市场需求及自身发展需要为导向,开展技术研发、产品研制、国产化替代,并大力开拓国际国内市场,开辟"企业主导"模式的信创第二战场。通过"企业主导"模式研发的信创技术产品通常与国际水平差距较小,部分技术产品甚至全球领先。如飞腾芯片、南大通用数据库软件产品等均处于国际领先水平。二是"融合共培产业创新生态圈"模式。共建高质量信创产业生态圈是信创企业实现创新发展的重点实践路径之一。如麒麟软件协同产业链上下游软硬件厂商、集成商共同成立"麒麟应用生态联盟"、先进操作系统联盟、共建鲲鹏创新中心等,多维构建国产操作系统生态圈;飞腾构建起了国内最庞大、最完善的从端到云的信息化建设全栈生态体系;南大通用将构筑生态体系作为提升市场竞争力的核心关键。三是"差异化产品创新+市场化联合推广"模式。天津信创企业将核心产品体系构建与产品市场化推广布局作为重要抓手,普遍通过"自用替换—扩大至熟悉市场—企业市场—信创市场"实践模式推动企业发展。麒麟、飞腾、南大通用高度重视核心产品差异化竞争布局,通过加速核心优势产品更新迭代构筑竞争力。同时,飞腾、中科曙光、紫光云等企业也注重核心产品市场化推广,重点与各地政府建立协同合作机制,赋能政府发展的同时拓展核心产品应用销售市场。四是"数字化、智能化转型治理"模式。信创产业发展驱动传统企业加速数字化转型的同时也催生了天津信创企业数字化、智能化转型新动力。

如飞腾对公司运营各方面数字化需求进行分级分类，对数据流转过程进行分域规划，建设数字化支撑体系，加速推动企业数字化转型。中科曙光发布“数据中国”战略，通过打造全国一体化大数据中心等举措，构建按需配置、自由流通、有效共享的数据要素市场。紫光云从业务、运营、安全、管理四个维度实现数据资产的精细化运营，提升核心业务数智融合赋能水平。五是“企业+平台+人才+服务”模式。信创产业发展需要具备自主研发复杂软件系统能力的创新人才。天津信创企业多措并举打破信创人才的发展瓶颈，破解“造血”难题。如麒麟通过市场化选聘、打通人才晋升通道、强化人才正向激励、深化专业人才特色化培育等举措培养信创顶尖人才。飞腾重视人才培养和梯队建设，通过产教融合、校企合作，助力科普宣传育等举措，推动信创专业人才队伍建设。中科曙光加速打造“创新链+产业链+教育链”的校企深度融合体系，探索信创人才培育新路径。南大通用通过培养数据库专业人员、招聘校园“苗圃”等举措，加快信创专业化创新人才培育。

第二节　生物医药产业领域创新型企业案例

一、康希诺生物股份公司

(一)企业发展概况

康希诺生物股份公司(以下简称“康希诺”)成立于2009年，以在世界范围内提供预防和治疗感染类疾病的解决方案为己任，专注人用疫苗的研发、生产和商业化，是全球行业领先的高科技生物制品企业。2019年3月，康希诺生物在港交所顺利上市，2021年，荣登最佳生物医药上市公司TOP10；其新冠疫苗生产基地建设项目上榜重点技术改造示范和备选项目。2022年8月登陆上海证券交易所科创板A股，成为国内第一家“A+H”国际化疫苗研发、生产的上市公司，目前市值290亿元左右。

(二)核心技术产品

通过自主研发和对外合作，康希诺构建了五大技术平台：基于病毒载体技术、蛋白结构设计、VLP组装技术、合成疫苗技术、mRNA技术以及制剂及给药技术，形成了产品研发管线，包括针对预防脑膜炎、埃博拉病毒病、肺炎、新冠肺炎、结核病、百白破、带状疱疹等10余种适应症的创新疫苗产品18种。

目前，上市产品包括：全球首款吸入用新冠疫苗克威莎®雾优®(5型腺病毒载体)、中国已上市的新冠疫苗中唯一一款单针新冠疫苗重组新型冠状病毒疫苗(5型腺病毒载体)克威莎®、中国首个四价流脑结合疫苗ACYW135群脑膜炎球菌多糖结合疫苗(CRM197载体)曼海欣®、中国首个采用CRM197载体的二价流脑结合疫苗A群C群脑膜炎球菌多糖结合疫苗(CRM197载体)美奈喜®和全球第三个、亚洲第一个进入临床研究的重组埃博拉病毒病疫苗(5型腺病毒载体)。另有多款全球最佳疫苗、全球创新疫苗、中国首创疫苗、中国最佳疫苗处于研究及临床阶段。

(三)总体产业布局

在产业区域布局方面,已在上海、天津分别建成了大规模现代化疫苗产业基地,可实现多款新型疫苗产品的供应;在巴基斯坦、墨西哥、马来西亚等国家建立当地生产线,实现联合生产;同时,其已拥有成熟的营销和供应体系,覆盖中国、东南亚、中东以及拉美等国家和地区,正加速实现疫苗产品的全球覆盖。在产业化生产布局方面,已经建成年产能2~3亿剂疫苗的天津工厂。在商业化销售布局方面,通过自建团队目前已覆盖10多个核心人口大省,并与外部企业合作推广。

(四)创新能力分析

1. 创新投入分析

研发经费投入稳步倍增。近些年,康希诺持续强化创新投入,2017—2022年间,其研发经费投入由8 941万元增至7.898 8亿元,5年间增长近8倍,由于全球新冠疫苗接种率增长放缓,疫苗需求减少,2022年康希诺研发投入呈微下降态势。从研发投入占营业收入比重看,2017年研发投入占比最高,为营业收入的4倍以上,此后几年研发投入占比呈现浮动交替趋势。总体看,康希诺每年投入大量资金用于研发创新,研发投入逐年递增成为促进其加速创新发展的重要基石。

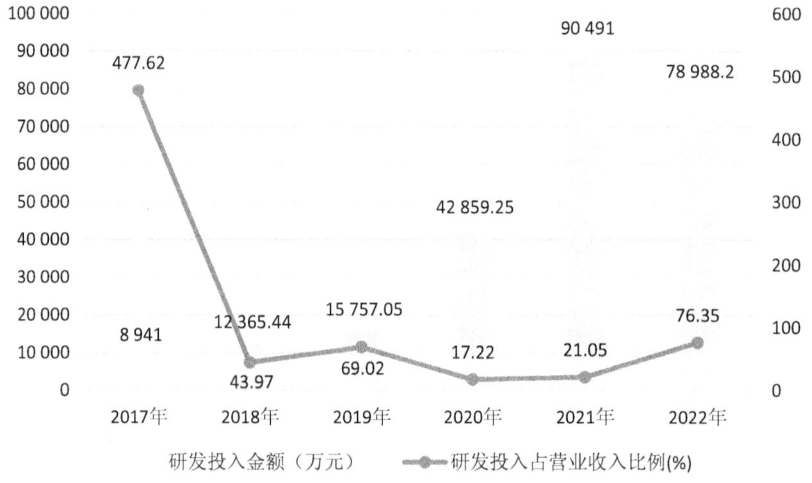

图7-16 2017—2022年康希诺研发投入情况

数据来源:康希诺历年年度报告

研发团队规模持续壮大。2019—2022年间,康希诺研发人员数量增长近2倍,尤其是2022年同比递增近50%,研发人员数量呈现出明显的上涨趋势。与此同时,公司员工总数急剧增加造成研发人员比例呈下降趋势，尤其是2021年下降最明显。综合研判，康希诺目前正处于加速拓展期，研发团队持续壮大将推动其综合创新能力稳步提升。

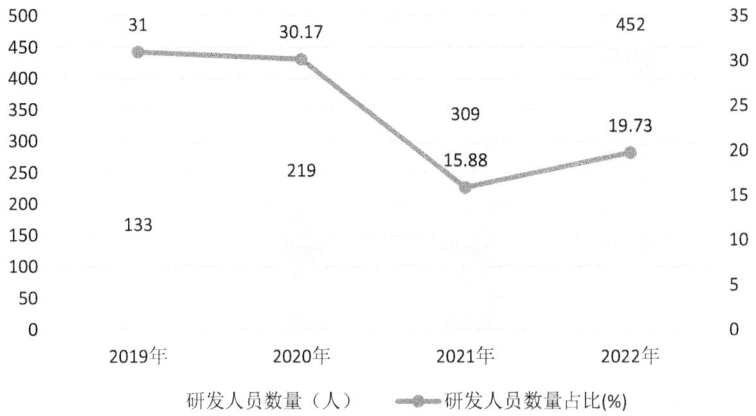

图 7-17　2019—2022 年康希诺研发团队规模

数据来源：康希诺历年年度报告

研发团队知识化、年轻化特点明显。截至2022年，康希诺共有研发人员452人。从研发人员学历构成看，硕士学历237人，占比约52.4%；本科学历165人，占比约36.5%，博士（26人）和本科以下（24人）学历人数最少，占比约11%，硕士及本科学历为研发团队主要构成。从研发人员年龄构成看，30~40岁之间有218人，占比48.2%；20~30岁之间有192人，占比42.5%；40~50岁之间有37人，占比8.2%；50岁以上人数最少，仅有5人，占比1.1%；“80后”“90后”成研发团队主力军。

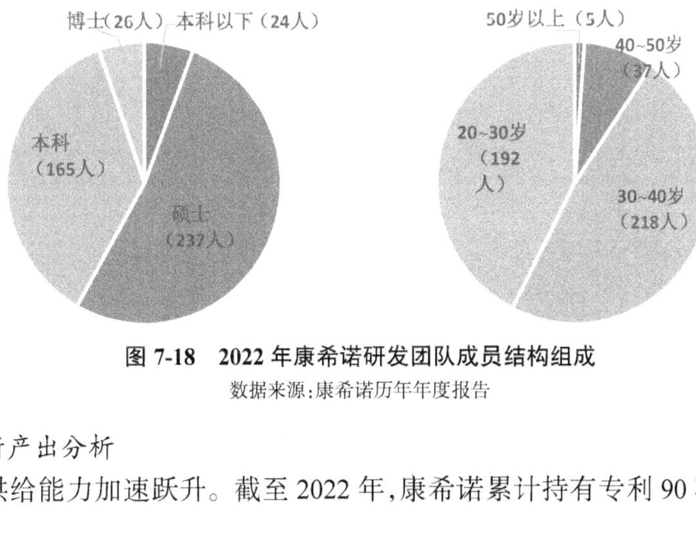

图 7-18　2022 年康希诺研发团队成员结构组成

数据来源：康希诺历年年度报告

2. 创新产出分析

专利供给能力加速跃升。截至2022年，康希诺累计持有专利90项，发明专利

71件，实用新型专利18件，外观设计专利1件。其中，发明专利占比约78.9%。从康希诺专利持有情况来看，发明专利数量最多，实用新型专利数量较少，外观设计最少，仅1项。由此可见，康希诺更注重产品的实质性研发创新。从专利申请和专利公开数量看，自2011年开始，康希诺专利申请数量呈上升趋势，由于新冠疫情突袭，康希诺迅速加大生物疫苗创新研发力度，2022年单年申请专利数达22项。从专利公开数量来看，2022年康希诺专利公开最多达到20件，康希诺产权保护意识显著提升，市场核心竞争力持续增强。

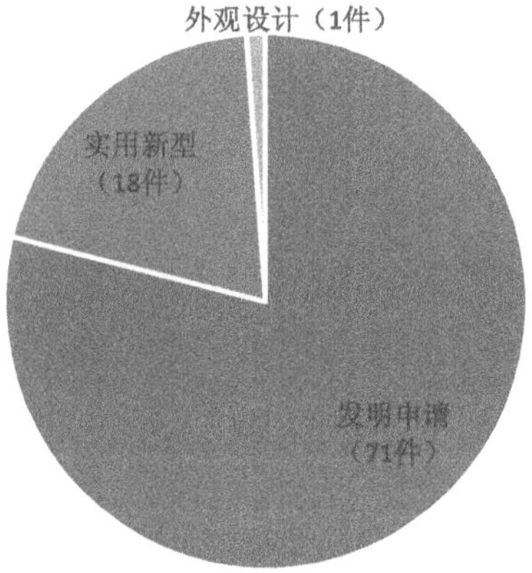

图7-19 康希诺专利类型分布情况

数据来源：合享incopat专利数据库

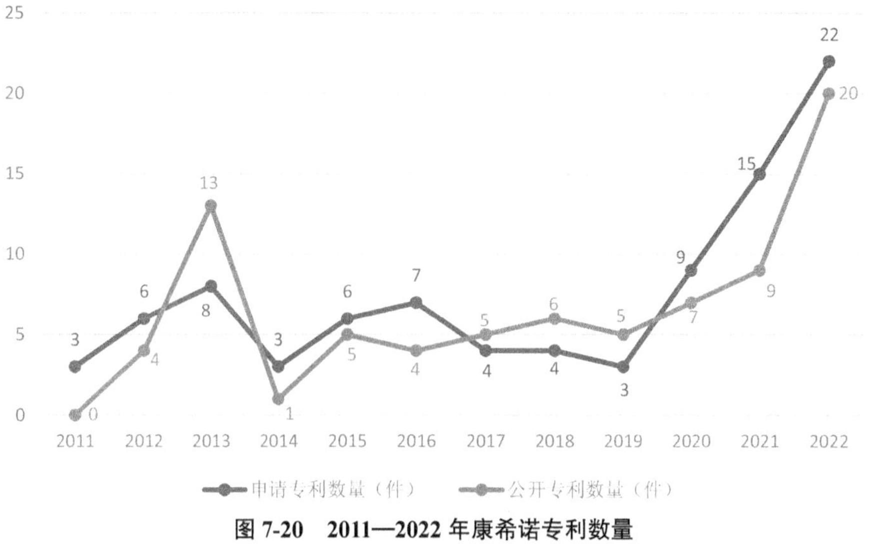

图7-20 2011—2022年康希诺专利数量

数据来源：合享incopat专利数据库

（五）创新发展经验

1. 注重从 1 到 N 的原始技术创新

一是从更新换代、进口替代和全球创新三个方面强化产品技术创新，近几年研发投入不断加码，研发费用年平均增长 45%，其构建的五大核心技术平台为公司疫苗研发奠定了基础。二是构建了疫苗研发、生产及商业化全套流程，包括抗原发现、表达及纯化、培养基配方研究、临床前可行性分析及概念验证、分析方法开发、生产工艺开发及产业化商业化。三是通过组建微生物实验室、分子和细胞生物学实验室、免疫和生物化学实验室及动物实验室等多种类型实验室，满足研发需求。

2. 深耕优势产品市场战略布局

康希诺高度重视人无我有、人有我优的产品差异化布局，不断优化产品结构群，以适应市场的需求，可总结为三个类别，一是适用于中国尚未满足医疗需求的全球创新疫苗（如 Ad5-EBOV、在研结核病加强疫苗及在研 PBPV）；二是研发有望成为中国首创的疫苗，凭借质量更高的世界级疫苗取代现时的主流疫苗（如 MCV4 及在研的 DTcP 疫苗）；三是研发出与中国市场的进口产品竞争的中国潜在最佳疫苗（如 PCV13i）。

3. 加速构建国际化合作网络

除国内市场以外，康希诺商业化团队也加速拓展全球销售市场，以提升公司品牌背书作为“跳板”，加速优势产品的国际化进程。一是聚力构建研发立项+临床注册的国际合作网络。通过与国内外科研院所和机构合作布局 mRNA 平台、腺病毒载体平台等领域，加速在研品种拓展。二是率先瞄准海外市场，打通海外销售渠道。与海外国家（中东、东南亚、南美）探讨优势产品市场准入，与 McMaster 大学签署了结核病加强疫苗的独家授权，与 Vaccitech 公司合作开发带状疱疹的新型疫苗，与 Pfizer 达成了在中国大陆市场的合作推广协议，借助 Pfizer 的市场推广经验，加速 MCV4 的上量节奏。此前，康希诺的腺病毒载体新冠疫苗克威莎已获得墨西哥、智利、巴基斯坦、印度尼西亚等近 10 个国家的紧急使用批准。三是通过设立康希诺（加拿大）及康希诺（新加坡）海外全资子公司，加强与国际市场的交流合作。

4. 强化行业高端人才团队引育

一是康希诺创始人及核心管理团队均为世界顶尖科学家、疫苗行业资深专家，具备 Sanofi Pasteur、AstraZeneca、Wyeth 等全球大型制药企业或生物科技公司牵头负责或参与创新疫苗的研发、生产和销售经验，其高管团队在疫苗行业的丰富经验有利于公司提高产品的研发效率，快速应对行业的变化和挑战。二是康希诺建立商业运营中心，打造规划化的营销体系和实力强劲的销售团队，目前拥有国内外的商业化团队近 400 人，纯销售团队就有 300 人。三是加快人才招聘和引进。康希诺持续通过各种渠道招聘和引进各类优秀人才，在产品上市前推动完成整个商业运营团队组建，为产品上市销售做好充分准备。

二、天津金耀集团有限公司

（一）企业发展概况

天津金耀集团有限公司（以下简称“金耀集团”）组建于2001年，为政府授权经营、管理和监督的直属企业、国有独资公司，是国家科技部、国家火炬计划重点高新技术企业，也是天津市重点支持的大型企业集团之一。金耀集团是亚洲最大的皮质激素类药物生产企业，全国最大的氨基酸原料药生产企业，全国急抢救药、冷备药生产供应品种最全的企业，全国专业化小容量注射液生产企业，甾体激素原料药及制剂出口国家和地区80多个，连续多年位居中国制造业企业500强、全国医药工业百强前列。

（二）核心技术产品

金耀集团已攻克“生物氧化”“生物脱氢”和“雄烯二酮”三大核心技术，投入生产160多项新工艺、40多种新产品，新产品、新工艺获得国家级、部级和市技术进步奖励46项，每年创造的价值均占当年工业总产值和销售利润的70%以上。

金耀集团主要生产皮质激素原料药及制剂、心脑血管药物、氨基酸原料药及制剂、中成药等350多种产品，氨基酸原料药和制剂软膏在国内生产规模最大，品种最多。主导产品地塞米松生产规模和技术水平全球领先，占据全球50%的市场规模，地塞米松原料药市场占有率和出口创汇均居全国行业之首。目前，螺内酯、泼尼松、甲泼尼龙、地塞米松等9个产品已通过美国FDA或欧洲COS认证。

（三）总体产业布局

目前，金耀集团拥有全资、控股、参股公司40多家，其中天药股份、中环半导体、利尔化学3家上市公司年销售额达30亿元，共计170亿元总资产，4 000名员工，产品销售网络遍及欧美等50多个国家地区，成为跨行业、跨地区、跨国界的大型企业集团。

（四）创新能力分析

1. 创新投入分析

研发投入经费及强度浮动攀升。近些年，金耀集团研发投入总体呈浮动攀升态势，2015—2022年间，其研发经费投入由4 215万元增至1.831 8亿元，增长近4倍，从研发投入占营业收入比重看，总体呈现浮动交替趋势，其中2020年研发投入强度最高，受疫情影响，2021年研发投入强度开始下降至与2018年持平。可以预见：未来，随着金耀集团业务布局持续拓展，研发投入经费及强度将持续增加，助力企业创新发展。

图 7-21　2015—2022 年金耀集团研发投入情况

数据来源：金耀集团历年年度报告

研发团队规模呈较强稳定性。金耀集团持续强化研发团队建设，2015—2022 年间研发团队规模实现翻番，总体看，2018 年至今，金耀集团研发团队规模相对稳定，持续保持在 500 人左右。但是，随着金耀集团发展壮大及职员规模数量拓展，从 2017 年开始，其研发人员数量占比呈显著下降趋势。综合分析其业务布局及长期发展需求，金耀集团未来应持续加强高水平研发人才引育，通过深化人岗匹配建设、调整人才结构、提升研发人才密度等举措，为企业高质量发展提供强力支撑。

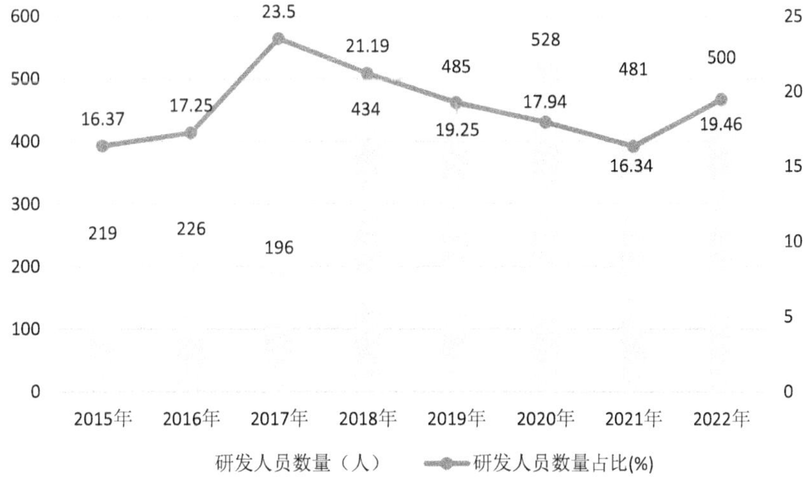

图 7-22　2015—2022 年金耀集团研发团队规模

数据来源：金耀集团历年年度报告

从学历构成看,本科学历为研发团队主要构成。截至 2022 年,金耀集团共有研发人员 500 人。从研发人员学历构成看,本科学历 356 人,占比约 71.2%;硕士 33 人,占比约 6.6%;专科以下学历 111 人,占比约 22.2%。从研发人员年龄构成看,“80 后”“90 后”成研发团队主力军。30 岁以下有 181 人,占比约 36.2%; 30~40 岁有 214 人,占比约 42.8%;40~60 岁有 105 人,占比约 21%。

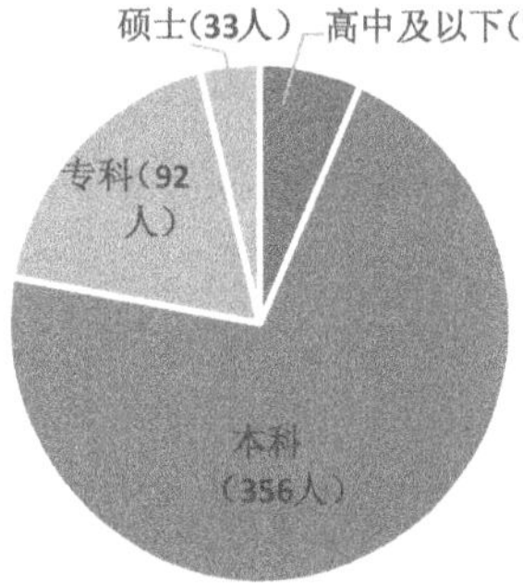

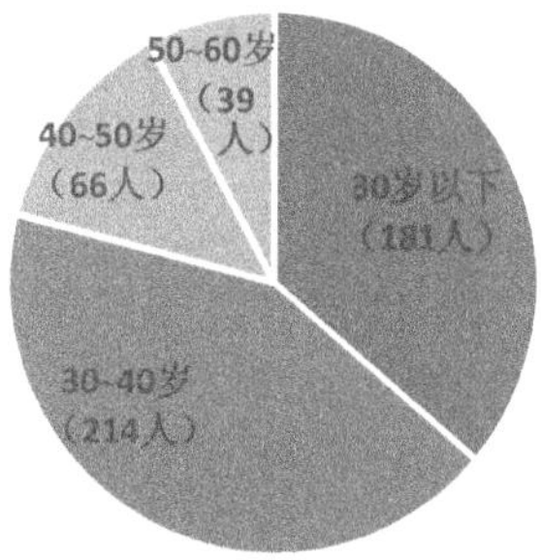

图 7-23　2022 年金耀集团研发团队成员结构组成

数据来源:金耀集团历年年度报告

2. 创新产出分析

截至 2022 年底,金耀集团累计持有专利 758 项,其中发明申请专利 583 件,实用新型专利 76 件,外观设计专利 99 件,发明专利占比近 76.9%。从专利申请和专利公开数量看,金耀集团专利申请及公开数量稳步递增,但浮动态势明显,其中 2010 年增至顶峰,单年申请专利 68 件,公开专利 61 件。综合来看,其专利申请和专利公开数量总体规模依旧偏小,未来亟需强化创新能力,提升创新产出成效。

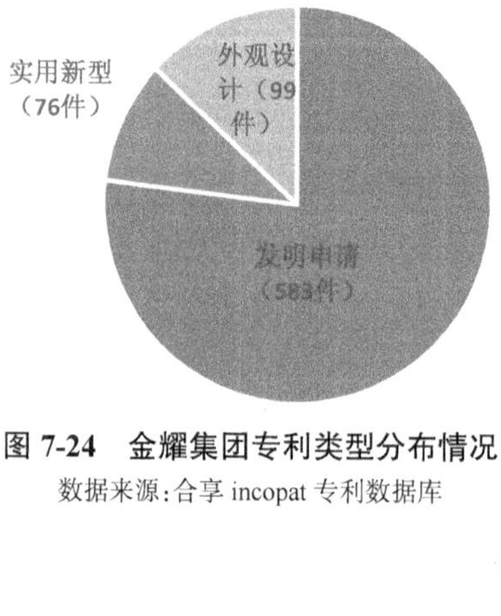

图 7-24　金耀集团专利类型分布情况

数据来源:合享 incopat 专利数据库

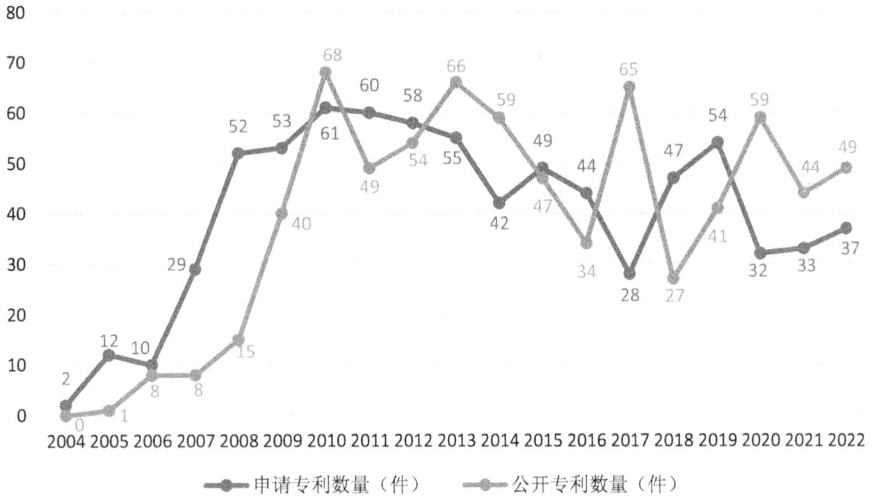

图 7-25 2004—2022 年金耀集团专利数量

数据来源：合享 incopat 专利数据库

（五）创新发展经验

1. 高效实施“专而精”战略

该战略重点围绕三个方面展开。一是技术研发。通过建设吸入给药、原料药制备、无菌制药、质量一致性评价、透皮吸收制剂、FDA 标准注册等六大技术创新平台，抢占技术制高点。二是产品结构。实现制剂产品剂型最多、品种最全、临床使用范围最广、国际国内同步注册目标，计划用 10 年左右时间，推出 10 个以上高销售、高附加值制剂品种。三是质量保障。通过开展国际化战略逐步建立制剂和原料两大体系，不断提升核心产品质量。

2. 联动构建企业创新体系

一是完成了以集团公司战略引领、研发中心技术突破、下属企业承载转化的三级技术转化体系；集团技术管理部门作为技术创新体系的决策系统，在立项、项目组织和协调等方面发挥管理作用；集团下属研究院作为研发中心，负责联合国内外研发机构及各类资源，发挥研发核心作用；集团下属各生产企业作为转化核心，负责国际化项目基础设施建设和转移落地，并配套相应的质量管理体系。二是建有符合 GMP 标准的现代化制药生产车间，具备国际先进水平、一流设备和实验条件的药业研究院，设有国家级技术开发中心、博士后科研流动站和药品质量检测中心等重大创新平台，同时建有现代化的制剂工业园和生物工业园，为产品创新提供科技支撑。

3. 推动核心产品多维度科普

一是联合 KOL 专家开展“激素合理规范应用”基层普及教育，开展金耀激素

2018重走长征CDA基层巡讲、金耀中国皮科青年说等项目。二是推动各区域以皮肤科医生为主体,对连锁药房店员进行激素产品准备认知进行培训,在患者购药的决策过程中给予合理建议,帮助患者标准化使用各级激素产品。

4.提速信息化、数字化赋能

一是结合自身发展现状及未来目标率先布局,不断推进数字化转型进程。投资8亿元开展金耀制剂园改造项目建设,并于2013年实现投产。二是探索搭建并使用生产端信息化系统,成功通过工信部2020年制造业与互联网两化融合管理体系贯标评定,通过开展两化融合智能制造试点项目,引进先进生产设备、升级改造车间,搭建信息化系统等举措,进一步推动企业由“制造”向“智造”转型升级。

5.对标国际高端谋求产业转型

一是积极实践“走出去”战略,立足高标准拓展全球市场目标,通过加快制剂资源整合、优化营销策略、产品合理布局、强化管理和技术创新等举措,以国际化合规标准加速提升企业生产水平。二是采取“以点带面”路径,从甲泼尼龙片品种开始发力,通过开展国际化制剂注册加快公司转型,推动甲泼尼龙片获得FDA批准,利用10年时间,借由一种产品便将药品国际化注册、国际化研发、质量管理体系等全面提高至国际水准,实现团队业务能力整体提升。

三、天士力医药集团股份有限公司

(一)企业发展概况

天士力医药集团股份有限公司(以下简称“天士力”)创建于1994年,是以全面国际化为引领,以大健康产业为主线,以生命医学产业为核心,以生命健康产业为协同的高科技企业集团,位列中国战略性新兴产业领军企业100强、中国制造业企业500强、中国民营企业500强。其核心企业天士力医药集团股份有限公司重点专注发展大健康产业体系中的生命医学产业,立足大生物医药、再生医学与生物医学工程技术定位,致力于发展成为中国领先、具有全球影响力的医药及健康服务集成方案提供者,2002年在上海证券交易所上市,荣获“中国医药制造业百强企业”“医药行业自主创新先锋企业”“中华民族医药优秀品牌企业”“医药行业守法诚信企业”等荣誉称号,成功入选首批“科创中国”创新基地。据天士力最新年报显示,2022年其医药工业收入达到71.46亿元,扣非净利润达7.22亿元,同比增长18.57%,尤其是中医药板块达55.57亿元,实现持续增长9.38%,对其医药工业收入的贡献比高达78%。

(二)核心技术产品

近些年,天士力聚焦心脑血管、肿瘤、消化代谢、中枢神经四个疾病领域布局研发管线,不断丰富现代中药、化学药和生物药的产品组合,成功培育复方丹参滴丸、芪参益气滴丸、养血清脑颗粒、注射用丹参多酚酸、注射用益气复脉冻干粉针等系列现代中药,在多领域联合开发新品百余项。在心脑血管领域:全面围绕疾病过程周期布局产品,在心脑血管在研管线覆盖高血脂症、脑卒中、抗血栓、脑卒中后遗症、冠心病、心衰等适应症,形成贯穿心脑血管疾病预防、治疗及康复各个环节、品类齐全的产品链。在研管线共布局 20 款产品,涉及心衰心梗、急性缺血性脑卒、急性脑卒后急性期、脑卒中恢复期等领域,包括髓袢利尿剂托拉塞米注射液、中风回语颗粒等项目。在消化代谢领域:聚焦于糖尿病及并发症共布局 16 款在研项目,目前典降糖药物盐酸二甲双胍片已通过一致性评价。在肿瘤领域:优化在研管线,重点关注肿瘤免疫治疗和肿瘤靶向治疗领域,共布局 22 款在研品种,不断拓展产品面,依托上海赛远生物科技、台湾圆祥生命科技等子公司开展单抗、双抗药物研究。在中枢神经及呼吸系统领域:加快进入新赛道,研发新产品,针对抑郁、癫痫、帕金森、失眠等领域公司均有自主研发或合作项目,其中盐酸丙卡特罗口服溶液已进入申报生产阶段。在生命健康领域:以资源性产业为突破,积极探索从化妆品、功能饮料、保健食品、国台酒、帝泊洱茶各类民生用品类延展到多个治疗领域高端药品集群的全产业链创新。

(三)总体产业布局

天士力总部位于天津,在全球拥有科研中心 20 余家,在全国拥有 11 个生产基地。在研发管线综合布局方面,截至 2022 年,已布局在研产品的研发管线 92 款,其中包括 1 类创新药 45 款,已进入临床阶段药品 43 款(18 款已处于临床 II、III 期研究阶段),在业内处于领先水平。在优势产品区域市场布局方面,天士力创新营销模式,由卖产品转变为卖服务。聚焦国内市场,以城乡、城市医疗、OTC 三个板块为基础,实施学术营销、服务营销、文化营销,强化零距离服务;聚焦国际市场,复方丹参滴丸以药品身份进入越南、韩国、俄罗斯、阿联酋等国家和地区的医药市场,在南非、马来西亚、荷兰、阿联酋、法国等国家建立公司,推动中医药实现国际化发展。

(四)创新能力分析

1. 创新投入分析

研发投入呈波动上升趋势。近些年,天士力在创新投入方面始终维持着较高的水平。2015—2022 年间,其研发经费投入由 5.03 亿元增至 10.16 亿元,呈翻倍增长,其中 2018 年研发经费投入最多,达到 12.02 亿元,随后天士力调整了创新战略,虽然研发投入较 2018 年有所下降,但与 2015 年相比仍保持着上升趋势。从研发投入占营业收入比重看,近几年天士力的研发投入占比呈现浮动的上升趋势,从 2019 年占比 4.26%提升至 2022 年的 11.82%,增长近 3 倍。

图 7-26 2015—2022 年天士力研发投入情况

数据来源:天士力历年年度报告

研发团队人员占比持续提升。2015—2022 年间,天士力的研发人员数量呈现上升趋势。受疫情影响,2019 年后天士力的研发团队人员数量稳定在 1 300 人左右,呈现上下浮动状态,其中 2021 年公司研发人员数量达到 1 377 人。与此同时,公司员工总数的减少造成研发人员比例不断上升,近 3 年,天士力的研发人员占比维持在 14%左右。

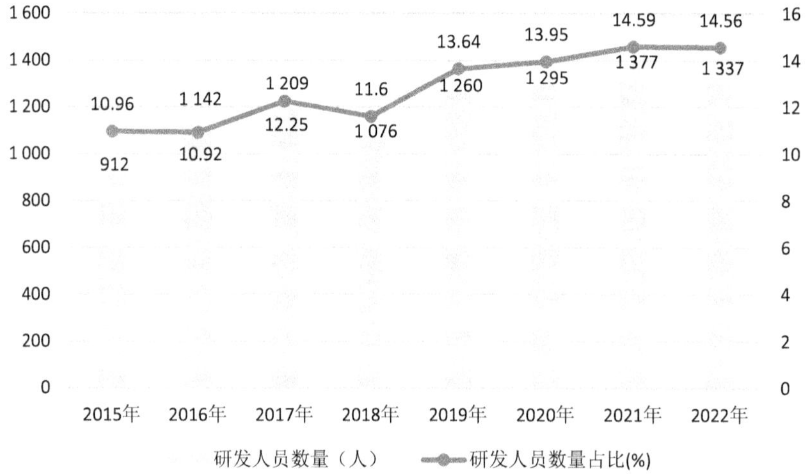

图 7-27 2015—2022 年天士力研发团队规模

数据来源:天士力历年年度报告

研发团队以本科和 30~40 岁人员为主。截至 2022 年,天士力共有研发人员

1 337 人。从研发人员学历构成看，本科学历人员最多有 729 人，占比超 50%；硕士、专科和博士人员数量较少，分别有 392 人、157 人和 57 人，高中人员数量最少，仅有 2 人。从研发人员年龄构成看，30~40 岁之间人员数量最多，有 632 人，占比 47.27%；60 岁以上的人员数量最少，仅有 4 人，占比不足 1%。

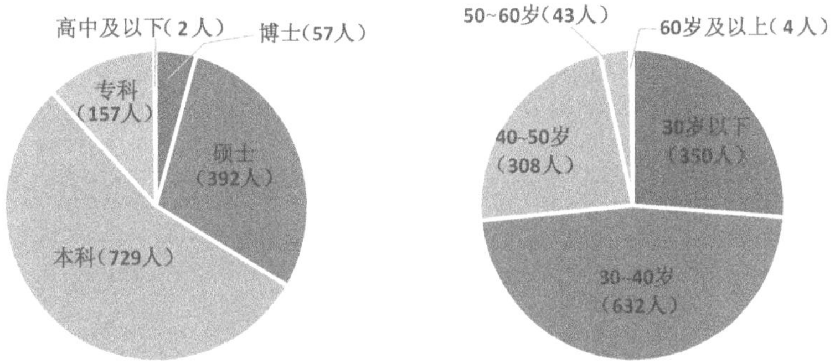

图 7-28　2022 年天士力研发团队成员结构组成

数据来源：天士力历年年度报告

2. 创新产出分析

专利产出成果基础雄厚。截至 2022 年，天士力累计持有专利 2 840 项，发明申请专利 2 425 件，实用新型专利 279 件，外观设计专利 136 件。从天士力专利持有情况来看，发明专利数量最多，实用新型专利数量较少，外观设计最少。由此可见，产品的实质性研发创新是天士力的核心关注点。从专利申请和专利公开数量看，2005 年天士力的专利申请数量突破 280 件，之后的专利申请数量呈波动下降趋势，2022 年专利申请数量不足 50 件；专利公开数量的变动趋势与申请数量相似，因此天士力应在雄厚的创新基础上，重点关注并提升专利产出的续航能力。

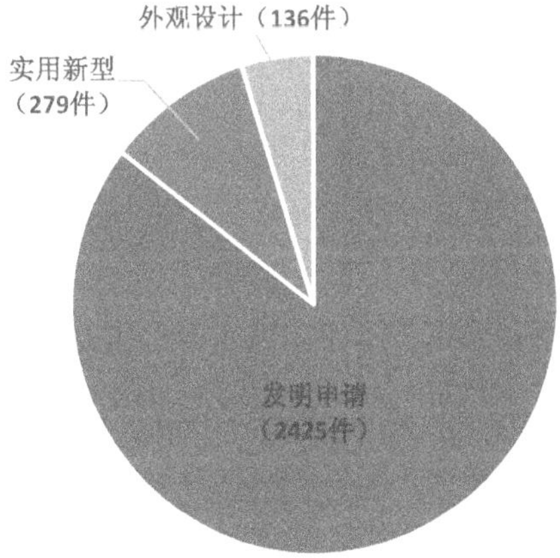

图 7-29　天士力专利类型分布情况

数据来源：合享 incopat 专利数据库

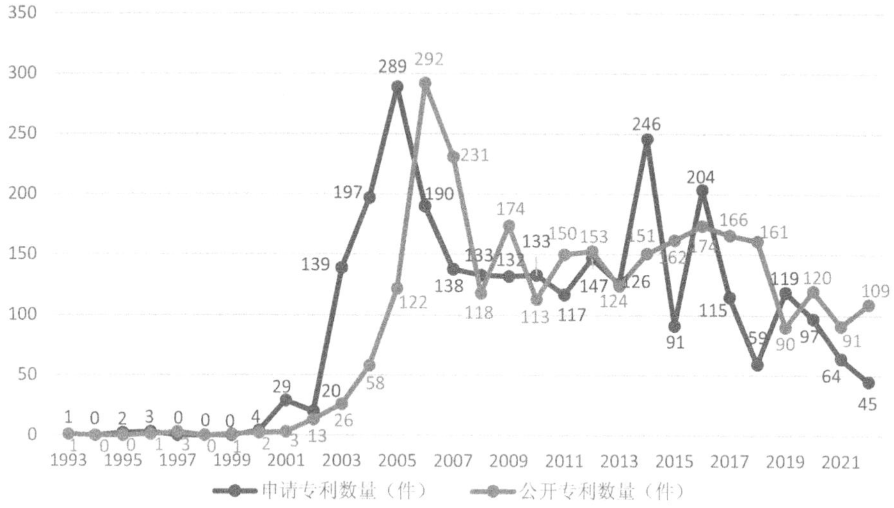

图 7-30 天士力专利数量

数据来源：合享 incopat 专利数据库

（五）创新发展经验

1. 注重核心技术集成创新

以滴丸剂型的技术创新为突破口，实现了技术、设备、流程集成创新，开发出深冷技术、磁悬浮高频振动技术，形成了具有自主知识产权的超高速微滴丸滴制设备；应用全过程分析技术（PAT）及中药指纹图谱等质控技术，自主开发浸膏固体分散技术、高载药滴丸技术等制剂技术。企业构筑“四位一体”研发平台，在创新现代中药基础上，打造了自主研发、合作研发、产品引进、投资市场许可优先权的“四位一体”研发模式，不断强化中药研发平台的创新优势，根据药物全生命周期管理，将现代中药研发分为“创造平台”和“创新平台”，针对上市品种持续开展“10~100”的真实世界和作用机理研究。

2. 加速“标准化”“药质差”破题

一是以国际化为引领，建立了中药全产业链标准化体系；以“质量数字化”为核心，建立现代中药智能制造体系，推动中医药国际化。二是建立 GAP 药源种植基地，在国内首创应用指纹图谱质控技术，首创现代中药提取质量管理规范（GEP）标准，建立“没有围墙的研究院”。

3. 推动临床研究及应用转化

一是针对研发项目的临床价值，在国内率先进行中药国际化研究，完成复方丹参滴丸美国 FDA 全球多中心、随机双盲、大样本三期临床试验。二是通过天士力研究院与中华中医药学会联合开展“中华中医药学会青年求实项目”，建立以临床价值为导向、以人用经验项目为纽带、政产学研医强强联合的中药创新合作平台。2021 年至 2025 年，每年择优支持 10 项人用经验研究项目，目前已立项 20 个项目，通过高质量研究实践推动人用经验证据应用转化。

4. 强化核心产品数智化赋能

一是通过以复方丹参滴丸为代表的系列现代中药国际化加快引领产品生产模式数字化、智能化转型，同时建立与药物研发目标相匹配的精准化、柔性化制造能力，实现从“以产品制造为核心”向“以产业链体系化、产品集群化的智能制造为核心”的升级。二是创造了世界领先的高速滴丸生产线和中药数字化智能提取生产线，先进制造平台入选国家工信部“2016 年智能制造试点示范”，获首批全国“两化”融合管理体系评定，荣膺国务院批准设立的第四届“中国工业大奖”。

5. 提速高潜力赛道前瞻布局

以可选性刚需、公允性自费、科技性升级为定位，前瞻布局细胞治疗、互联网慢病+数字疗法、工业大麻、高强度聚焦超声治疗等新兴业务，围绕重大慢病防治打造“防—治—管—控”一体化健康解决方案，探索建立健康管理功能网。

6. 聚力培育研发人才梯队

一是搭建了领军/首席、专家、技术骨干、技术人员四层研发人才梯队，并匹配接力、强芯、超车、IDP、启航等分层分类人才培养举措。二是通过“强人战略”的持续实施，深化人岗匹配建设，调整人才结构、提升研发人才密度，打造研发“精兵强军”大团队。

四、天津九安医疗电子股份有限公司

（一）企业发展概况

天津九安医疗电子股份有限公司（以下简称“九安医疗”）于 1995 年成立，并于 2010 年在深圳中小板上市，是一家专注于健康类电子产品和智能硬件研发生产的上市企业，同时也是一家专注于搭建移动互联网“智能硬件+移动应用+云端服务”个人健康管理云平台的创新型科技企业。2022 年上半年实现营业收入 232.67 亿元，同比增长 3 989.07%；净利润为 152.44 亿元，同比增长 27 728.49%。

（二）核心技术产品

在核心产品方面，九安医疗主要依靠血糖仪、电子血压计等电子医疗设备销售，但近些年逐步向移动互联网转型并创建自主创新品牌“iHealth”，推出与苹果手机相连的移动互联血压计，并且陆续推出了涵盖血糖、血压、血氧、心率、心电、睡眠、体重、体脂、运动等领域的个人健康类可穿戴设备。

截至目前，九安医疗多款产品获得国内外知名产品认证，其中 17 项国内认证，105 项美国 FDA 认证，316 项欧盟 CE 认证 、13 项澳大利亚 TGA 认证、4 项加拿大

HC 证书 、10 项新加坡 HSA、2 项台湾产品认证、6 项英国 UKCA 认证，2 项巴西认证。2021 年,其子公司柯顿电子取得了国内医用电子体温计认证,同时,其血糖试纸、血糖测量系统、额温计、血氧仪产品取得了英国 UKCA 认证,血压计分别取得了英国 FDA 认证、UKCA 和欧盟 CE 认证,电子体温计取得了欧盟 CE 认证,多款产品设计荣获德国红点奖、iF 奖、美国 CES 奖,目前拥有自主知识产权 106 项,其中专利 90 项。

（三）总体产业布局

九安医疗在法国巴黎、美国硅谷、新加坡、北京设立子公司,并收购了为心脏起搏器患者提供设备互联与远程监控服务的法国移动医疗领先企业 eDevice。2017 年九安医疗参与并设立了海外并购基金,同年并购美国 Care Innovations 移动医疗公司,被誉为全球移动医疗的参与者、开拓者领跑者。2017 年获得小米科技 2 500 万美元战略投资,成为小米生态链合作伙伴。

（四）创新能力分析

1. 创新投入分析

研发投入金额有所波动。2015—2022 年间,九安医疗的研发投入金额总体呈现上涨趋势, 2018 年,公司研发投入超 1.3 亿元,同比 2015 年增长 207.71%。但由于受疫情影响,产品的研发创新受到阻碍,公司的研发投入金额呈现下降趋势。从研发投入占营业收入比例来看,2015—2018 年间研发投入占营收的比重从 11.23%不断攀升至 24.38%,但在 2020—2022 年占比下降至 1%左右。

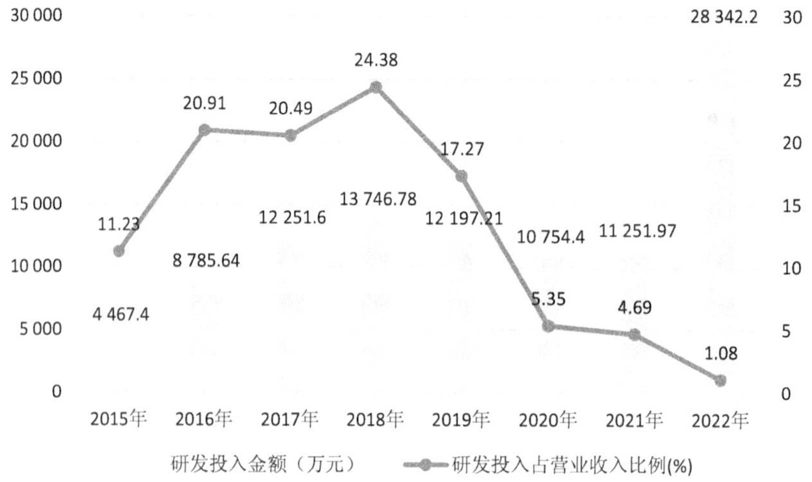

图 7-31 2015—2022 年九安医疗研发投入情况

数据来源:九安医疗历年年度报告

研发团队人员数量先增后减。2015—2022 年,九安医疗的研发人员数量呈现先上升后下降的趋势。近几年,公司研发人员维持在 300 人左右。其中,2017 年,公司研发人员数量最多,超过了 670 人。相比于 2017 年,2022 年公司研发人员明显减少,仅有 407 人,降低了 39.4%。从研发人员数量占比来看,人员占比和数量变动趋势基本保持一致。从 2015 年占比 21.2%增加到 2018 年的 45.6%,而后 2022 年又降至 25%左右。

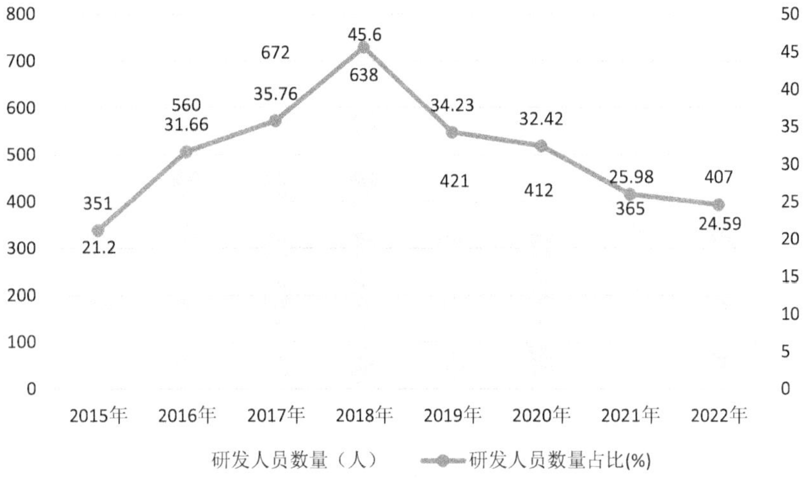

图 7-32　2015—2022 年九安医疗研发团队规模

数据来源:九安医疗历年年度报告

研发团队以本科学历和 30~40 岁人员为主。截至 2022 年,九安医疗共有研发人员 407 人。从研发人员学历构成看,主要以本科学历为主,硕士学历为次,博士学历人员数量最少。从研发人员年龄构成看,30~40 岁之间人员数量最多为 229 人,占比超过 50%;其次是 30 岁以下人员数量有 140 人,占比为 34.4%;总体来看,九安医疗的研发团队人员比较年轻化。

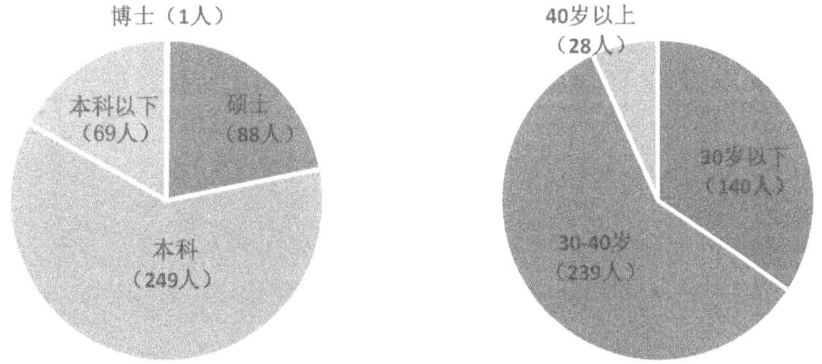

图 7-33　2022 年九安医疗研发团队成员结构组成

数据来源:九安医疗历年年度报告

2. 创新产出分析

专利成果数量浮动增长。截至 2022 年,九安医疗累计持有专利 332 件,发明申请专利 99 件,其中 2 件发明专利被授权,实用新型专利 74 件,外观设计专利 159 件。从九安医疗专利持有情况来看,外观设计专利数量最多,实用新型专利数量最少。从专利申请和专利公开数量看, 2007—2012 年期间,随着公司创新研发投入的不断增加,公司专利申请数量处于高位,保持在 40 件左右,而后专利申请数量有所下降,进入低迷期,但在 2021 年有所回升。从专利公开数量来看,近两年九安医疗的专利公开数量维持在 30 件,保持在较高的水平。

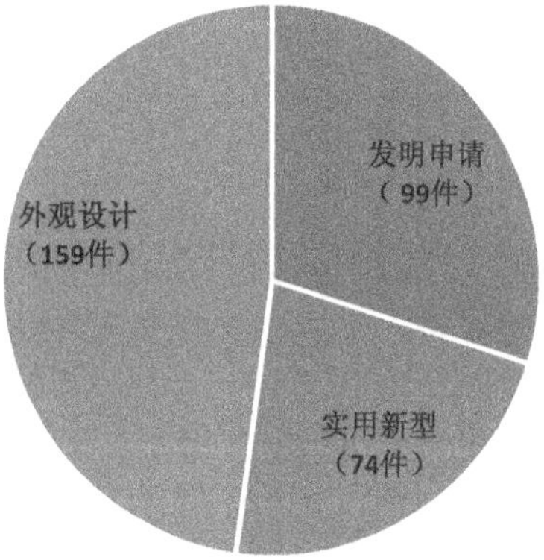

图 7-34 九安医疗专利类型分布情况

数据来源:合享 incopat 专利数据库

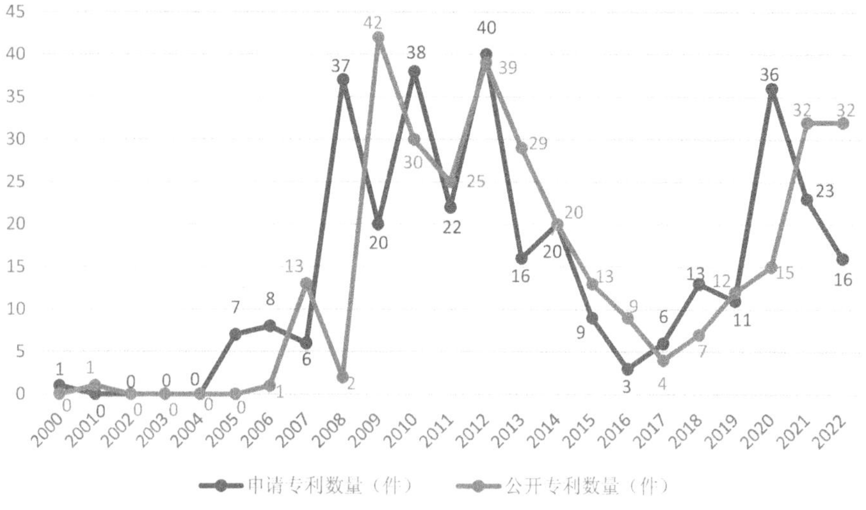

图 7-35　2000—2022 年九安医疗专利数量

数据来源:合享 incopat 专利数据库

（五）创新发展经验

1. 倾力打造创新空间载体

倾力打造的“九安智慧健康众创空间”面积超过 1 万平方米，可入驻办公面积约为 5 000 平方米，实验室面积约 2 000 平米，新品试制车间约 1 500 平方米，小样机加工车间约 1 500 平方米，已成功孵化出 iSmartAlarm、BloomSky 产品，分别将物联网技术运用于安防、天气领域，并分别获得 IDG、小米科技的投资。

2. 平台级服务加速创新项目产业化

针对产品测试及样品测试，九安医疗设立了一支专业团队及市级企业重点实验室，通过引入先进的技术设备（例如 3D 打印、电磁兼容性检测系统等），进一步加快新产品研发试制过程。

3. 培育知识产权和认证准入优势

九安医疗基于多年在全球产品认证方面的经验以及凭借过硬的产品质量，在认证准入申请方面有了丰富的积累；通过设立一支专业认证人才团队，专职为新开发产品完成相应测试及欧盟美国及国内市场准入注册服务，同时为项目提供完善的知识产权服务，在降低侵权风险的同时有效保护产品。

4. 聚力推动核心产品工业化生产

九安医疗拥有一流的生产设备，完善的符合欧盟安全合格认证（CE）和美国食品药物管理局（FDA）的医疗器械质量体系，iHealth 试剂盒等核心产品形成了从研发设计、生产制造到自主品牌销售的完整价值链条，在享有研发、制造利润的同时，也享有品牌溢价和市场准入，目前已陆续攻克了 FDA EUA 认证、生产及供应链、物流等多个难关。

5. 创新核心产品全球销售服务模式

九安医疗在中国、欧洲及美国拥有专业的营销队伍，通过创新采取海外平台销售、代工销、新零售业务销售、“O+O”新模式”等模式进行产品推广。其中试剂盒产品以自主品牌“iHea lth”通过亚马逊美国电商平台及美国子公司网站进行销售，同时承接商业订单及政府订单；国内销售模式主要分为线上销售和线下销售两种，目前线上销售的主要平台包括小米有品、小米商城、京东和天猫，线下销售的销售模式有分销和直营两种，线下渠道已经覆盖近百个城市；代工销售由国际贸易综合部负责对接英国 Lloyds Pharmacy、德国 Beurer、瑞士 B.Well Swiss 等国外客户，销售原始设计制造商（ODM）/原始设备制造商（OEM）产品；新零售业务主要是通过小米专卖店和小米授权店代销；目前正与中国、美国多个城市的专业医疗机构合作，积极开展“糖尿病诊疗照护‘O+O’新模式”推广和运营模式试行。

五、凯莱英医药集团

（一）企业发展概况

凯莱英医药集团（以下简称“凯莱英”）于1998年成立，是一家全球领先、技术驱动型的CDMO一站式综合服务商，主要依托持续性技术创新，为国内外生物科技公司、制药公司提供药品全生命周期的一站式化学成分生产和控制（CMC）服务、高效和高质量的研发与生产服务，加快创新药的临床研究与商业化应用。根据Frost & Sullivan按2020年收入统计数据显示，凯莱英是全球第五大创新药原料药CDMO公司和中国最大的商业化阶段化学药物CDMO公司，是全球创新药物产业链中的核心环节。2016年11月，企业在深圳A股首发上市，2021年12月在香港H股上市，实现“A+H”两地上市。2021年，凯莱英实现营业总收入46.39亿元，同比增长47.28%。

近些年，凯莱英相继荣获“国家工信部首批绿色制造体系示范单位—绿色工厂”“中国造隐形冠军”“中国十大CMO企业”“天津市科技‘小巨人’领军企业”“首批天津市科技领军企业”“天津开发区百强企业”等诸多荣誉，并获世界大型制药公司辉瑞、默克、罗氏授予的“中间体合同生产商奖”“一级供应商奖”和“有价值合作伙伴”等专属称号。

（二）核心技术产品

核心技术方面，凯莱英拥有生物合成及连续生产两大国际领先的核心技术，拥有发明专利、KNOW-HOW技术（即技术诀窍）及新药研发过程中生产工艺开发大量核心自主知识产权，建立了符合欧美法规的生产设施，成功获得国家“863”计划、国家重大新药创制、天津市自主创新产业化项目、天津市“市长基金”项目、天津市重大高新技术产业化等多个国家和省市级项目，技术创新能级稳步提升。

核心产品方面，凯莱英主要服务的药品类型为专利期内的上市药和创新药，服务药品涉及抗肿瘤、抗病毒、抗感染、神经系统疾病、心血管疾病、糖尿病等多个重大疾病治疗领域，50余个药品顺利通过澳大利亚治疗用品管理局（TGA）、美国FDA、中国国家药品监督管理局（NMPA）以及韩国食品药品安全管理部门（MFDS）在内的官方审查，产品竞争优势明显。

（三）总体产业布局

从核心产业市场布局范围看，凯莱英积极布局全球市场，已形成包括国内上市许可持有人制度（MAH）业务、创新药CMC服务、制剂研发生产、临床试验服务、仿制药一致性评价、生物样本检测以及药品注册申报等在内的由临床早期到商业化阶段的全方位服务体系。根据弗若斯特沙利文统计公布，按2020年的收入统计，凯莱英业务占全球市场的份额约1.5%，占国内市场的份额约22%，已成为国内最大的商业化阶段化学药物CDMO。从核心产业区域布局看，凯莱英业务布局从天津起航，辐射北京、上海、敦化、阜新、苏州、泰兴，更远辐射至美国波士顿、北卡罗来纳、英国伦敦等地。目前在国内投建 6 家公司，拥有全球研发生产基地 8 个，共有 20 余家公司，下属员工超 9 800 名。

（四）创新能力分析

1. 创新投入分析

研发规模投入持续倍增。近 8 年，凯莱英研发投入规模实现了超 10 倍增长，从 2015 年不足 7 000 万元快速增长到 2022 年超 7 亿元。在 2021—2022 年，凯莱英研发投入总金额超过了 10 亿元，极大地提升了公司的创新能力。研发投入占营业收入的比例的略有波动，但总体保持在 6%以上。2016—2021 年，研发投入占比不断增长至超 8%，但 2022 年由于公司的营业收入大规模增长，该比例略有下降。

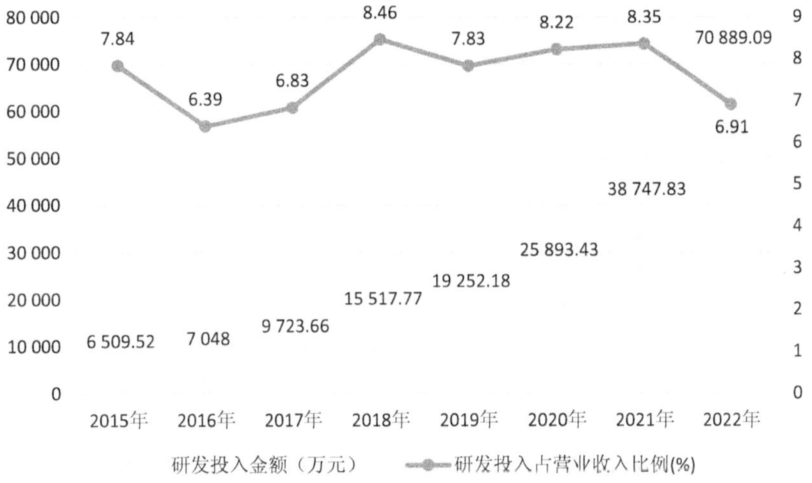

图 7-36 2015—2022 年凯莱英研发投入情况

数据来源：凯莱英历年年度报告

研发团队人员数量充足。2016—2022 年，凯莱英研发人员数量呈现持续上升趋势。近 6 年，公司研发人员从 2016 年的 834 人增加到 2022 年的 4 656 人，增长率超 450%。从研发人员数量占比来看，近 6 年，公司研发人员占比均在 40%以上。2016—2019 年，公司研发人员占比上升明显，占比增长 7%左右，近 4 年占比维持在 47%以上。

图 7-37　2015—2022 年凯莱英研发团队规模

数据来源:凯莱英历年年度报告

研发团队以本科学历和 30 岁以下为主。截至 2022 年,凯莱英共有研发人员 4 656 人。从研发人员学历构成看,本科学历最多,有 2 905 人,占比约 62.4%;硕士学历次之,占比约 28%;博士和专科及以下学历人数相当。从研发人员年龄构成看,研发团队人员呈现年轻化状态,其中 30 岁以下人数最多,有 3 213 人,占比超 69%;30~40 岁人数有 1259 人;40 岁以上人员最少,仅有 184 人,占比不足 4%。

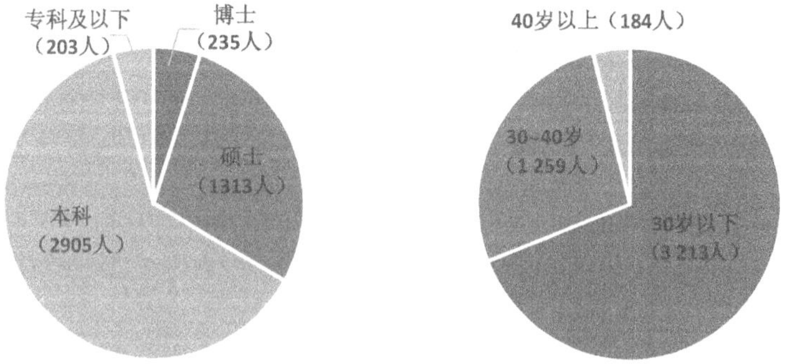

图 7-38　2022 年凯莱英研发团队成员结构组成

数据来源:凯莱英历年年度报告

2. 创新产出分析

产出能力提升明显。截至目前,凯莱英累计持有专利 625 件,发明申请专利 512 件,实用新型专利 106 件,外观设计专利 7 件。从专利持有情况来看,发明申请专利数量最多,实用新型专利数量其次,外观设计专利最少。从专利申请和专利公开数量看,自 2006 年首次申请专利以来,凯莱英专利申请数量总体呈上升趋势,尤其近几年,随着企业的营业收入和研发创新投入金额的增加,专利申请数量不断攀升,其中 2019 年专利申请数量突破了 130 件。从专利公开数量来看,近年来凯莱英的专利公开数量也是处于波动式增长的状态,2021 年数量最多,接近 100 件。

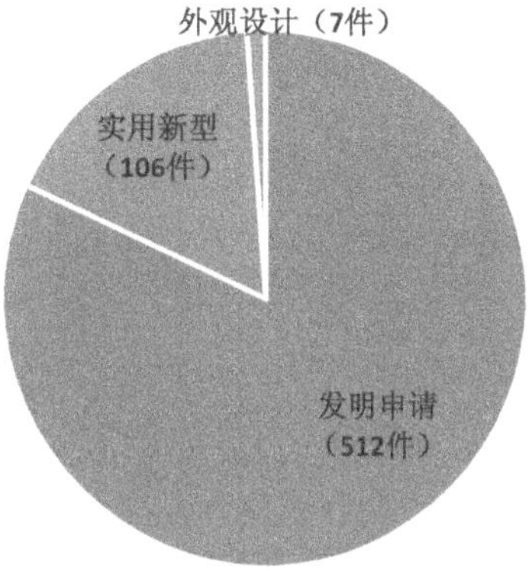

图 7-39　凯莱英专利类型分布情况

数据来源:合享 incopat 专利数据库

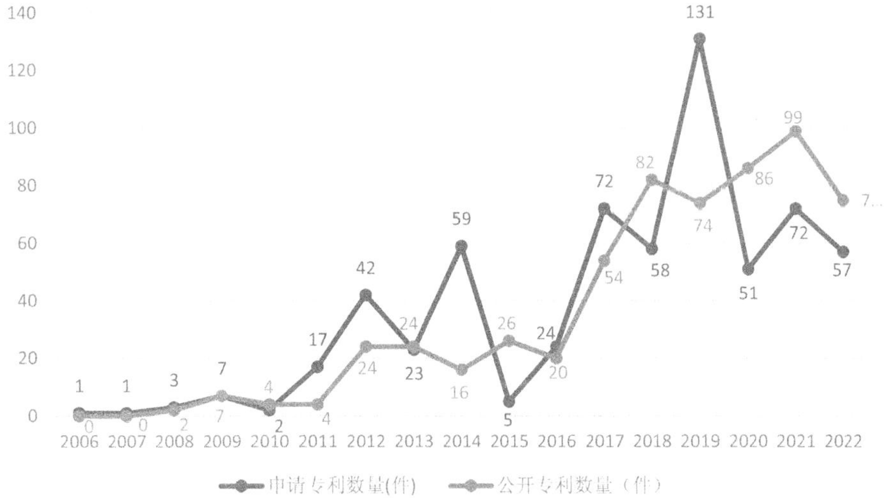

图 7-40　2006—2022 年凯莱英专利数量

数据来源:合享 incopat 专利数据库

（五）创新发展经验

1. 强化技术创新重大平台布局

一是凯莱英建有绿色制药技术国家地方联合工程实验室、国家级企业技术中心、国家博士后科研工作站，并与国投创新联手打造新药基金助力健康产业，拥有大量制药工艺自主核心知识产权。二是组建的 CBST、CEPS、CFCT、CIMT、药物递送和制剂研发中心、制药新材料研发中心、药物临床研究技术创新中心、生物科学技术中心八大技术中心致力于发展不同方向尖端及未来关键性技术，成为打造“GMP-GLP-GCP”的 GXP 一站式服务新引擎。

2. 构建全球一体化服务生态圈

凯莱英通过战略合作与业务拓展，加速构建创新药一体化服务生态圈。一是在全球组建 10 余家研发、生产、销售子公司及办事处，在北京、天津、上海、郑州、广州等地设有分支机构，为包括辉瑞、默沙东等全球知名制药公司提供服务，且与多家医院建立战略合作关系、与近百家医院建立合作，以特有的“研发—生产—临床”一站式服务支撑国内外各创新型药企及医院，做全球新药研发生产的合伙人。二是借鉴全球知名 CRO 公司发展模式，通过并购方式迅速完善相关能力搭建（2020 年并购冠勤医药组建凯诺医药），成功实现业务和团队的融合，提高临床 CRO 业务的核心竞争力；出资设立天津海河凯莱英生物医药产业创新投资基金（有限合伙）、三一众志（天津）创业投资中心（有限合伙）、三一众志二期（天津）创业投资中心（有限合伙）三支产业并购基金。

3. 完善临床数理统计服务能力

完善临床 CRO 布局，推动一体化服务能力建设是凯莱英巩固和提升全球领先地位的重要新业务战略布局之一。一是依托全资子公司凯诺医药加快构筑临床研究电子系统及大数据平台优势，与 Informa、科睿唯安等知名数据库品牌建立了广泛合作，并和医渡云、天河超算等大数据平台达成合作，可以提供行业调研报告、药物警戒和药物经济学分析、真实世界研究等服务。二是在不同时期的临床试验项目和研究中，与国外的 Oracle、Veeva、Medidata 等品牌，以及太美、百奥知等国内品牌均建立合作关系，为客户遴选最合适的 EDC、PV 及 CTMS &eTMF 系统，提供灵活定制的个性化服务。三是依托凯诺医药 IT 团队对外提供软件开发、IT 咨询等服务，并自主开展了数据采集系统及移动端解决方案、RPA 机器人的开发部署等。

4. 构建核心技术人才培养体系

核心技术人才一直是凯莱英发展壮大的重要资源，目前，凯莱英临床 CRO 业务团队规模已超过 400 余人。一是联合凯诺医药、有济医药等多打造高质量、一站式“技术类直播课程”“凯莱英学习中心”等平台，集聚大量管理实战专家、行业技术大咖、高校学者资源，为全球医药行业、医药人才打造技术创新与交流新窗口，搭建独具凯莱英特色的人才培养与培训体系。二是通过课题搭建产学研合作模式与南开大学联合培养博士后，充分发挥博士后科研工作站促进学术交流和学科发展的积极作用。三是聘请包括跨国制药企业副总裁、诺贝尔化学奖得主在内的多位国际专家组建技术顾问委员会，为企业发展提供技术支撑。

5. 持续完善股权激励机制

重视人才培养和股权激励政策绑定效果，是凯莱英业绩保持较快增速的基础。自上市以来，为稳定高管及核心技术人员，凯莱英每年对4%左右的高层管理人员、管理人员和核心技术人员进行股权激励。2021年，凯莱英推出限制性股票激励计划，授予限制性股票数量245.53万股，约占当时凯莱英股本总额24 262.669 3万股的1.01%，极大激发员工创新积极性。

六、生物医药产业领域创新型企业发展模式分析

生物医药产业高风险、高投入、高技术、周期长等特征决定了其重点企业创新发展模式的独特性。通过对比分析康希诺、金耀集团、天士力、九安医疗、凯莱英5家创新型企业案例，凝练天津生物医药企业发展的4点创新模式：一是“自主创新驱动内生增长”模式。核心技术自主创新是驱动天津生物医药企业发展的关键路径，康希诺、金耀集团、天士力、九安医疗、凯莱英等重点企业均采取仿创结合、自主创新的稳步发展路径，通过技术仿创结合及核心产品研发生产逐步完成研发资金正向循环，驱动技术、产品、业务内生增长，逐步形成领域竞争优势。其自主创新路径主要专注于三个方向：第一，康希诺、天士力注重从1到N的原始技术创新，从聚焦更新换代、进口替代和全球创新三个方面强化产品技术创新；第二，金耀集团、天士力、凯莱英通过自建创新平台，加速实现核心技术突破；第三，康希诺、凯莱英加大研发投入和多管线布局，增强产品创新研发能力。二是“跨国合作+产品出海”模式。综合看，国际化发展是天津生物医药企业高质量发展的有效模式。其国际化发展路径主要总结为三个方面：第一，康希诺、凯莱英等企业与国内外科研院所和专业医疗机构协同构建研发立项+临床注册+产品销售的国际合作网络；第二，康希诺、九安医疗等企业创新组建海外销售团队，核心产品向全球销售，聚力打通核心产品海外销售渠道；第三，康希诺、金耀集团、天士力等通过设立海外全资子公司及办事处、开展国际化制剂注册、制定国际化标准体系等举措谋求企业转型。三是“产学研医协同分工与业务整合”模式。在生物医药领域，产学研协作的重要性远大于其他传统产业领域。天津市生物医药重点企业聚焦产学研协同分工模式，立足药物研发、创新平台建设、人才培育等多方面协同赋能企业发展。如天士力研究院与中华中医药学会联合建立中药创新合作平台；凯莱英与近百家医院建立战略合作关系，以特有的“研发—生产—临床”一站式服务模式支撑国内外各创新型药企及医院发展。四是“临床应用促研发创新”

模式。天津市生物医药重点企业通过以临床应用为导向的医学创新和医工融合加速研究成果转化。如天士力针对研发项目的临床价值布局开展临床试验,推动研究成果转化应用。凯莱英通过完善临床数理统计服务能力,推动一体化服务能力建设。

第三节　高端装备产业领域创新型企业案例

一、中重科技(天津)股份有限公司

(一)企业发展概况

中重科技(天津)股份有限公司(以下简称中重科技)在 2001 年组建成立,是一家以智能装备研发生产、工艺设计、技术服务及销售为主的国家级高新技术企业。公司拥有院士专家工作站、天津市企业重点实验室、国家级企业技术中心,有 2 人享受国务院特殊津贴,在热轧型钢、带钢等智能装备领域具有坚实、雄厚的技术功底。曾先后获得冶金科学技术二等奖、国家火炬计划实施先进企业、天津市科技进步一等奖等荣誉,参与 GBT41749—2022 热轧型钢表面质量一般要求、GBT20933—2021 热轧钢板桩、GBT11263—2017 热轧 H 型钢和剖分 T 型钢国家标准的制定。中重科技于 2017 年推出我国第一套特大型钢生产线——CMA 万能轧钢机机组,同年我国第一套钢板桩和超大 H 型钢生产线正式投产上市,其生产的主流型号成功突破国际巨头对热轧型钢生产线的垄断。2021 年,该公司作为项目牵头单位承担了"十四五"国家重点研发计划"高性能制造技术与重大装备"重点专项。目前,中重科技于 2023 年 4 月 10 日在主板成功上市,成为沪市主板注册制第一股,总市值达 83.34 亿元。

(二)核心技术产品

中重科技的冶金智能制造装备主要聚焦于钢铁行业的型钢、带钢等领域,自主掌握了高刚度智能型万能轧机技术、CMA 万能轧机数字化技术、超大规格 H 型钢双可逆、高性能轧制技术、万能轧机组合控制孔型技术等 12 项核心技术,主要产品为机、电、液一体化的棒线材、带钢、热轧型钢、中厚板轧制的自动化生产线、成套设备及其生产配套附件。在型钢智能装备方面,主要产品包括 CMA 万能轧机、短应力线万能轧机、型钢用二辊轧机、飞剪、矫直机、冷锯、辊道、冷床、码垛机械手、电气传动系统、MES 系统、智能诊断系统、液压润滑系统及设备、智能机器人等;在带钢智能装备方面,主要产品包括带钢轧机、卷取机、钢卷运输机、自动化控制系统(L1、L2、L3)、集中管控中心系统、电气仪表、供配电设备、塑烧板除尘系统及设备、水处理系统及设备、层流冷却系统集成设备等;在备品备件方面,主要产品包括棒线材、中厚板等轧机、轧辊轴备品备件、辊道备品备件、飞剪备品备件、矫直机备品备件等。

（三）总体产业布局

中重科技采取纵向延伸和深度融合发展的战略，不断向冶金装备基础件等领域延伸产业布局。在生产线区域布局方面，中重科技在天津布局了型钢智能装备及生产线和带钢智能装备及生产线的生产基地，建筑用地面积达 8.7 万平方米，其中，包括了起重能力 200 吨 ×2 台的重型机加工车间、80 吨旋转工作台和百余台大型加工设备。在江苏淮安，中重科技投资 20 亿元，开展智能装备生产基地建设项目，建成 5 栋共 16.3 万平方米的厂房，主要进行智能化轧机设备生产。目前，该生产基地正进行设备安装调试，即将正式投产。在产品销售市场化布局方面，中重科技的客户主要为国内外大中型钢铁企业，国内用户主要有建龙集团、德龙集团、津西钢铁、方大特钢、河北鑫达、南京钢铁、河北天柱、天津荣程等，国外用户主要覆盖马来西亚、印度尼西亚等国家。

（四）创新发展经验

1. 坚持自主技术创新

中重科技围绕“高端装备制造业”的战略定位，聚焦行业的发展趋势和客户需求，始终坚持以科技为核心，瞄准产品制高点，针对关键核心技术的国产化不断地进行技术革新。组织技术骨干成立研发攻关组，专业化研究开发冶金成套设备并持续推动科研成果转化及产业化。在科技研发上持续加大投入力度，通过搭建型钢技术重点实验室、企业技术中心、专业设计室等研发平台，孵化多种技术创新成果，实现企业创新发展的新突破。

2. 深化产学研合作

中重科技与我国多所知名大学、科研院所进行产学研合作，开展技术讨论与研究，提升企业的技术研发实力，推动技术成果的商业转化。其中，中重科技与北京科技大学签订产学研战略合作协议，合作研发“型钢轮廓在线测量技术”，与燕山大学共建天津市级企业重点实验室，合作研究“1 000 二辊轧机动力学”。

3. 重视人才培养与激励

在人才培养方面，中重科技通过开展研发创新、技术攻关和技术交流等多项活动，带领员工不断学新知、习新技，打造出一支学习型、技术型，创新型人才团队。与此同时，中重科技还注重引进高精尖人才，并通过让这些高端人才参与前瞻性、基础性、应用性研究来提高公司的自主创新能力，通过持续完善人才激励制度来确保公司人才队伍稳定及提升产业竞争力。

二、天津赛象集团

（一）企业发展概况

天津赛象集团（以下简称赛象集团）创立于 1989 年，该集团总部坐落于天津市高新区，以子午线轮胎成套装备研发生产为核心，依托工业互联网、AGV 物流、医疗器械和服务业，形成一个多元化集团。经过近三十年的发展，赛象科技目前已经成长为一家拥有多项核心技术及自主知识产权的高新技术企业，是目前国内最大的轮胎自动化生产线设备供应商之一，其自主研发的轮胎装备屡获殊荣，包括 1 次国家科技进步一等奖、2 次二等奖、1 次三等奖，以及 6 次省部级进步一等奖。2005 年，中国橡机行业唯一的博士后工作站获得批准设立，赛象科技因此被授予国家级企业技术中心的殊荣。在 2010 年，赛象科技成功在深圳证券交易所实现了挂牌上市，并开始积极拓展机器人产业领域。2020 年，赛象科技荣膺国家第二批专精特新“小巨人”企业和工信部绿色供应链企业的双重殊荣。2021 年，全钢子午线轮胎成型机荣获第六批国家级制造业单项冠军产品，并被授予天津市首台（套）重大技术装备集成应用等殊荣。

（二）核心技术产品

近年来，赛象集团不断创新，以信息化、智能化、柔性化、无人化为方向，研发出百余款产品和平台系统，其中一半产品是国内首创，技术和质量均达到了国际领先水平。在智能制造和装配领域，赛象集团提供一系列工装产品，包括工程胎面仿型缠绕生产线、全钢卡车胎三鼓一次法成型机、复合挤出生产线、90 度钢丝帘布裁断机、六角型钢丝圈生产线、小角度钢丝帘布裁断机、全钢工程子午胎成型机组等，以满足客户对轮胎关键智能制造设备、智能物流设备及其系统集成的需求。同时拥有一批技术领先的专业研发团队，形成了“一主两翼”的创新体系。在智能物流领域，主要核心技术产品有激光导航，电磁导航，视觉导航和磁带导航 4 个系列，300KG-50T 规格多，叉车型，装配型，承载型和牵引型类型齐全的 AGV 产品和汽车动力总成组装智能装备。同时还研发了多种智能仓储系统、车辆调度优化技术和智能物流配送系统，形成了完整的智能制造产业链。在工业互联网领域，利用尖端的工业自动化、IoT 物联网、大数据云计算、AI 人工智能和 5G 通信等前沿技术，自主研发了新一代的制造业数字化平台、设备数字化管理平台和自动化物流仓储管理系统，为平台用户提供设备远程故障诊断、预测性维护、健康管理、OEE 管理、设备全生命周期管理、MRO 产品后服务、生产过程管控、仓库与物资等基础数据管理等一系列服务。

（三）总体产业布局

位于天津的赛象集团总部，旗下拥有一家上市公司、十家内资企业、一家控股企业和一家参股企业，形成了一个跨足多行业多领域的产业布局。集团以智能装备智造为核心，深耕于高新技术制造业、机器人、医疗大健康等国家主导的领域，致力于推动产业升级与创新。在产业区域布局方面，以天津为基地，将智能装备和工业互联网产业有机结合，专注于轮胎机械行业，以子午线轮胎关键智能设备的研发、制造和服务为核心业务，不断探索智能化平台系统和解决方案服务的配套；同时积极推进智慧城市建设，通过打造“数字城市”来实现社会资源高效配置。集团在智能物流领域的战略布局主要聚焦于机器人（AGV）及其系统集成和汽车动力总成智能装备两大产品类别，旨在将相关产业布局于广州；天津、上海等地是医疗器械产业的主要布局地，该产业专注于恶性肿瘤治疗和心血管治疗两大领域。此外，“赛象·心健康”系列医疗康复设备也已经进入临床应用阶段。脉冲场消融治疗仪是一种用于心脏电生理治疗的设备，已获得国家发明专利授权，并在全国十余家医院进行了临床试验。在产品区域市场布局方面，“赛象牌”系列射频消融术系统是目前唯一能够实现高频电流热疗功能的医疗设备，可有效解决因手术造成的心肌损伤问题。“赛象”品牌的产品在全国范围内广泛分布，并与浙江、上海、天津、广东、贵州、山东、宁夏等国内重点客户建立了长期的战略合作伙伴关系，为产品区域市场布局注入了强劲的动力。该公司的轮胎产品远销全球20多个国家，覆盖德国、法国、美国、日本、印度、意大利、俄罗斯等多个国家，并为超过200家海外客户提供专业服务。

（四）创新能力分析

1. 创新投入分析

研发投入规模持续提升。2015—2018年，赛象集团的研发投入规模维持在3 500万元左右。自2019年起，赛象集团的研发投入规模不断扩大。2020年赛象科技入选了第二批国家专精特新企业，研发创新得到了突破。因此，在2020年公司研发投入金额出现了大幅提升，研发投入占营业收入的比例达到13.90%。整体而言，近8年，公司的研发投入占营业收入比例虽有波动，但投入金额呈现不断上升趋势，其中，2021与2022年研发投入均超5 000万元，分别较2016年增长约86%、66%。

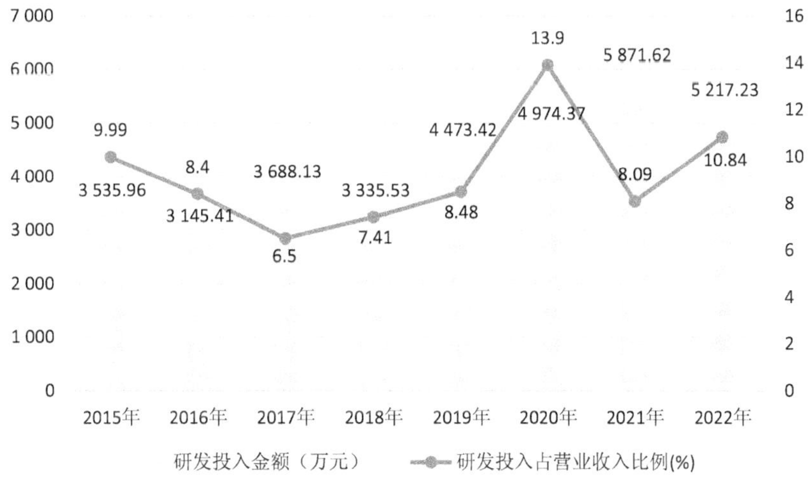

图7-41　2015—2022年赛象集团研发投入情况

数据来源：赛象集团企业历年年度报告

研发团队人员占比合理。2015—2019年,赛象集团研发人员数量呈持续上升趋势。受新冠肺炎疫情影响，2020年后研发团队人员稳定在280人左右,呈上下浮动状态。近8年,公司研发人员从2015年的180人增加到2022年的261人,增长率达45%。其中,2021年,公司研发人员数量最多,有289人。从研发人员数量占比来看,近8年公司研发人员占比呈现稳步增长的趋势,趋势与研发人员数量的趋势相同。特别是2015—2019年,公司研发人员占比上升明显,近4年,占比维持在30%左右。

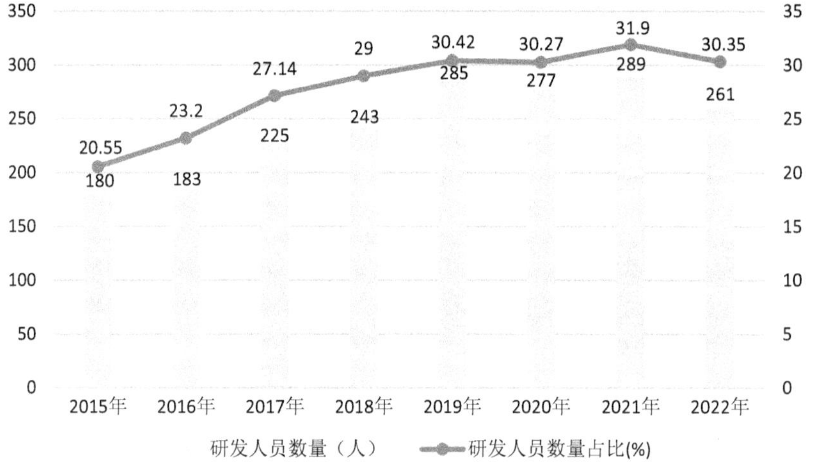

图7-42　2015—2022年赛象集团研发团队规模

数据来源:赛象集团历年年度报告

研发团队以本科学历和30~40岁人员为主。截至2022年,赛象集团共有研发人员261人。从研发人员学历构成看,本科学历人员最多,有192人,占比超70%;本科学历以下人员数量较少,占比20.31%,硕士学历人员数量最少,仅有16人,占比不足7%。从研发人员年龄构成看，30~40岁之间人员数量最多,有132人,占比50.57%; 30岁以下人员数量次之,有75人,占比28.74%;40岁以上的人员数量最少,有54人,占比20.69%。

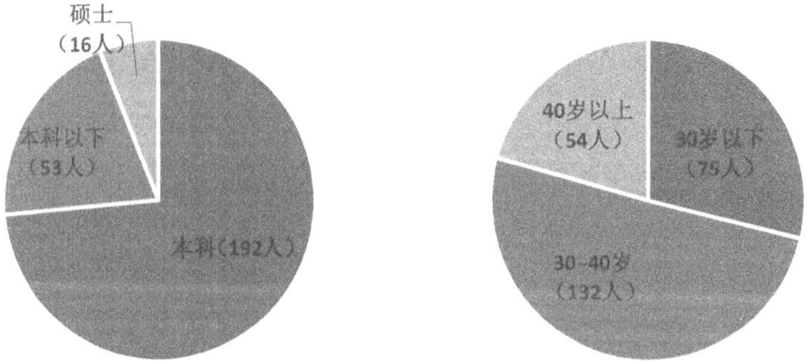

图7-43　2022年赛象集团研发团队成员结构组成

数据来源:赛象集团历年年度报告

2. 创新产出分析

产出成果不断增加。截至目前,赛象集团累计持有专利 458 件,发明申请专利有 189 件,实用新型专利 264 件,外观设计专利 5 件。从赛象集团专利持有情况来看,实用新型专利数量最多,发明申请专利数量其次,外观设计专利最少。从专利申请和专利公开数量看,自 1995 年第一次申请专利以来,赛象集团专利申请量前期增幅较小。但自 2007 年以后,随着公司被认定为国家级企业技术中心,企业专利申请数量呈波动式大幅增长。从专利公开数量来看,2022 年赛象集团公开专利达 51 件。

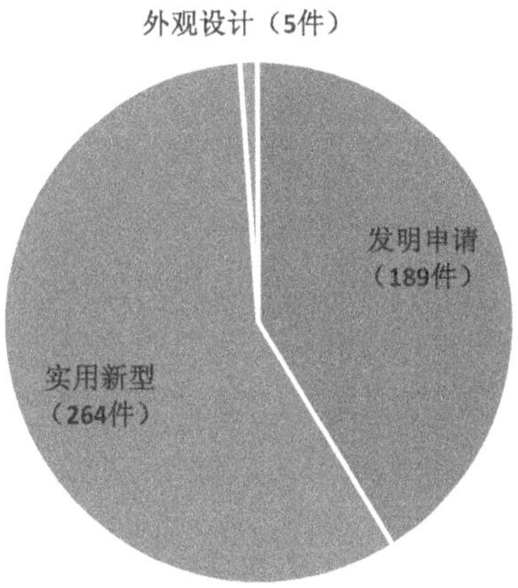

图 7-44　赛象集团专利类型分布情况

数据来源:合享 incopat 专利数据库

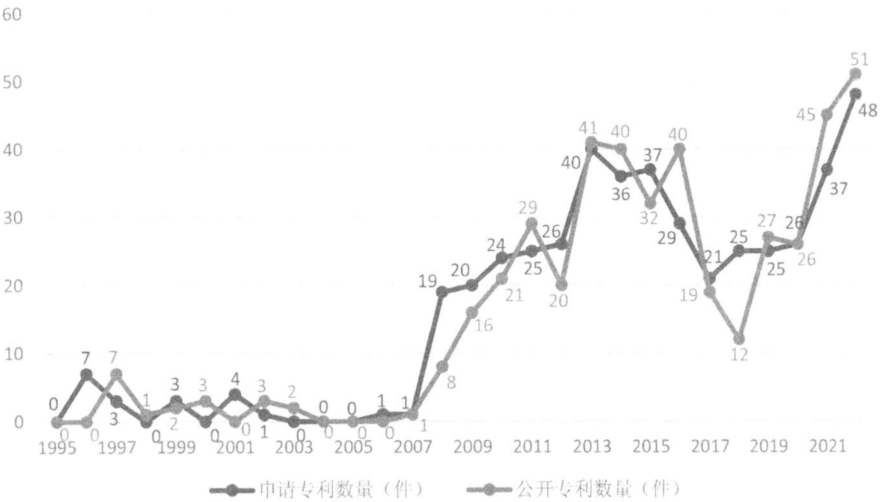

图 7-45　1995—2022 年赛象集团专利数量

数据来源:合享 incopat 专利数据库

（五）创新发展经验

1. 注重技术融合应用

赛象集团秉持专业化成套装备的技术、产品发展路线，广泛应用光机电一体化、激光、液压、伺服、变频、超声波等一系列高新技术，同时将机器人、物联网、大数据等新技术与传统装备相融合，进而实现了产品和技术的信息化、智能化。赛象集团在技术研发领域持续加大投入力度，截至 2021 年，全年研发投入同比增长 18.04%，呈现出强劲的增长态势。近年来，科研开发所需的经费投入已经达到了销售收入的 8%~10%的水平。为了拓展研发团队和提升研发实力，赛象集团正在积极规划扩建研发实验室或成立子公司，以攻克关键核心技术难题并实现突破。

2. 拓展延伸业务布局

赛象集团致力于满足重点、核心战略客户的个性化需求，以实现客户价值为出发点，深入掌握并满足重点战略客户的技术需求。在不断钻研轮胎制造核心装备的同时，赛象云平台得以研发建设，融合物联网与智能物流技术，为客户提供轮胎设备性能提升和无故障运行的服务，从而实现从“装备供应商”向“智能装备+服务供应商”的转型，引领国内子午线轮胎智能化成套核心装备的发展方向。

3. 探索改良管理机制

从 2020 年开始，该集团一直在探索和改革管理机制，并在战略层面上实施 All in 成型战略。在人力资源管理上，建立完善的薪酬体系、绩效考核体系以及员工培训机制。通过实施包干制和项目经理制，以消化库存和降低设计成本为目标，逐步扩大公司产品在市场上的占有率。加强员工培训力度，完善企业文化体系建设。在团队建设方面，赛象集团致力于打造高水平的人才梯队，积极引进和培养具备高素质的人才资源。同时建立完善的激励体系，调动员工工作积极性。通过与工业大学合作，促进校企联合，共同开设在职研究生班，为人才发展提供更加有利的平台，实现了技术和人才的同步提升。通过实施大学生实习计划，公司得以源源不断地吸纳来自外部的新鲜血液。

4. 寻求战略合作伙伴

赛象集团与其所在领域企业展开产业层面战略合作，涵盖了智能物流、工业物联网等产品和技术，从而形成了广阔的市场发展前景。持续加强与国际一流轮胎制造商米其林、普利司通、固特异、倍耐力、大陆等的长期合作，并与天津大学机械工程学院签署战略合作协议，以建立全面的战略合作关系，涵盖智能装备与物联网技术研究、人才培养、产品开发、成果转化、研发平台建设等领域。

三、天津长荣科技集团股份有限公司

（一）企业发展概况

天津长荣科技集团股份有限公司（以下简称长荣科技）成立于1995年，其总部坐落于天津市北辰经济开发区，2011年成功在深交所上市。长荣科技作为中国印刷装备制造的领军企业和全球知名的高端印刷装备服务供应商，已经在印刷包装行业深耕了27年之久。公司一直秉持着诚信、品质、服务和创新的精神，以客户利益为中心，依托创新的方案能力、快速可靠的供应链体系、先进的设备和技术、专业的服务团队，不断助力客户提升品牌价值。长荣科技荣获多项国家荣誉和省部级奖项，并拥有国家级企业技术中心，研发团队规模超过200人，年度研发投入占销售收入的5%至7%。该公司具备为相关行业提供智能制造系统集成服务解决方案的能力，并在2020年被授予国家级印刷包装行业智能制造系统解决方案供应商的荣誉。

（二）核心技术产品

长荣科技专注于印刷装备制造、医疗器械生产销售和融资租赁服务等领域，自主研发了超过100款产品，包括烫金机、模切机、检品机、糊盒机、数字喷码机、激光模切机和凹印机等10大系列产品，这些产品均为国内首创，并达到了世界领先水平。根据产品的独特性，长荣科技精心设计了四个主题产品，分别是悦、智、臻、梦。“有悦”系列设备包括：经过烫金处理的设备，用于清废模切的机器，以及平压平自动模切和清废模切的设备。“有智”系列产品包括检品机、糊盒机、压纹模切机、冷烫机组以及卷筒纸全清废模切机等，这些产品均可为客户提供高品质的加工服务。“有臻”系列：涵盖全清废模切机、凹印机、卷筒纸机组式烫金机、模烫机、卷筒纸圆压圆烫金机等多款高科技设备。“有梦”系列：双机组全清废模切烫金机、双机组烫金模切机、大压力双机组系列烫金机、全清废模切机、双机组烫金机等，均为高品质的数字化设备。

（三）总体产业布局

长荣科技以印刷装备制造为核心，沿着装备制造产业链的上下游不断拓展，积极推进与公司服务、投资和融资租赁业务的协同发展，为企业的可持续发展注入新的活力。在产业链布局方面，长荣科技旗下的多家子公司覆盖了产业链的多个环节，为其布局提供了全面的支持。长荣激光科技致力于提供高精度的钣金零件生产加工服务；北瀛的新材料生产工艺涵盖了铸造、时效、喷漆、机加工等多个领域，形成了一体化的生产体系；长荣绿包专注于纸模包装技术与生产，致力于打造高品质的包装产品；长荣马尔巴贺专注于推广折叠纸盒和烟标包装行业，致力于为消费者提供高品质的包装解决方案；长荣华鑫租赁为印刷包装企业提供多样化的金融产品和平台服务，而荣联汇智则致力于为这些企业打造智慧印厂的全面解决方案。在产业化区域布局方面，长荣科技的产品在全球80多个国家和地区实现了产业化区域布局的全面覆盖。国内的天津和常州是该产品生产制造基地的主要分布区域。为了提升 MK 品牌在国际市场上的竞争力,长荣科技收购了位于海德堡的斯洛伐克工厂,并建立了一个海外生产制造基地。该公司已在多个地区建立了分支机构,包括香港、美国和日本,同时在台湾和德国设立了销售服务中心。

(四)创新能力分析

1. 创新投入分析

研发投入金额略有波动。2015—2022 年间,长荣科技的研发投入金额总体呈上涨趋势, 2018 年,公司研发投入超 9 000 万元,同比 2015 年增长 43.92%。但由于受疫情影响,产品的研发创新面临巨大的挑战,公司的研发投入金额持续下降,直至 2022 年才有所回升。从研发投入占营业收入比例来看,2015—2022 年研发投入占营收的比重维持在 6%,波动趋势和投入金额基本一致。

图 7-46　2015—2022 年长荣科技研发投入情况

数据来源:长荣科技历年年度报告

研发团队人员数量有所下降。2015—2022 年,长荣科技的研发人员数量呈先上升后下降的趋势。近几年,公司研发人员维持在 300 人左右。2017 年,公司研发人员数量最多,超过 400 人。相比于 2017 年,2021 年公司研发人员明显减少,仅有 250 人。从研发人员数量占比来看,近 8 年公司研发人员占比出现持续下降趋势,从 2016 年占比超 25%下降到 2021 年占比仅为 15%左右。2022 年,研发人员数量增加,占比也相应地提升至 17%。

图 7-47　2015—2022 年长荣科技研发团队规模

数据来源：长荣科技企业历年年度报告

研发团队以本科学历和 30~40 岁人员为主。截至 2022 年，长荣科技共有研发人员 320 人。从研发人员学历构成看，主要以本科学历为主。从研发人员年龄构成看，30~40 岁之间人员数量最多，有 151 人，占比为 47.19%；40 岁以上人员数量次之，有 108 人左右，占比为 33.75%；30 岁以下人员数量最少，有 61 人，占比约 19%。

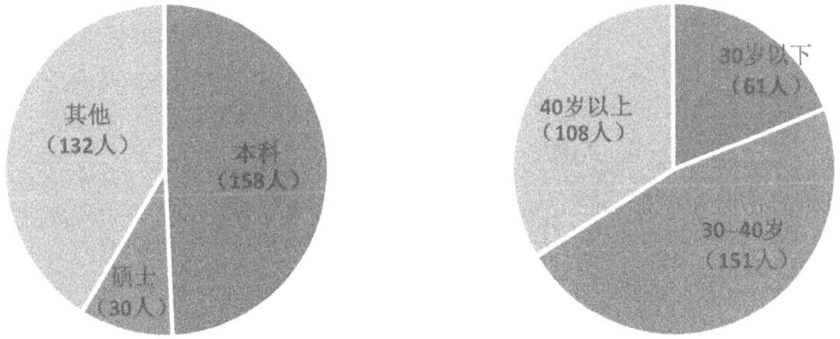

图 7-48　2022 年长荣科技研发团队成员结构组成

数据来源：长荣科技历年年度报告

2. 创新产出分析

创新成果持续输出。截至目前，长荣科技累计持有专利 716 件，发明申请专利 330 件，实用新型专利 362 件，外观设计专利 24 件。从长荣科技专利持有情况来看，发明申请专利和实用新型专利数量相当，外观设计专利最少。从专利申请和专利公开数量看，自 1999 年第一次申请专利以来，长荣科技的专利申请数量呈明显的上升趋势，特别是 2007—2014 年，随着公司规模的不断扩张以及创新研发投入的不断增加,公司的专利申请数量加速增长。近几年专利数量有所下降,从专利公开数量来看,2022 年长荣科技公开专利仅 74 件。

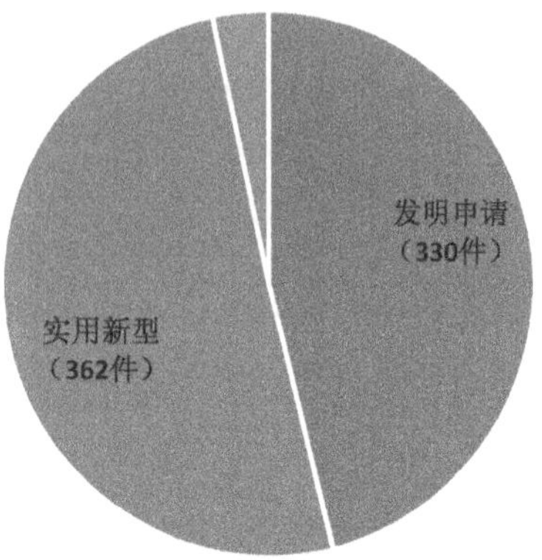

图 7-49 长荣科技专利类型分布情况

数据来源:合享 incopat 专利数据库

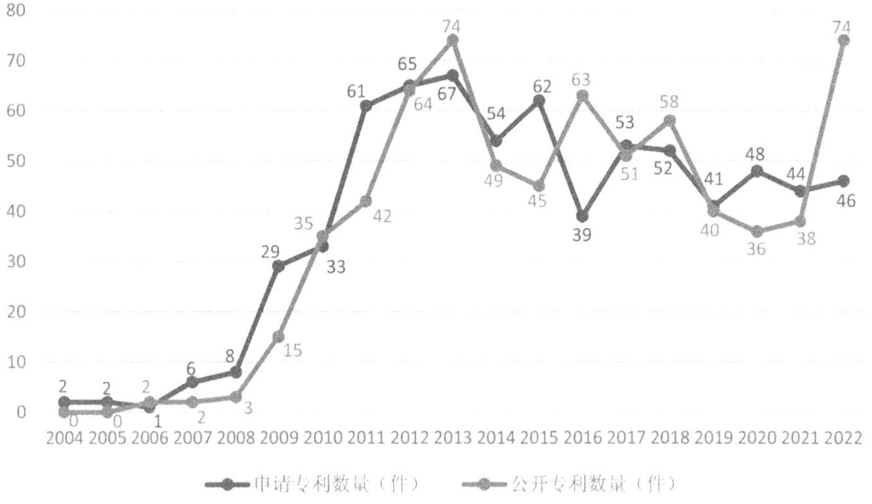

图 7-50 2004—2022 年长荣科技专利数量

数据来源:合享 incopat 专利数据库

(五)创新发展经验

1. 加快智能化转型升级

长荣科技完成了对海德堡德国印刷包装研发中心的收购,并成功实现了 305 项专利反哺,从而构建了一种海内外联合的技术研发模式,不断提升了创新实力。借助

5G技术和区块链技术等先进技术，为印刷包装行业注入强劲动力，不断探索和推进智能化仓储、自动物流、半自动混合装配流水线、数字化装配等新应用场景，沿着从智能设备到“智慧印厂”再到“智慧包装”的发展路径，推进全行业数字化转型和智能化升级。长荣科技构建了一套智能化管理系统，贯穿整个生产过程，实现了工序的可视化，从而加速了工序之间的流转。

2. 推进全产业链战略投资

长荣科技在致力于印机装备制造的同时，也积极拓展全产业链的战略投资，不仅在高端市场持续发力，而且逐步加大了对中小型用户企业的服务力度。长荣科技在整合资源的过程中，不断深耕医疗器械和新能源装备制造的业务领域。长荣健康公司于2020年创立，制定了医疗健康产业板块的发展规划，并开始自主研发和生产口罩机，最终实现了一次性医用口罩的投产。2021年，智能制造总部基地、产业孵化基地、市中心商业基地、海外研发生产基地、供应链配套基地等战略布局完成。与深圳市海目星激光智能装备股份有限公司联合出资成立公司，以实现集团激光领域的产业延伸，并在激光行业解决方案、激光自动化、新能源行业客户资源方面形成战略协同、优势互补。

3. 构建产业创新生态圈

长荣科技与海德堡达成合作协议，收购了海德堡与其产品相同的印后业务，并成为海德堡全球印后领域的独家供应商，进一步巩固了长荣在印后设备领域的全球市场地位。作为海德堡唯一的战略投资者，长荣科技与海德堡展开全面战略合作，包括但不限于双向分销、双向供应、技术和产品合作、智能制造水平提升、技术人才培育、工业信息化数据共享以及融资租赁等方面，旨在共同推动数字化和智能化转型，为印刷包装行业提供全面的解决方案，构建面向未来的印刷包装产业生态圈。此外，长荣科技与马尔巴赫集团达成了一项合作协议，共同在天津投资兴建模切版生产厂，以马尔巴赫产品的卓越品质为基础，致力于开拓中国高端市场。

四、海洋石油工程股份有限公司

（一）企业发展概况

作为中国海洋石油集团有限公司控股的上市公司，海洋石油工程股份有限公司（以下简称海油工程）是亚太地区规模最大、实力最强的海洋油气工程EPCI（设计、采办、建造、安装）总承包公司之一，其业务涵盖海洋石油、天然气开发工程设计、陆地制造和海上安装、调试、维修，以及液化天然气、炼化工程等多个领域。公司于2000年4月由中海石油平台制造公司、中海石油海上工程公司、中海石油工程设计公司、中国海洋石油南海西部公司和中国海洋石油渤海公司共同发起成立，并于2002年2月在上海证券交易所上市。经过20余年的建设与发展，该公司拥有海洋工程相关的九大能力，有 3 万吨超大型海洋平台设计、建设、安装及 300 米深水下检测与维护、海底管道修复、海上废旧平台拆除等系列核心技术，已成功实施 3 万吨超大型海洋平台、10 万吨深水半潜式生产储油平台、30 万吨深水 FPSO 高端海洋油气装备总包建设。

（二）核心技术及产品

海油工程的核心业务涵盖了海洋工程总承包项目、非海洋工程项目以及海洋工程非总承包项目三大类别。公司以海洋工程为核心业务，逐步拓展至浮式生产储油卸油装置 FPSO 和液化天然气 LNG 工程领域，以满足日益增长的市场需求。海洋工程主要采用总承包的方式来承揽工程合同，为客户提供“交钥匙”工程服务。海洋工程总承包项目涵盖了平台导管架、上部模块以及浮式生产储油卸油装置（FPSO）等多个环节，从项目设计、采办、建造到安装等过程均得到了全面覆盖。该公司参与海洋工程项目的多个环节，其中包括海洋工程非总承包项目的设计、陆地建造、海上安装和海管铺设以及维修。公司依托其强大的陆地建造资源和能力，积极拓展 LNG 接收站建造、LNG 模块化建造项目、海上风电等非海洋工程项目，成功承揽并实施了一系列大型 LNG 模块化建造项目，其中包括俄罗斯、澳大利亚的项目等。

（三）总体产业布局

在生产布局方面，海油工程公司总部坐落于天津滨海新区，旗下拥有大型海洋工程制造基地，覆盖近 410 万平方米的场地面积，其中滨海新区临港工业区占据 57 万平方米，山东青岛占据 120 万平方米，而广东珠海则通过中海福陆占有 207 万平方米，形成了南北跨越、功能互补、深浅水覆盖、面向全球的场地布局。在业务布局方面，海油工程不断加强对海洋油气工程主业的巩固和提升，同时深水作业能力也在不断提高，从而实现了从深水到超深水总包能力的跨越式发展。随着全球油气行业的发展趋势，公司积极推进向绿色低碳、高附加值产品的转型升级，并不断拓展能源工程一体化服务能力，从而孕育出 FPSO 工程、LNG 工程、海上风电等产业。

（四）创新能力分析

1. 创新投入分析

研发投入始终处于高位。2015—2022 年间，海油工程研发投入金额总体呈上涨趋势。2022 年，公司研发投入达到 11.22 亿元，比“十三五”期间年平均研发投入 7.7 亿元增长约 46%。从研发投入占营业收入比例来看，2015—2022 年研发投入占营收的比重接近 4%，相比国内外其他具备总包能力的公司处于偏高水平。

图 7-51 2015—2022 年海油工程研发投入情况

数据来源:海油工程历年年度报告

研发团队呈规模化。2015—2022 年,海油工程研发人员数量呈先下降后上升的趋势。近 5 年,公司研发人员从 1 106 人增加到 1417 人,增长率接近 30%。其中,2020 年,公司研发人员数量最多,超过 1 700 人。相比于 2020 年, 2022 年公司研发人员数量明显减少。从研发人员数量占比来看,近 8 年公司研发人员占比以 17%为基点上下浮动。但是,近 3 年,公司研发人员占比持续下降,从 2020 年占比 22%下降到 2022 年不足 15%。

图 7-52 2015—2022 年海油工程研发团队规模

数据来源:海油工程历年年度报告

研发团队人员配比合适。截至 2022 年,海油工程共有研发人员 1 417 人。从研发人员学历构成来看,本科学历人员最多,有 799,占比 56%;硕士学历人员数量次之,有 486 人,占比约 34%,博士、专科、高中及以下科研人员数量较少,共占比不到 10%,这说明海油工程研发人员整体素质较高。从研发人员年龄构成看, 30~40 岁之间人员数量最多,有 1 005 人,占比超 70%; 40~50 岁人员数量与 30 岁以下人员数量相当,有 200 人左右;50~60 岁之间人员数量最少,仅有 25 人,占比不足 2%。

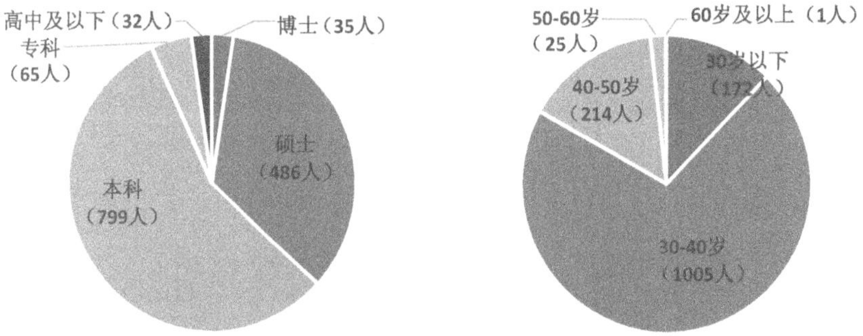

图 7-53 2022 年海油工程研发团队成员结构组成

数据来源:海油工程历年年度报告

2. 创新产出分析

持续性专利创新产出。截至目前,海油工程累计持有专利 4 091 件,发明申请专利 1 739 件,实用新型专利 2 345 件,外观设计专利 7 件。从专利持有情况来看,发明申请专利和实用新型专利数量最多,外观设计专利最少。从专利申请和专利公开数量看,自 2002 年第一次申请专利以来,海油工程专利申请数量呈上升趋势,特别是 2018 年以来随着公司实力不断提升和项目、资金增加,公司专利申请数量呈翻倍式增长。同时,专利公开数量逐年递增。

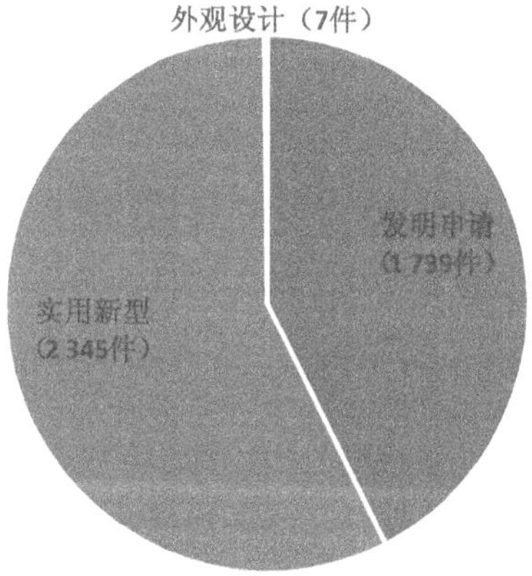

图 7-54 海油工程专利类型分布情况

数据来源:合享 incopat 专利数据库

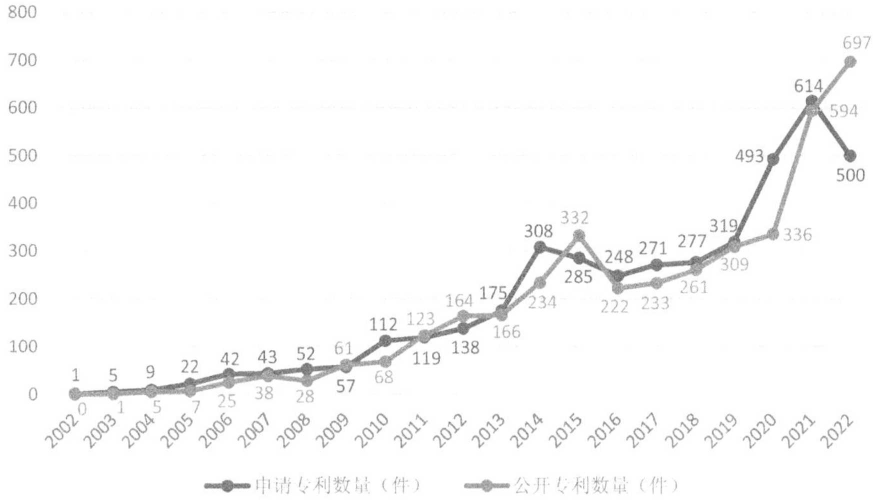

图 7-55 2002—2022 年海油工程专利数量

数据来源：合享 incopat 专利数据库

（五）创新发展经验

1. 深化科研体制机制改革。一是持续推进“揭榜挂帅”和“赛马”机制，同时发布《揭榜挂帅工作指导意见》，并启动“揭榜挂帅”项目的遴选工作。通过建立课题长负责制、科研项目采办和经费包干等七项科技体制机制改革配套制度，构建涵盖科技立项、研发、成果转化、孵化和成熟推广等多个环节的科研激励体系。二是提出“装配式设计、标准化生产、集成化安装”的创新理念，形成了“四+五”标准化设计成果，并成功应用于垦利 6-1、渤中 34-9 等项目，实现了从“不可能”到“普遍使用”的工程标准化跨越。

2. 积极推进数字化转型。一是系统提出“1832”的顶层规划，包含一个愿景和目标、八大转型主题、三台技术支撑、二套体系建设。海油工程积极推动新一代信息技术和业务深度融合，以大设计为龙头，以工程项目管理为中心，深化 EPCIM 全业务链数字化建设，推动业务能力全面升级与管理效率提升。二是建立一套完整的数字化能力体系，覆盖从设计、采购、建造、安装到运维的各个环节。海基一号导管架数字孪生的协同设计平台实现管理协同和工具协同上线，实现陆丰 15-1 油田全生命周期完整性管理的健康监测，综合提效达到 15%，下游业务提效达到 20%。三是建设智慧工厂。2022 年，天津迎来了国内首个海洋油气装备制造“智能工厂”智能化制造基地的正式投产，该基地通过国务院国资委数字化转型“智能工程”示范建设验收，成功实现了从“传统工厂”向“智能工厂”转型的领先突破，并达到了高标准。

3. 完善创新研发体系。一是借助中海油集团的资源和“1235”发展战略的实施，公司构建了一套完整的研发体系。近两年研发投入占营收的比重接近4%，相较于具备总包能力的国内外可比公司处于较高水平。二是注重从设计源头技术"解卡"，聚焦于"海洋工程技术研发中心"建设，全力以赴开展关键核心技术攻关。海油工程以实施科技创新"强基工程"为主线，以重大工程为载体，自主技术实现从点的突破到系统能力的提升，持续推进重大装备和技术能力建设，形成了"十大装备"和"十大技术"。

4.加强科技研发人才队伍建设。一是海油工程积极实施"人才兴企"战略，科学制定"十四五"人才发展规划，并积极推进干部人才队伍建设"3+1"工程和三项制度改革。同时，借助天津海洋装备产业（人才）联盟培养平台，着力打造一支高层次、创新型、专业化、国际化的人才队伍，吸引百余名战略型领军人才，不断增强企业核心竞争力。二是不断完善"五位一体"培训体系，明确培训路径的普适化、提升化、专项化和高端化，持续创新培训模式、挖掘培训资源、优化培训流程、加强培训保障，从而不断提高员工的综合素质和能力水平。积极推广"海学"平台，开展全员基础知识培训，为打造具有中国特色、国际一流的能源工程公司提供人才支持和保障。

五、天津捷强动力装备股份有限公司

（一）企业发展概况

天津捷强动力装备股份有限公司（以下简称捷强装备）成立于2005年，是从事核化生安全装备制造的国家级高新技术企业。在2020年8月，公司成功进入深交所创业板注册，成为首批18家上市公司之一，同时也是核化生安全领域的首家上市企业。自公司创立之初，一直秉持"为核化生安全赋能"的使命，专注于军事需求、公共安全、医疗健康等核化生安全领域，致力于构建"平战一体的核化生安全装备体系与服务体系"，为军队提供更为先进的核化生安全装备和全寿命管理服务，为军队及军用核化生防御总装企业提供液压动力系统等产品和服务，是国内军方新一代核化生洗消车辆装备中唯一的液压动力系统供应商。

（二）核心技术及产品

捷强装备专注于核化生安全领域的军事需求、公共安全和环境保护等方面，致力于研发、生产、销售和技术服务等核化生安全装备及其核心部件，覆盖"侦察、防护、洗消"等关键环节的研发、生产、销售、维护、退役销毁和支援保障体系。公司专注于生产核化生安全装备，包括核辐射检测与监测设备、生物检测设备、适用于各种通用型号的军用核生化洗消装备的液压动力系统、其他核生化安全装备及其配件以及核生化安全装备技术服务等。捷强装备产品线涵盖了JQB3、JQB4、JQDF、BD人员洗消通道、DL液压动力系统、JQXX5-FH侦察机器人、防护装具充电器以及电池组等多个领域。

（三）总体产业布局

在业务种类布局方面，2021年之前的业务模块相对单一，初期主要集中在洗消装备领域。目前已形成了以民用核安全类为主营业务、以军工核生化装备为基础业务的产业格局。经过近年来的精心策划和布局，捷强已经拥有了丰富多样的产品类别，并逐步将主营业务拓展至核生化安全装备的研发、生产、销售和技术服务，主要产品包括核辐射监测设备、生物检测设备和各种洗消装备，逐步从单一的洗消用品扩展到核化生多个业务领域。

在业务体系布局方面，构建了一套核生化安全装备与服务体系，该体系涵盖了化、生、放、核、爆全专业领域，实现了平战一体的目标；侦查、防卫和消防的完整装备架构；从需求论证到技术研发，再到研制定型、智能制造、支援保障以及退役销毁全寿命周期。建立全面覆盖军事需求、公共安全和环境保护的市场，致力于打造成为核生化安全军用装备和民用产品的“产业基地”、先进技术的“创新工场”，装备全寿命周期和社会化服务的“保障中心”，军民两用成果的“孵化平台”，以及核生化安全战略研究的“民间智库”。

（四）创新能力分析

1. 创新投入分析

研发投入强度持续攀升。近6年，捷强装备研发投入金额不断增加，从2017年不足600万元一跃攀升到2021年超4 000万元，增长率超500%。但是，2022年受疫情严重影响，公司产品销路不畅，研发创新受到巨大阻碍。因此，2022年公司研发投入金额出现了大幅度下降。研发投入占营业收入比例与研发投入金额趋势大致相同。2017—2021年，研发投入占比呈现不断上升趋势，2022年受疫情影响这一比例大幅度下降。

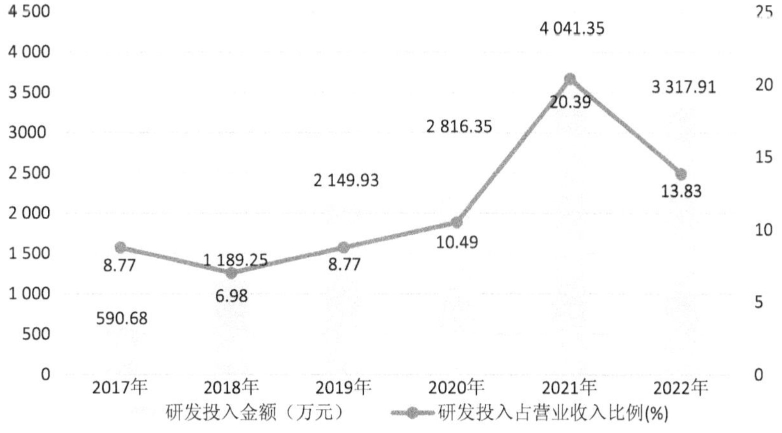

图7-56　2017—2022年捷强装备研发投入情况

数据来源：捷强装备历年年度报告

研发团队人员储备丰富。2017—2022 年,捷强装备研发人员数量呈现持续上升趋势。近 6 年,公司研发人员从 2017 年的 48 人增加到 2022 年的 181 人,增长率超 200%。其中, 2022 年,公司研发人员数量最多,有 181 人。从研发人员数量占比来看,近 6 年公司研发人员占比均在 30%以上,呈现上下浮动状态。特别是近 3 年,公司研发人员占比上升明显,维持在 40%左右。

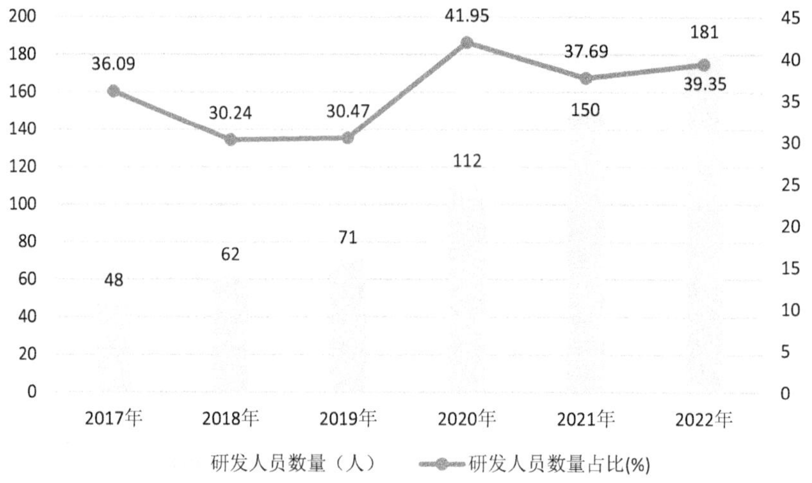

图 7-57　2017—2022 年捷强装备研发团队规模

数据来源:捷强装备历年年度报告

研发团队整体素质较高且年龄分布均匀。截至 2022 年,捷强装备共有研发人员 181 人。从研发人员学历构成看,本科学历人数最多,有 120 人,占比约 66%;硕士学历和本科以下学历人数相当,博士学历人数最少,仅有 6 人,占比约 3%。从研发人员年龄构成看, 30~40 岁之间人数最多,有 63 人,占比约 35%; 30 岁以下和 40~60 岁人数相当,均超过 50 人;60 岁以上人员最少,仅 1 人。

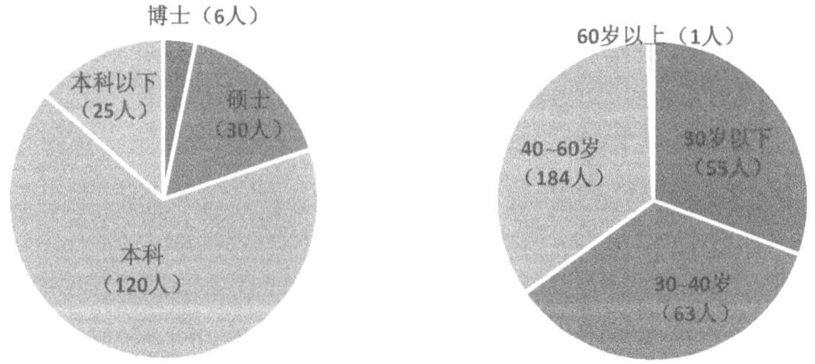

图 7-58　2022 年捷强装备研发团队成员结构组成

数据来源:捷强装备历年年度报告

2. 创新产出分析

技术创新成果显著。自 2017 年以来，公司具备了由军方和政府部门颁发的业务必备的军工资质，企业经营业务范围扩大，产品种类增多，捷强装备专利申请和公开数量持续攀升。公司始终保持所有产品的自有知识产权，同时也致力于自研设备的核心部件 100%国产化。截至目前，捷强装备累计持有专利 267 件，其中发明申请专利 95 件，实用新型专利 169 件，外观设计专利 3 件。这说明公司更多注重知识产权成果的实用价值。从捷强装备专利持有情况来看，实用新型专利数量最多，这说明公司更加注重知识产权成果的实用价值。

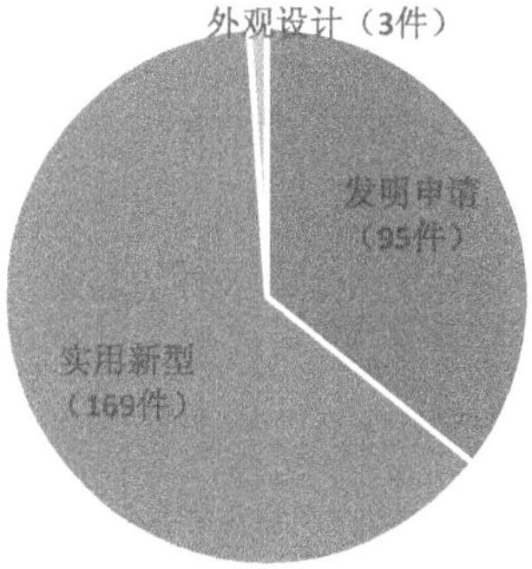

图 7-59　捷强装备专利类型分布情况

数据来源：合享 incopat 专利数据库

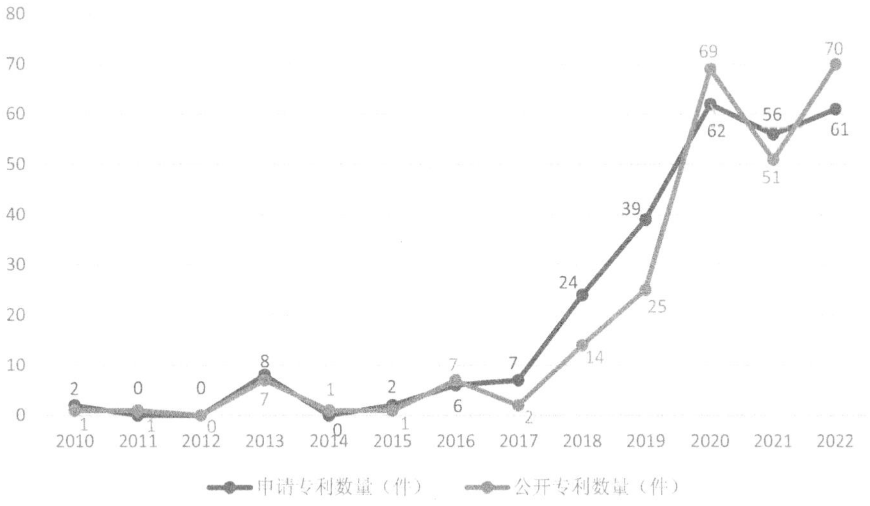

图 7-60　2010—2022 年捷强装备专利数量

数据来源：合享 incopat 专利数据库

（五）创新发展经验

1. 构建特色化科研发展体系

以公司发展战略为指导，捷强装备坚持将内生式培育和外延式发展相结合，构建了独具特色的科研发展体系，覆盖核辐射监测、生物侦检、化学侦察、核生化防护与洗消、工程装备、地勤装备、特种机器人、特种车辆等专业领域，包括论证、技术研究、产品开发、维修保障、销毁处置等多个环节，为公司科研能力建设提供了有力的支持。

2. 加强企业创新文化建设

在长期的实践和奋斗中，公司逐渐孕育并塑造了一种以“引领、融合、简单、奉献”为核心的企业创新文化。引领——创新驱动，敢为人先，屹立潮头，以卓越技术引领核生化装备发展；融合——价值认同、目标趋同基础上的文化融合，建立尊重信任、责权清晰、互补分享、彼此成就、充满激情与活力的优秀团队；简单——扁平的组织架构、通畅的沟通机制、科学的决策程序、高效的执行能力以及简单的人际关系；奉献——强军报国的家国情怀，以“为核生化安全赋能”为己任的使命担当，一丝不苟精益求精的军工精神，默默奉献甘为人梯的胸怀格局。正是在优秀的企业创新文化的滋润和熏陶下，科研人员的凝聚力进一步增强，主动性进一步发挥，提升了公司竞争的软实力。

3. 打造高素质研发队伍

公司秉持“人才是第一资源”的理念，坚守“彼此成就、互为贵人”的信念，积极实施人才强企战略，加强社会招聘、岗位锻炼和内部培养力度，同时抓住军改契机，引进一批退役的高层次防化人才，充实研发队伍，加强研发力量，致力于打造专业造诣深厚、行业影响力广泛的专家团队和敢于攻关、勇于创新的研发团队。

4. 建设先进科研手段

捷强装备不断加大经费投入，以先进性和高水平为目标，兴建了辐射计量实验室、生化与分子生物学实验室、抗体制备实验室、光电实验室、生物气溶胶模拟试验系统、颗粒物评价实验室、微生物评价实验室、风量测量实验室、综合评价实验室等一系列性能测试评价手段，同时新建了现代化 GMP 车间，为提升技术创新能力、增强公司核心竞争力奠定了坚实的物质基础。

5. 打造具有竞争力的核心技术群

捷强装备紧盯国际前沿，致力于自主创新，攻克并掌握了高分辨率核素识别技术、生物战剂免疫检测及核酸检测技术、生物气溶胶自动监测报警技术、长寿命高精度风量传感技术、阀门自适应启闭技术、超低温智能联网加热技术、生物灭活技术、高效大功率液压自发电技术、基于臭氧催化氧化的洗消技术等一系列技术难题，从而形成一个技术集群，为技术储备的丰富和发展潜力的积蓄做出了贡献。凭借核心技术群的支持，公司先后斩获了一项国家科学技术进步二等奖和一项军队科学技术进步二等奖。

6. 探索协同创新新路子

采用“走出去、引进来”的策略，与北京理工大学、哈尔滨工业大学、天津大学、河北工业大学、陆军防化学院等知名高校，以及中国医学科学院、军事科学院等国家和军队的顶尖科研机构展开了紧密的战略合作，涉及协同创新、课题申报、成果转化、产学研、人才培养等多个领域。在积极承担国家科技部重点专项、工信部项目、军队级项目、天津市科技支撑重点项目、天津市科技领军培育企业重大创新专项等多项课题研究的过程中，捷强装备取得了丰硕的研究成果，同时也拓宽了协同创新和集智攻关的道路。

六、高端装备产业领域创新型企业发展模式分析

装备制造业是国之重器，是实体经济的重要组成部分。通过对比分析中重科技、赛象集团、长荣科技、海油工程、捷强动力 5 家创新型企业案例，凝练总结天津高端装备企业发展的五点创新模式。一是“高起点融合创新赋能企业战略布局”模式。技术创新是企业发展的重要引擎，创新要素资源引进、创新结构优化、创新能力提升、创新成果转化成为天津高端装备企业创新发展的核心，如：中重科技瞄准产品制高点，针对关键核心技术国产化持续推动技术革新。赛象集团注重新技术融合应用，通过筹划扩建研发实验室或成立子公司加速关键核心技术攻关。长荣集团采用海内外两地联合技术研发模式，持续提升创新实力。二是“深耕经营管理机制革新”模式。天津高端装备企业注重推进管理模式变革，以提升公司管理效能驱动技术产品创新，如：赛象集团通过推行 All in 成型策略、强化人才梯队建设、大学生见习制度等，不断探索改革管理机制。海油工程创新推进“揭榜挂帅”和“赛马”机制，构建完善科研激励体系，系统形成“四+五”标准化设计成果。三是“多维资源协同创新发展”模式。综合看，协同创新已成为天津高端装备企业进行创新活动的必要途径，特别是复杂产品创新过程更需要采取多种协同方式，汇集多方智慧与创新优势，应对创新过程的复杂性。如：赛象集团积极寻求全球战略合作伙伴，与米其林、普利司通、固特异、倍耐力、大陆等国际一流轮胎厂商建立全面战略合作关系。长荣集团与海德堡、马尔巴赫集团等外资巨头在双向分销、双向供应、技术和产品合作、提升智能制造水平、技术人才培育、工业信息化数据共享及融资租赁等方面，展开全面战略合作，巩固全球市场地位。捷强装备与北京理工大学、哈尔滨工业大学、天津大学等高校和军队顶级科研机构开展战略合作，探索协同发展新模式。四是“全链式人才引培+创新激励”模式。天津高端装备企业通过探索“全链式”技能人才培育，为企业发展奠基赋能。如：中重科技高度重视人才培养与激励，引入行业高端人才从事行业前瞻性、基础性和应用性研究，提升公司自主创新能力。海油工程通过实施“人才兴企”战略、制定“十四

五”人才发展规划，推进人才队伍建设“3+1”工程和三项制度改革、推广使用“海学”平台等多项举措，打造高层次人才队伍。捷强装备紧抓军改契机，引入一批军队退役高层次防化人才，打造高素质研发队伍。

第四节 新材料产业领域创新型企业案例

一、天津金发新材料有限公司

（一）企业发展概况

天津金发新材料有限公司是一家专注于高性能改性塑料的研发、生产和销售的高科技高新技术企业，是中国改性塑料行业中首家上市的公司——金发科技股份有限公司（以下简称金发科技）的全资控股子公司。金发科技设立于 1993 年 5 月，2001 年经全体股东大会以及广东省人民政府等多项决议的改制，成功转型为股份公司，并于 2004 年在上交所主板成功上市。随着三十年持续稳定发展，该公司已成为全球化工新材料行业中产品种类最为丰富的企业之一，同时也是我国规模最大、产品种类最全面的改性塑料研发生产企业之一，荣获创新百强工程企业、全国首批 91 家创新型企业、中国制造业民营企业 500 强等多项殊荣。

（二）核心技术及产品

金发科技以其在改性塑料领域所积累的技术和研发实力为基础，通过不断优化产品结构，逐步向新材料及其上游延伸，并以高分子材料为核心，实现了从单一改性塑料到多品种化工新材料的升级，从而形成了改性塑料、新材料、绿色石化和医疗健康四大业务板块。目前，公司的产品线涵盖了改性塑料、环保高性能再生塑料、完全生物降解塑料、特种工程塑料、碳纤维及复合材料、轻烃及氢能源以及医疗健康高分子材料等七大类别，广泛应用于汽车、家用电器、新能源、电子电气、通信电子、医疗健康和航空航天等十多个行业。

（三）总体产业布局

在全球化产业布局方面，目前，公司已在全球范围内建立了多个海外基地，覆盖了印度、美国、欧洲和马来西亚等多个国家。印度金发为公司的国际化发展揭开了序幕，成为其首个在海外设立的生产基地；针对北美汽车行业的市场拓展和深度开发，金发公司建立了一支本土化的企业团队；欧洲金发调整方向，致力于开发特色产业，积极推广复合材料应用；马来西亚金发意在开拓东盟市场，连接中美市场贸易。在国内区域生产布局方面，经过近三十年的稳健经营和发展，金发科技现已拥有 7 家子公司，分别是上海金发科技发展有限公司、天津金发新材料有限公司、江苏金发新材料有限公司、成都金发科技新材料有限公司、武汉金发科技有限公司、四川金发科技发展有限公司以及宁波金发新材料有限公司。

(四)创新能力分析

1. 创新投入分析

研发经费投入与日俱增。2015—2022年间,金发科技研发创新投入持续稳步增加,由2015年的7.43亿元逐年增加到2022年的14.54亿元,年均复合增长率约9.8%。从研发投入占营业收入比重看,2020年前,研发投入占营业收入的比例大体稳定在4%以上。2021、2022年研发投入占比出现大幅度下降,仅占营业收入的3.6%。总体来看,金发科技每年投入大规模的扶持资金促进了企业科技创新。

图7-61　2015—2022年金发科技研发投入情况

数据来源:金发科技历年年度报告

研发人员数量总体增加。2020年前,金发科技研发人员数量总体呈增长态势,由2015年的768人增长到2020年的1 432人,增长率接近100%。此后,金发科技研发人员数量出现下降,相较于2020年,2022年研发人员数量减少约250人,相较于2015年,2022年研发人员数量仍呈增长态势,增长率约为42%。从研发人员占比来看,2019年之前这一比例呈增长趋势,最高达16.47%。2019年之后三年,研发人员占比剧烈下降,2022年占比仅为11.4%。

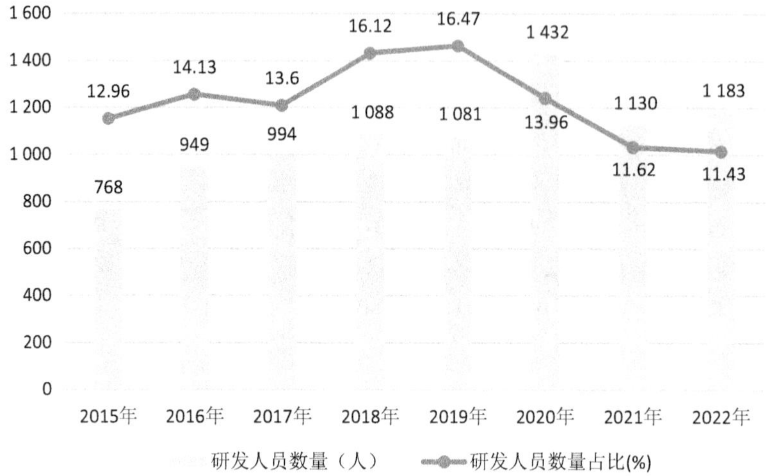

图 7-62 2015—2022 年金发科技研发团队规模

数据来源：金发科技历年年度报告

研发人员创新水平有待提高。截至 2022 年，金发科技共有研发人员 1 183 人。从研发人员学历构成看，硕士、博士高学历研发人员占比较低，研发人员整体创新水平不足。具体来看，高中及以下学历人数最多，有 366 人，占比约 31%；硕士学历和本科学历人数相当，占比分别约 25%和 22%，博士学历人数最少，只有 105 人，占比不到 10%。从研发人员年龄构成看，30~40 岁之间的有 557 人，占比 47%；30 岁以下的有 334 人，占比 28%；40~50 岁之间的有 216 人，占比 18%；50~60 岁的有 76 人，占比 6%。

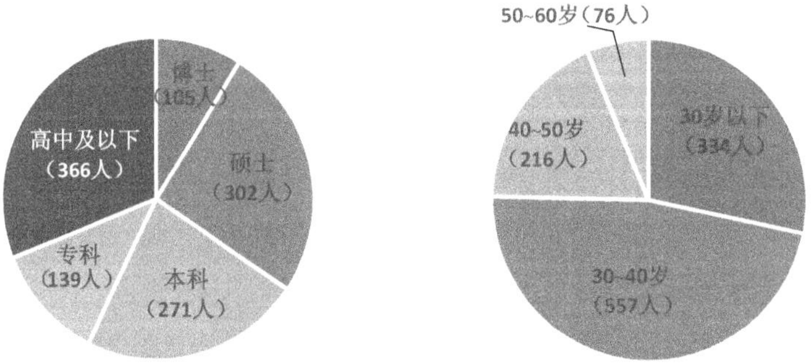

图 7-63 2022 年金发科技研发团队成员结构组成

数据来源：金发科技历年年度报告

2. 创新产出分析

研发创新效能突出。金发科技 20 多年以来在改性塑料领域不断钻研，浇筑起较高的技术壁垒。截至目前，金发科技累计持有专利 5 382 件，发明申请专利 4 576 件，实用新型专利 764 件,外观设计专利 42 件。从金发科技专利持有情况来看,发明专利数量最多,占比 85%以上,实用新型专利和外观设计专利数量较少。从专利申请和专利公开数量看,自 1998 年第一次申请专利以来,金发科技专利申请数量不断上升,尤其是近几年随着产权保护意识提升,金发科技专利申请数量呈翻番式增长。2022 年金发科技专利公开多达 1 130 件。

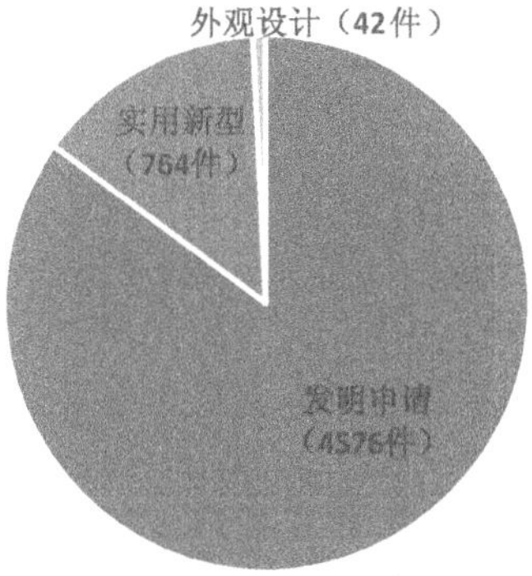

图 7-64　金发科技专利类型分布情况

数据来源:合享 incopat 专利数据库

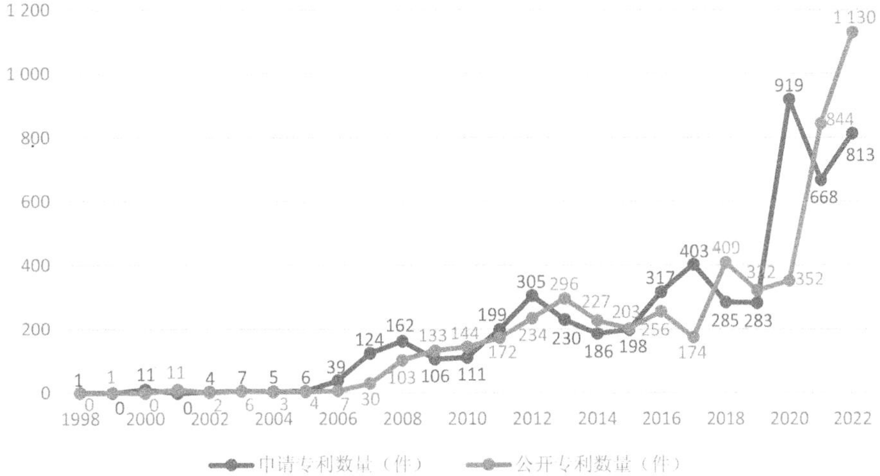

图 7-65　1998—2022 年金发科技专利数量

数据来源:合享 incopat 专利数据库

(五)创新发展经验

1. 加大科技硬投入

一是保证科研经费投入。金发科技建立《科技资金管理办法》,确保科技资金的合理投入和资金使用效益的提高。这种方法把技术研发经费纳入到公司的生产成本中,使经费来源不受公司利润的影响,充分保障了技术研发的资金投入。此外,企业在科技经费的投入预算上采用经常性预算与专项预算相结合的预算管理方法。经常性预算增长快于经常性收入增长,专项预算按年或者按年列支,保障金发科技技术创新无忧。二是全力搭建创新平台。金发科技组建了以国家级企业技术中心为核心、以市场为依托的自主创新平台,包括国家认可的实验室、院士工作站、博士后工作站、产学研合作研发中心等,形成了"1234"的技术创新体系。三是改善研发硬件设施。金发科技引进美国、日本、德国、瑞士等国家的电子万能试验机、耐环境应力开裂测试仪、冲击强度测试仪、老化仪等先进的科研设备。目前金发科技在改性塑料行业内具有全国最全的仪器和设备,能够进行全程完备的研发和测试系统。

2. 完善人才激励体系

公司创立之初,发起人袁志敏就别出心裁地提出了"蛋糕理论":与其要一个完整的小蛋糕,不如要大蛋糕的一小份。于是,自公司成立以来,袁志敏等创业者自愿放弃了绝对控股的权利,将公司净资产定量成股权,分发给贡献突出的职工。金发科技在吸收国内外企业股权激励的成功经验基础上,设立"限制性股份期权制",将员工划分为管理类与技术类两类,并分别采取不同的股权分配制度以形成良好的创新氛围,从而大大地调动员工的创新热情与主动性。除此之外,金发科技还积极争取国家和省市重大科研课题,整合高层次人才资源和培养创新团队,已形成边出成果边出人才的良好态势。

3. 多路径学习国际技术

一是聘请国外专家。金发科技曾多次通过邀请国外专家和学者参与关键核心技术的研究来打破技术创新"卡脖子"问题,如纳米复合材料合阻燃剂合成及应用。国外专家的加入有助于金发科技借助国外优秀科研资源帮助科研人员迅速掌握科技知识、提升技术学习效率。二是建立国际合作实验室。金发科技分别与以色列死海和美国 ATLAS 开展合作,建立了阻燃剂合成及应用实验室和聚合物老化性能评价实验室。金发科技通过与国际机构及企业建立合作实验室,能够了解到国际上有关技术、产品的前沿动向,确保企业的技术创新永远处于世界领先地位。三是国际间的技术交流。金发科技每年派出技术人员出席美国举办的全国 BBC 高级材料阻燃大会,并每隔两年出席一次聚合物材料降解国际会议。同时金发科技还与世界产品安全检测认证领域领军企业 UL 公司进行合作,得到了他们的技术支持,使其产品安全性能不断提高,从而成为大中华地区首家取得"UL 承认材料的长期热老化的实验室"资格的材料科技企业。

4. 全方位动态学习

一是在产学研合作中学习,金发科技充分发挥产学研股东整合优势,与国内高水平大学和科研机构建立广泛深入合作。2003 年,金发科技获人事部批准,设立博士后工作站,与中山大学、华南理工大学等博士后流动站联合培养博士后,为公司培养高层次人才。同时,公司每年邀请中国工程院、北京理工大学、中山大学等科研院所和高校专家,召开专业技术讲座、报告会和交流会共计 20 多场次,多方位进行学术交流。二是向产业链上下游学习,金发科技非常重视与客户交流学习,制定了"客户导向"市场开发策略,通过与上下游企业合作学习提高技术开发效益。公司积极鼓励技术人员与市场接轨,了解客户需求,帮助客户解决技术问题。三是在研发中学习,金发科技对研发失败项目认真分析,归类整理相关配方,形成企业知识库,完成技术积累,避免以后项目研发重蹈覆辙。

二、天津中环半导体股份有限公司

(一)企业发展概况

天津中环半导体股份有限公司(以下简称中环半导体)成立于 1958 年,由天津市半导体材料厂转型而来,是全球领先的光伏材料制造商、光伏电池组件供应商、智慧光伏解决方案服务商。2007 年,中环半导体在深交所正式挂牌上市,成为天津市首家在中小板上市的企业。2020 年 7 月中环集团完成混改摘牌工作,引进战略投资者 TCL 科技集团股份有限公司(以下简称 TCL 科技),2020 年 12 月下旬完成股东工商登记变更工作,TCL 科技 100%成为控股股东。公司秉持绿色生态理念,以创新驱动发展,引领行业先进技术和制造方式的产业化应用,推动光伏行业技术革新,实现全球绿色能源产业的高质量、可持续、跨越式发展。

(二)核心技术及产品

中环半导体以战略新兴产业为导向,致力于推动半导体节能和新能源两大领域的发展,形成了独具特色的双重产业链。在长期的发展历程中,公司不断积累硅材料技术优势,在单晶硅领域实现了多项重大突破,同时以半导体产业为突破口,积极拓展新能源产业。在太阳能晶体晶片领域,中环半导体实施全球领先战略,成功实现了太阳能高效硅片光电转换效率的全球第一、太阳能高效单晶硅片市场份额的全球第一,并在光伏电站和光伏电池-组件产业成为中国公司差异化、创新型超越发展的代表和未来市场的有力竞争者。在半导体材料领域,中环半导体实施"国内领先、全球追赶"战略,成功实现了主导产品半导体区熔单晶-硅片综合实力全国第一、全球前三,并致力于实现产业规模、技术水平、市场品牌等综合实力的国内 TOP1 和全球 TOP5 的目标。

(三)总体产业布局

公司总部坐落于天津,其产业区域布局包括企业运营和研发中心、国内销售平台、供应链平台、半导体区熔单晶工厂、半导体抛光工厂、半导体器件工厂、太阳能切片工厂以及太阳能模组工厂。内蒙古地区拥有太阳能硅单晶工厂、半导体直拉单晶工厂、高效光伏发电系统制造基地、蓝宝石生产基地、新能源产业配套中晶研究院以及高效光伏电站。江苏地区拥有高效的 PERC 电池片生产厂、高效的叠瓦模组制造厂、太阳能切片制造厂以及专门生产大直径硅片的集成电路工厂。在新疆展开新疆协鑫多晶硅计划,同时在河北和西南地区兴建高效光伏电站,此外还在香港建立了融资租赁平台和海外销售平台。

(四)创新能力分析

1. 创新投入分析

研发经费金额高速增长。2015—2022 年间,中环半导体始终加大创新研发,资金投入总体呈上升趋势,6 年间研发投入金额约翻番三次。尤其是近两年,研发资金投入剧增,2019 年研发资金投入增长高于 50%,2022 年再次大规模增长 50%以上。从研发投入占营业收入比重看,近 6 年间,研发投入占比呈现上下波动状态,但连续 7 年占营业收入比例均超过 4%。尤其 2019 年研发投入占比最高达 6.9%,2020 年占比最低,约 4.8%。总体来看,中环半导体每年在研发创新上投入大量资金,不断提高产品品质和技术含量,同时,也带动了行业升级。

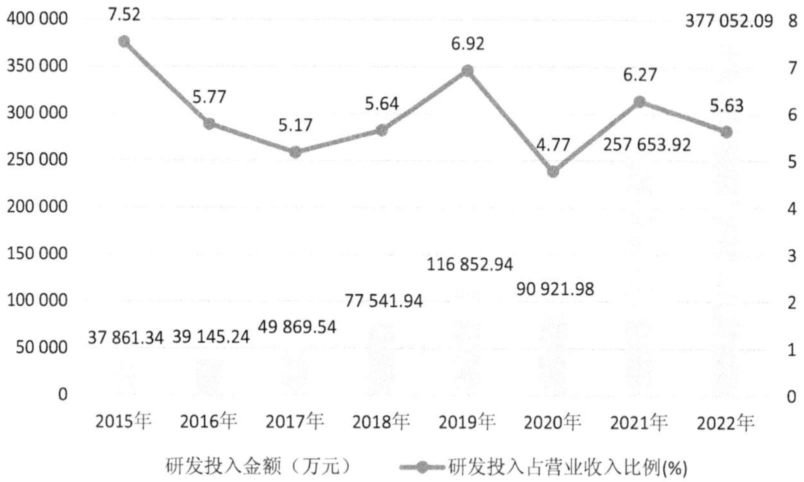

图 7-66　2015—2022 年中环半导体研发投入情况

数据来源:中环半导体历年年度报告

研发队伍不断壮大。2015—2022 年间,中环半导体研发人员数量逐年递增,从 2015 年的 260 人增长到 2022 年的 1 252 人,复合增长率超 25%。研发人员数量占总人数比例呈先上升后下降趋势。2020 年,中环半导体进行混合所有制改革,公司总人数的增长数量巨大,导致 2021 年后研发人员占比大幅下降。综合来看,中环半导体正处于混改转型发展新阶段,公司员工人数尤其是研发人员数量的增加将为公司持续稳定创新发展注入强大动能。

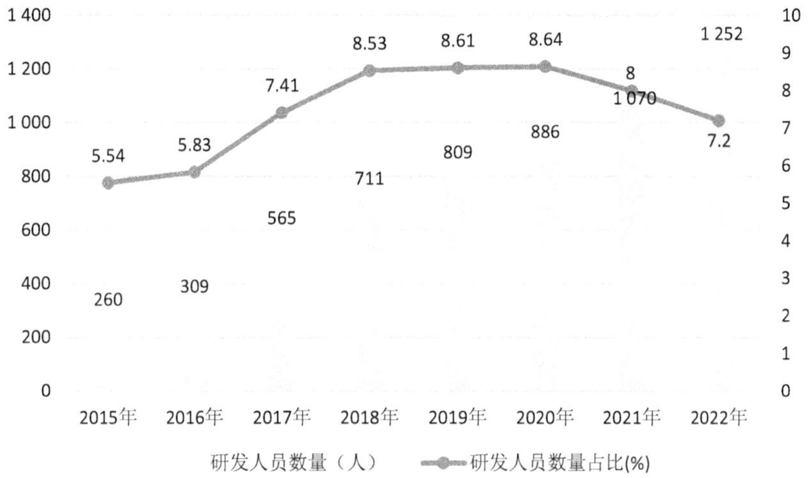

图 7-67　2015—2022 年中环半导体研发团队规模

数据来源:中环半导体历年年度报告

研发人员截至 2022 年,中环半导体共有研发人员 1 252 人。从研发人员学历构成看,本科学历有 634 人,占比约 50%,本科以下学历有 459 人,占比约 36% ,硕士(156 人)和博士(3 人)学历人数最少,共占比约 12%,本科及以下学历为研发团队主要构成。从研发人员年龄构成看, 30 岁以下人数最多,有 2 630 人,占比 50%; 30~40 岁之间有 587 人,占比 47%; 40 岁以上人数最少,仅 35 人,占比 3%,团队以 40 岁以下年轻人为研发主力。

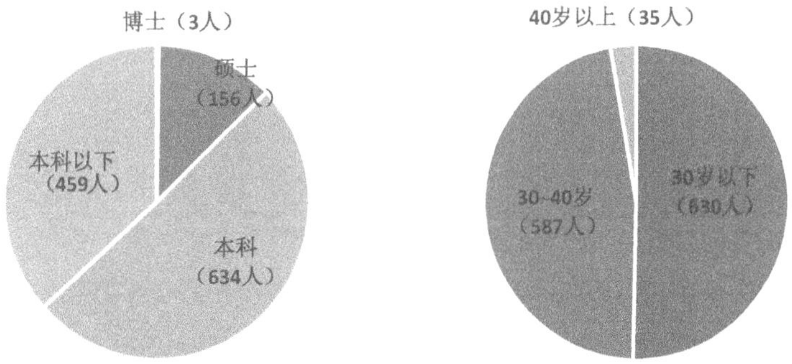

图 7-68　2022 年中环半导体研发团队成员结构组成

数据来源:中环半导体历年年度报告

2. 创新产出分析

专利布局超前。早在 1972 年,中环半导体就申请了第一份专利。1972~1994

年,中环半导体处于技术萌芽期,共申请专利 51 件,此后,专利申请数量不断增加。截至目前,中环半导体累计持有专利 3 749 件,发明专利 2 227 件,实用新型专利 1 426 件,外观设计专利 96 件。从专利持有情况来看,发明专利和实用新型专利持有最多,外观设计专利最少。从专利申请和专利公开数量看,自 1995 年以来,专利申请数量总体呈上升趋势,尤其是 2019 年以来中环半导体发布"夸父"系列产品,专利申请数量迈上新台阶。从专利公开数量来看,近三年,中环半导体专利公开最多,均超过 300 件。

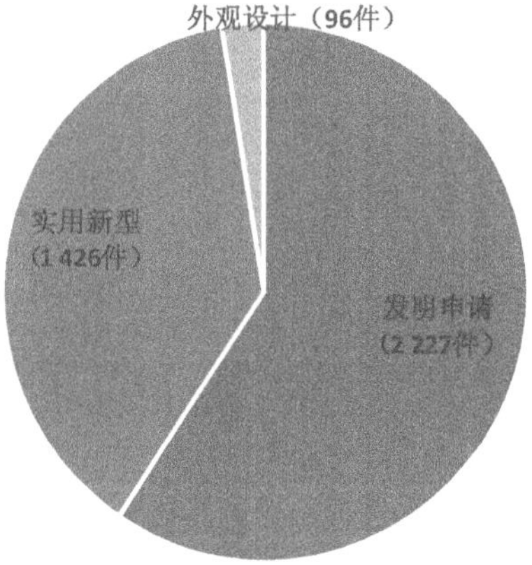

图 7-69　中环半导体专利类型分布情况

数据来源:合享 incopat 专利数据库

图 7-70　1995—2022 年中环半导体专利数量

数据来源:合享 incopat 专利数据库

（五）创新发展经验

1. 混改转变经营体制

中环半导体在2020年混改中摘牌并引进战略投资者TCL科技集团股份有限公司。混改之后，企业经历了一系列经营体制变革。一是转换领导机制，建立和完善董事会领导下的总经理负责制，进行全员人才盘点及干部盘点，率先在集团本部引进TCL市场化、国际化人力资源管理理念与制度，引进GGS全球职位评等系统，建立强绩效导向薪酬与考核机制，建立综合人才评价与培训体系。二是转换决策机制，给企业以经营决策自主权。TCL科技入主后，民营资本力量迅速导入，市场化以及灵活度较大的决策机制接踵而至。TCL科技利用金融与产业投资平台的优势扶持中环半导体优化资本结构，使其资产运营效率与盈利能力不断提升。以市场为导向的决策机制的建立，减少了决策流程，加快了响应速度，提高了运行效率，促进了技术的商业化转化。三是转换激励机制、推行员工持股计划。通过给职工授股，职工可以共享利益，这充分调动了职工积极性、创新性，更好地实现激励目标。

2. 完善人才培养激励体系

中环半导体自组建以来，坚持"以人为本"，始终关注员工的基本诉求，形成了以"员工权益与关怀、职业健康与安全、员工培训与职业发展"为指导理念的员工激励体系。一是一体化的培训体系。公司成立了"中环大学"，设立了晶管学院、晶智学院、晶材学院、晶能学院，并开设了培训管理、人才开发、测评中心、资源中心。依托"中环大学"的建设和专业的内部教师队伍，为员工提供综合化、针对性的学习平台，覆盖了管理、专业、技术、营销、操作等课程。二是良好的福利待遇。公司建立了包括薪酬、激励、医疗健康、福利与津贴在内的待遇体系。公司重视员工意见，通过"微树洞"、意见箱、双相沟通机制建立了畅通的沟通与反馈渠道。同时，优化厂区软硬件设施，提升员工工作和生活体验。三是合理的人员结构。企业通过内部培养和外部人才引进，将员工结构打造为"橄榄型"。通过上下层垂直化管控的理念，施行减少生产线操作人员、提高人员工作效率、改善技术人才薪资待遇等措施，使整体员工团队可以促进公司稳健发展，并且使得公司整体的运营效率得以提升。

3. 创新和先进换位置发展理念

一是工业4.0设计理念。中环半导体始终坚持左手"蛙跳式"创新，右手"渐进式创新"，抢抓工业4.0时代的机遇，推动智慧工厂的建设。公司通过G12技术平台和工业4.0生产线的深度结合，实现柔性化和客制化，人均劳动生产率、生产效率和生产工艺得到显著提高。目前，TCL中环以"工业4.0"技术为核心的智慧工厂已在晶片制造体系中实现全产线自动化操作，并形成少人化和智能化的生产模式。二是协同创新理念。长期以来，TCL中环始终坚持协同共进、技术合作、产业共赢。在新能源光伏领域，TCL中环推出了"600 W以上光伏开放式创新生态联盟"，近百家会员企业，共同促进光伏全产业链的可持续创新、全球碳减排、绿色发展。在行业标准的制定上，企业积极联合打造全行业标准和体系认证，营造新的行业生态。三是弘扬工匠精神。中环集团董事长沈浩平说，材料技术并不像集成电路产业那样靠专利或专业秘密，靠的是瑞士人制作手表一样具有的工匠精神，其核心就是靠技术诀窍积累而成，企业文化倡导“Office engineer、Office manager”的工匠精神。

4. 加强研发创新投入

一是大规模创新资金投入。中环半导体在研发创新方面投入大量资金，研发支出在收入中占比长年维持在5%左右，这些年投入到半导体材料相关领域的科研资金超过20亿元。二是建立科技发展基金制度。针对新产品研发设立“中环科技基金”，支持开发具有自主知识产权、市场容量大、产业关联度高、拉动作用明显的高新技术产品和产业化项目。三是建立科技成果奖励机制。集团公司针对基础性研究和产业化项目，分别设立了“中环科技进步奖”“中环技术创新奖”，同时对研发项目的成果人，尤其是领军人才给予额外奖励。

三、天津力神电池股份有限公司

（一）企业发展概况

天津力神电池股份有限公司（以下简称力神电池）创立于1997年，是一家专注于研发和生产绿色高能锂离子蓄电池和电池材料的新能源新材料企业。公司位于天津市华苑新技术产业区内，占地面积为40万平方米，注册资本19.3亿人民币，资产60亿人民币，职工总数近八千名。在锂电池制造领域，力神电池是当前国内投资规模最大、技术水平最高、拥有自主知识产权核心技术的企业之一，其在全球电池行业中排名第五，在中国电池行业中名列第一，是该行业的领军企业，拥有15G瓦时锂离子蓄电池年产能，国际高端市场占有率居世界锂电行业第一。

经过不断地进行技术攻关，公司产品质量和性能已达到国际一流水平，成功通过了国际质量体系认证和环境管理体系认证，同时在公司内建立了国内电池行业唯一一家获得UL授权的实验室，其产品还通过了CE认证和UL认证。该公司曾多次被授予摩托罗拉、三星等知名企业的杰出供应商称号，并荣获“天津市技术创新先进企业”“国家自主创新品牌奖”“低碳中国领军品牌”证书，同时还获得了低碳经济贡献奖。

（二）核心技术及产品

力神电池以技术质量、国际一流、绿色能源、造福人类的经营理念为指导，致力于为客户提供全面的电源解决方案，涵盖了近千个型号的六大系列，包括圆柱、方形、动力和聚合物电池以及光伏系统和超级电容器。该公司的产品覆盖了消费类电子产品、新能源交通工具和储能三大领域，其客户群体包括华为、联想、宇通、东风、一汽、上汽、吉利、国家电网、中国南方电网等享有国际和国内一流声誉的企业。

消费类电子电池，秉承“打造简约生活、生产绿色能源”的使命，产品有方形电池、圆形电池和聚合物电池等，可以用于笔记本电脑、轻型书、电动玩具和电子香烟等生产生活场景。电动汽车动力锂电池电芯坚持磷酸铁锂、三元两条技术路线，产品用途覆盖电动乘用车、电动商用车和特种车辆领域；储能系统动力锂电池电芯的应用范围涉及新能源发电配套、电网电力辅助服务、通信基站和户用储能，并实现了向国内外众多高端用户供应。力神电池的超级电容器由双垫层电容器与赝电容器组成。目前的商业化产品以双电层电容器为主，其利用极化电解质的作用，使正负极产生双电层储能，应用于起重机、轨道车辆、油田钻机、微电网储能、风力发电变桨系统、修井机、高尔夫球车和家装类电动工具。

（三）总体产业布局

在产业区域布局方面，力神电池总部坐落于天津，现已在天津、青岛和苏州设立电池工厂并批量生产。力神电池作为锂电产业国家队，以中国诚通为龙头，后有无锡基地、滁州基地和天津滨海基地，并已与地方政府签订合同。与此同时，积极拓展国际市场，在德国和美国设立分支机构，加速与海外高端车厂对接。在产业战略布局方面，力神电池以锂离子电池主业为主攻方向，进一步落实“一二三四五”战略，加快完善京津冀、长三角、珠三角及中西部等重点区域产能战略布局，积极开拓海外资源与市场布局，更贴近终端市场、更融入全球产业链供应链格局中。

（四）创新发展经验

1. 大力引进和培养人才

一是国际化管理团队。在公司高层管理人员中，有三名副总分别来自美国、日本和韩国，另外三名来自世界著名跨国公司，经理级以上的人员超过一半来自外资企业。在人员结构上，力神电池已经实现了与国际接轨，为公司的快速创新发展注入了动力。二是营造良好的工作环境。力神电池先后设立了力神研究院、科研工作站、企业技术中心等大型研发机构，其中还包括“博士后科研工作站”“天津市动力和储能电源工程技术研究中心”“国家锂离子动力电池工程技术研究中心”等，为科研人员提供了良好的发展平台，鼓励员工不断提升自身能力。三是完善用人机制。力神电池高度重视对高新技术人才的引进和培养，深入推行员工持股制度，激发科研人员创新研发积极性，形成全公司创新氛围。在人才培养上，基于创新中心平台、央企联盟平台构建高起点、多层次、广渠道的人才培养体系。

2. 开展协同联合创新

一是依托上下游联合创新。基于企业客户要求，依托产业链上下游企业开展联合创新，打造产品创新研发平台。同时，基于产品优势，和不同厂家、原材料厂商、合作车厂，甚至一些高校进行全方位的产品开发合作，提高企业技术水平。重视产业链整体方面的协同创新，主要依托原材料厂家的技术平台，包括正极、负极、电解液和设备厂家、客户平台,以及和国内外的一些车厂进行产业链协同创新。二是开展产学研协同创新。在咨询服务方面,进行开放式的学术报告,促进整个行业技术交流,引进科研院所专家教授开展技术培训,也为同行企业和科研院所进行擅长的工艺方面的一些咨询服务。三是组建央企电动车联盟。作为新能源行业央企,力神电池积极参与组建央企电动车联盟,并作为电池的组长单位来开展一系列工作,与行业内龙头企业积极交流,进行技术合作,并进行思路和想法上的沟通磨合,共同谋划电池新能源新材料行业的创新发展。

3. 强化自主创新能力

一是以同步跑、领先跑为核心目标。力神电池成立于 1997 年,当时公司技术项目单一,依靠引进日本自动化生产线实现样品生产,推出我国第一代锂离子电池。但第一代产品刚推出,日本就发布升级版,力神电池遭到了市场的淘汰。公司意识到作为高新技术企业,单纯引进国外先进技术是不牢靠的,必须具有自己的核心技术。于是,经过不断的技术攻关、复制模仿,同时进行改造创新,在跟跑的同时进行研发创新,力神电池不再完全依赖国外设备供应,实现了产品技术自主可控。二是重视快速产业化能力。电池行业要想实现持续健康发展,规模产量就必须达到一定程度,才能降低成本,实现规模经济。同时,大规模生产也是企业得到国际厂商订单的关键。为此,通过政府、各部委支持,力神电池进行了 6 次扩展,现在能够占据在国际市场上排名全球第五的位置。此外,力神电池为满足市场对产品安全认证的需求,在公司内部建立了 UL 授权实验室,这也是国内电池行业唯一一家通过授权的实验室。

4. 大规模投入创新资源

锂离子电池行业是一个技术密集、资金密集、人才密集的行业。行业变化速度快、产业更新迭代迅速,如果企业研发速度落后,无法做到及时更新产品,就无法满足客户需求,随之将被市场淘汰。力神电池始终高度重视研发创新工作,并在研发创新上大规模投入创新资源。一是研发资金投入。力神电池在“十二五”期间承担新能源汽车创新工程专项,“十三五”期间承担新能源汽车试点专项。在专项政策支持下,力神电池仍有 1:3、1:5 的配套比例投入到研发和试生产。近年来,力神电池每年都会筹集大量科技活动经费,每年用于科技研发的经费近 20 亿元。二是研发硬件设施投入。力神电池具有完备的可适用于各种型号电池的研发实验室,包括机极极组的制备和整个电池极组制备过程的设备。同时,公司在全方位的电池性能、安全可靠性测试及整个系统测试上引入了全套设备。目前,公司已具备动力电池关键主材料克级到公斤级的合成能力。

四、天津百利特精电气股份有限公司

(一)企业发展概况

天津百利特精电气股份有限公司(以下简称百利电气)是一家以输配电设备为

主要产品的上市公司，是天津装备制造业主体天津百利机械装备集团有限公司旗下唯一控股上市企业。天津百利特精电气股份有限公司于 2001 年 6 月在上海证券交易所上市，公司主业为液压件制造。2005 年，公司顺利实现了主业转型，改制为以输配电设备制造为主业的上市企业，个股简称改制为百利电气。在超导材料方面，天津百利特精电气股份有限公司研制的 35 kV、220 kA 超导限流器居全国前列，超导线缆及高温超导薄膜的研制水平在国内处于领先地位。

（二）核心技术及产品

在电磁线产品线上，百利电气产品被广泛用于白鹤滩、乌东德以及世界一流的大型发电工程，并相继为国内第一台 10 兆瓦及 13 兆瓦海上直驱风力发电机开发出配套线圈，代表着国内发电机组用高端电磁线、线圈产品的水准。在电力电子产品线上，产品涵盖了高、中、低压各个档次，所生产的 SVG 及其产品已在国内外市场上取得了 5 000 多套业绩，百兆级 SVG 用于波兰钢厂电弧炉，“高压有源滤波器等”用于俄罗斯冶金领域（大型球磨机）大功率交-直-交变频谐波抑制工程上，两套 60MVarSVG 产品用于国网蒙东锡林郭勒盟阿旗 500 kV 变电站。在电联接产品线上，公司具备从产品研发、模具制造、试验的全过程研发制造体系，其产品在传统电力市场、新能源市场、轨道交通市场、通讯市场等领域都取得了斐然成绩。

（三）总体产业布局

在产业业务布局方面，百利电气现有 11 家控股子公司（二级）、二家参股子公司（二级），具体包括天津市百利电气有限公司、天津百利开关设备有限公司、天津百利纽泰克电气有限公司、重庆戴顿高压开关有限公司、苏州贯龙电磁线有限公司、北京英纳超导技术等，各子公司从事不同细分市场产品的生产经营。在产业发展战略布局方面，百利电气依托电力装备高端产品和服务，抓住能源结构优化和新型电力系统建设等发展机遇，践行新发展理念和改革发展动力，坚持体制机制改革，转变发展模式和创新产品技术；构建发展新格局，坚持在市场、重点工程、并购重组等方面取得突破性进展，加快新能源产业布局、新旧动能转换等，促进企业高质量发展。

（四）创新能力分析

1. 创新投入分析

研发经费持续性创新高。2015—2022 年间，百利电气研发投入保持逐年稳定增长，由 2015 年的 3 700 万元增长到 2021 年的 12 478 万元，7 年复合增长率达 19%，为产品创新提供了强有力支撑。特别是近两年，公司进军超导材料领域，建设超导电力技术研发中心项目，加强超导电力设备产品研制以及超导线材研制，研发经费大量增加。从研发投入占营业收入比重看，2016 年研发投入占比增加，为 7 年间最高值，约 6%，此后几年，研发投入占比逐年下降，这也说明百利电气始终保持了良好的盈利能力。总体来看，近几年百利电气每年投入大量资金用于研发创新。

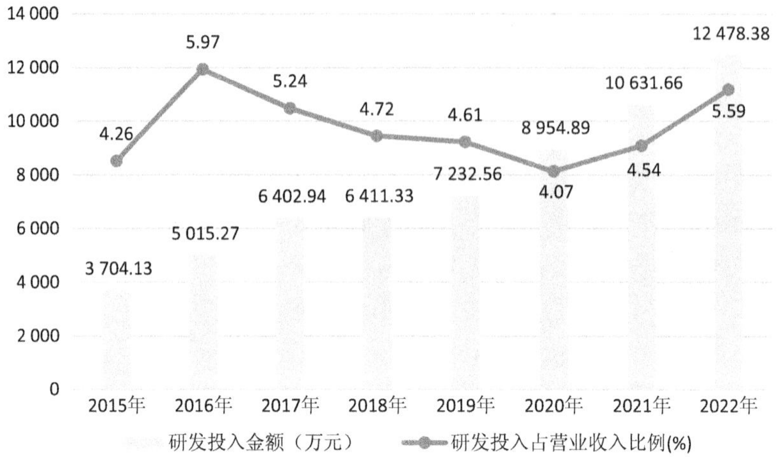

图 7-71　2015—2022 年百利电气研发投入情况

数据来源:百利电气历年年度报告

研发人员规模维持稳定状态。2015—2022 年间,百利电气研发人员数量总体处于有升有降的浮动状态。2019 年前,研发人员数量总体上升，2019 年研发人员数量最多,有 402 人，2019 年后,研发人员数量逐年下降，2021 年研发人员数量下降到 281 人,较 2019 年下降约 30%。此后,2022 年出现小幅度上升迹象。同样,研发人员数量占比总体呈现上升、下降交替状态,2017 年前,研发人员占比上升,2017 年后,研发人员占比下降。相较于 2015 年,2022 年研发人员占比处于下降态势。

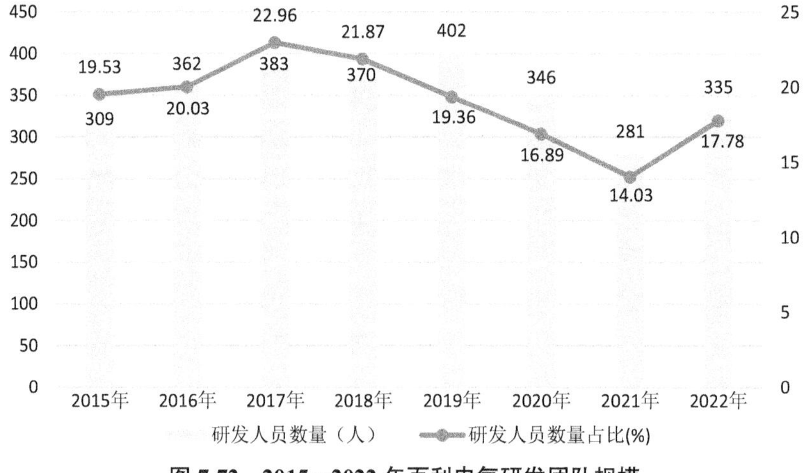

图 7-72　2015—2022 年百利电气研发团队规模

数据来源:百利电气历年年度报告

截至 2022 年,百利电气共有研发人员 335 人。从研发人员学历构成看,本科学历的研发人员数量最多,有 217 人,占比接近 65%;专科学历的有 62 人,硕士学历的有 38 人，均占比 10%以上；高中及以下学历的有 17 人，博士学历人数最少，仅有 1 人。从研发人员年龄构成看，30~40 岁之间的有 135 人，占比 40%；30 岁以下的有 80 人，40~50 岁的有 82 人，占比 25%左右；50~60 岁之间的有 35 人，占比 10%以上；60 岁以上人数最少，仅有 3 人，占比不足 1%。总体来看，百利电气研发人员年龄分布合理，但高精尖人才数量欠缺。

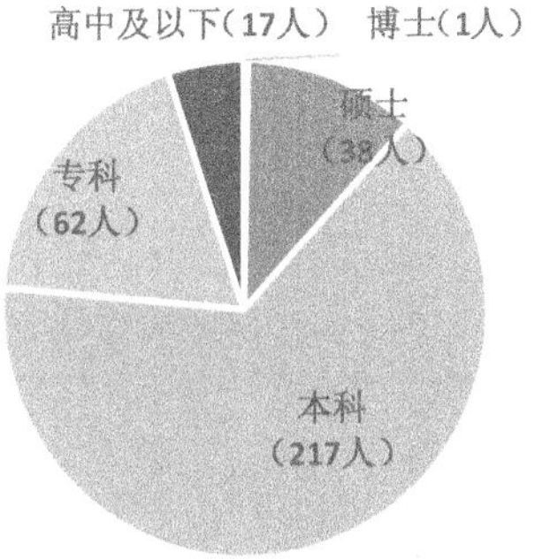

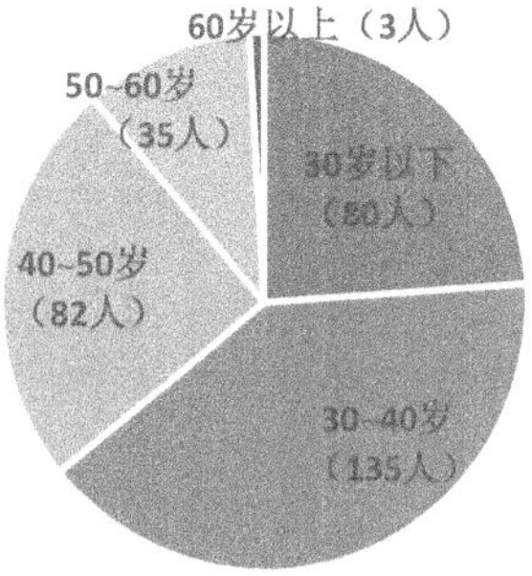

图 7-73　2022 年百利电气研发团队成员结构组成

数据来源：百利电气历年年度报告

2. 创新产出分析

注重专利实用价值。截至目前，百利电气累计持有专利 1 493 项，发明专利 400 件，实用新型专利 1 044 件，外观设计专利 49 件。从专利类型数量来看，实用新型专利数量最多，占总体专利量的 70%，这说明百利电气在创新的过程中，注重成果实用价值，而发明专利的数量较少，占比仅为 26%，表明百利电气的创新热情虽然不断高涨，但是实质性创新质量有待提高。从专利申请和公开数量看，百利电气于 1998 年第一次申请专利以来，专利申请和公开数量均不断增长，特别是在 2007—2018 年，专利申请处于急剧爆发和活跃增长的状态。但是，近两年，专利申请数量明显减少，尤其是 2022 年，专利申请数量仅有 34 件，不到专利申请最高数量的四分之一。

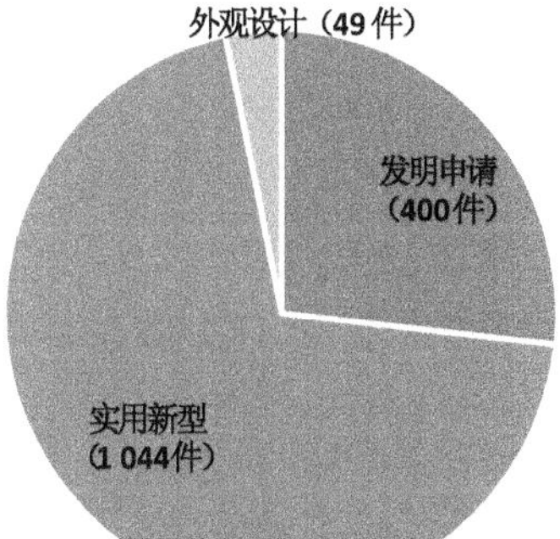

图 7-74　百利电气专利类型分布情况

数据来源：合享 incopat 专利数据库

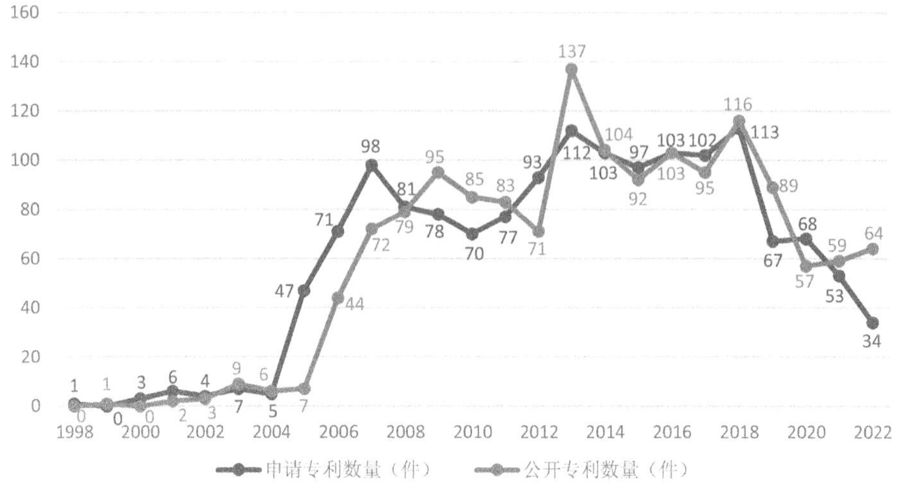

图 7-75 1998—2022 年百利电气专利数量

数据来源：合享 incopat 专利数据库

(五)创新发展经验

1. 以科技创新为先导

天津百利特精电气股份有限公司在技术研发、产品创新等方面有着强大优势，成立之初便制定了以技术为引领的企业方针。公司有多个国家级重点新产品，以及部级和市级的技术创新产品。一是强化自主创新体系。百利电气以提高自主创新能力为宗旨，建立健全自主创新体系，积极促进企业自主创新，其具有自主知识产权的 220 kV 超导限流器正式挂网国家电网各变电站。该产品是国际电力系统中实际使用的电压等级最高、容量最大、响应时间最迅速、励磁恢复时间最短的超导限流器。二是打造高端品牌。天津百利电气有限公司隶属于天津百利特精电气股份有限公司，持续追踪国际先进技术发展趋势，进行多方面前瞻性技术研究，在高科技的引领下，引进国内外先进计算机软件和加工设备，大量使用 CAD、CAM 等软件进行设计，实施 ERP 管理，在关键技术上取得自主创新，为中国电力、建筑、石油化工及其他工业领域的电力系统提供高端电器产品。

2. 重视科研团队建设

百利电气拥有一支高素质的人才队伍，其中高层管理者由博士、硕士等一批高级专业人员组成，由电气行业专家和一群电气专业技术人员组成的公司技术中心被天津市政府授予“市级企业技术中心”称号。百利电气拥有业内具有丰富经验的专家和为公司当前发展提供保障的中年骨干，更有受过训练和磨炼的大学生成为公司今后研究和开发的生力军。在人员配备方面，成立了由老同志带队的产品研发研究团队，同时每个课题组每年都有任务下发，这就可以在某种程度上对青年人员起到较好的锻炼作用。老年人经验丰富但缺乏创新精神，年轻人有创新意识但缺乏创新经验，老中青结合能带来更大的创新空间，以老人经验+年轻人创新，互相借鉴互相学习，推动企业科研团队形成旺盛的研发热潮。

3. 深度挖掘客户需求

注重给顾客带来最大化利益、和顾客交流、获得顾客认同是重中之重。只有顾客满意，才能让中国的产品拥有市场。天津百利电气股份有限公司坚持走以人为本的发展道路，以现代化手段服务电力市场。为此，天津百利电气股份有限公司针对性地采取了以下措施：第一，建立了专门技术中心，由他们独立开发能够充分体现信息化特点的断路器软硬件测试设备；第二，设立专人收集本行业信息。百利电气也是天津市知识产权局的试点单位之一，天津市知识产权局科技情报查询系统与公司科技情报室实现联网共享并定期发送行业信息。

4. 推动企业数字化升级

公司在新兴市场培育过程中建立了数条智能化、信息化和自动化相结合的生产流水线，并引进法国 redex 五工位精轧机、注塑机、高精度自动冲床、慢走丝切割机、数控加工中心、数控车床等各类大型智能化研发和生产设备，开发投产了包括 2.5 MW 直驱永磁风力发电机定子线圈、2 MW 双馈风力发电机定子斜直线边拉形线圈、云轨电机用迷你型耐电晕线圈、防护型电力接线端子排、增强型辅助开关等多种新型产品，参与完成了一批国家级重大项目。

5. 推行混合所有制改革

百利电气由天津液压机械集团有限公司作为主发起人，联合天津泰鑫实业开发有限公司、天津市机械工业物资总公司、天津经纬集团投资公司和天津市静海县通达工业公司，于 1999 年 9 月 23 日在天津液压机械（集团）有限公司局部改制基础上联合发起成立。公司名称是天津特精液压股份有限公司，注册资金 8 000 万元，主要从事液压件的生产。近年来，百利电气以主营业务为核心，在供给侧改革战略下不断开展主业并购重组工作，经营业绩实现了平稳增长。公司控股股东天津液压机械（集团）有限公司正积极推行混合所有制改革，公司体制机制将发生重大变革，百利电气正处于转型升级的历史关头。

五、天津膜天膜科技股份有限公司

（一）企业发展概况

天津膜天膜科技股份有限公司（以下简称津膜科技）是一家以膜产品研发设计、膜设备制造、膜应用工程施工及配套运营服务为完整产业链的创新型高新技术企业。它的前身是 1974 年成立的天津工业大学膜分离研究所，2012 年 7 月 5 日成功在深交所挂牌上市，成为国内首家以膜产品为主营业务的上市公司和国内首批从事超微滤膜机膜组件开发和生产的公司之一。津膜科技有大型膜研发生产基地，工厂占地

7万平方米左右，建筑面积4万平方米，年生产膜1 500万平方米。2016年公司被批准为“膜材料及膜应用重点实验室”，并成为业内唯一具有膜材料与膜应用的国家重点实验室，2018年被授予“天津市绿色工厂”，2020年国内第一个大型无动力浸没式膜系统工程投产，2022年荣获天津市科技发明一等奖。

（二）核心技术及产品

津膜科技专注于中空纤维膜材料和膜组件的开发、制造和营销，在此基础上为用户提供膜法水资源化、工业特种分离的专业整体解决方案，涵盖了膜单元装备集成和系统集成、技术方案制定、工艺设计和执行、运营技术支持和售后服务。公司主要产品与工艺技术有：浸没式膜过滤集成设备（SMF），连续膜过滤集成设备（CMF），中空纤维柱式膜组件，膜生物反应器（MBR），帘式膜组件，一体化膜法污水处理设备以及工业特种分离膜设备。在主营业务收入结构方面，该公司营收业务产品包括向外销售膜产品，提供膜工程解决方案和污水处理技术服务三大板块。

（三）总体产业布局

在产业区域布局方面，津膜科技通过合资成立子公司和分公司的方式，相继布局广东和上海分公司，深耕华南市场，辐射华东地区，并加大对江浙沪和山东等主要业务地区的市场浸润。同时，公司积极对外开展合作，与创业环保和海水淡化所联手，通过强强联手加快开拓市场。总体而言，津膜科技运用先进膜产品技术研发+创新商业模式+资本力量，以地方政府及龙头企业合资公司为平台，在短期内迅速实现地方拓张，为膜产品销售提供了稳定的市场空间，为膜技术应用创造了更大的舞台，打造了津膜科技创新发展道路。

在产业发展战略方面，总目标是以水资源化为主线，以市场需求为主线，以产业化及工程应用为立足点，持续开展技术模式、商业模式及管理模式创新，走资金助力技术强企之路，致力于打造国内一流和国际知名的膜产品开发、制造和膜设备制造企业，并通过资金、技术和产业链构建生态合作体系，为客户提供售前设计、售中技术支持、售后运营指导等增值服务，力争把公司打造成产品种类多、用途广、具有自主创新能力和行业引领力的高科技企业。

（四）创新能力分析

1. 创新投入分析

研发经费投入连年下降。2015—2022年，津膜科技研发创新投入资金总体呈下降趋势，由2015年的6 862万元下降到2022年的2 409万元，下降幅度超过50%。具体来看，2015—2019年，津膜科技研发投入间隔上下浮动，2020年以来，公司研发经费投入出现断崖式下降，主要因为2020年新冠疫情爆发，公司部分月份停工，营业收入下降，用于研发创新的资金减少。从研发投入占营业收入比重看，2021年前，研发投入占营业收入比例与研发经费投入波动趋势大体一致，2019年前，研发投入占比上下波动，2019年和2020年研发投入占比出现了大幅度下降。2022年研发投入占比上升,由 2021 年占比 5.93%上升到 9.84%,略低于 2015 年。

图 7-76　2015—2022 年津膜科技研发投入情况

数据来源:津膜科技历年年度报告

研发人员数量先加后减。2018 年前,津膜科技研发人员数量呈增长趋势,由 2015 年的 92 人增长到 2018 年的 239 人,增长率超过 100%。此后, 2017—2022 年,津膜科技研发人员数量逐步下降。相较于 2015 年, 2022 年研发人员数量出现微量增长,增加了 4 人。从研发人员占比来看,研发人员占比与研发人员数量总体趋势大致相同, 2018 年占比最大,为 35%, 2022 年研发人员占比由 2015 年的 17.66%波动上升到 23.47%。

图 7-77　2015—2022 年津膜科技研发团队规模

数据来源:津膜科技历年年度报告

截至2022年,津膜科技共有研发人员96人。从研发人员学历构成看,本科学历是津膜科技主要研发群体。其中,本科学历有69人,占比约72%,本科以下学历有16人,占比约16.7%,硕士学历有10人,占比约10.4%,博士学历人数最少,仅有1人,占比约1%。从研发人员年龄构成看,津膜科技研发队伍年龄分布较均匀。30~40岁人数最多,有49人,占比超50%,30岁以下和40岁以上人数相当,各有20余人。

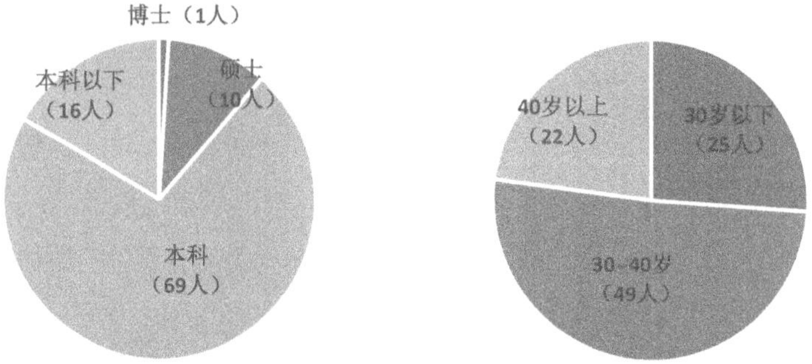

图7-78　2022年津膜科技研发团队成员结构组成

数据来源:津膜科技历年年度报告

2.创新产出分析

知识产权建设能力突出。自2001年首次申请专利以来,津膜科技专利产出能力不断强化,专利申请和公开数量持续增加。2019年津膜科技被认定为国家知识产权优势企业、工信部工业企业知识产权运用试点企业。近两年,公司专利申请数量下降。截至目前,津膜科技累计持有专利409件,其中,发明申请专利209件,实用新型专利188件,外观设计专利12件。

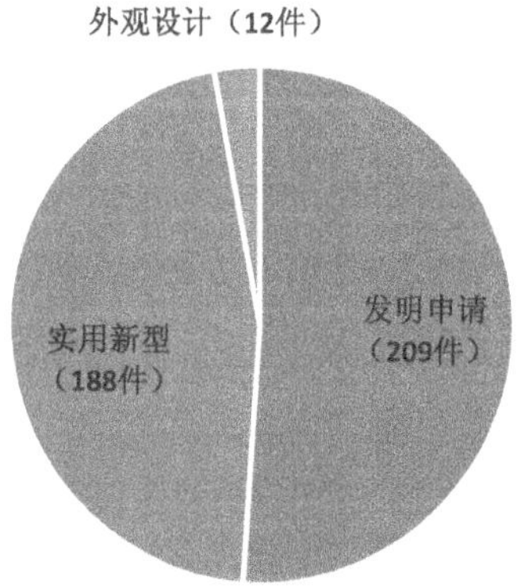

图7-79　津膜科技专利类型分布情况

数据来源:合享incopat专利数据库

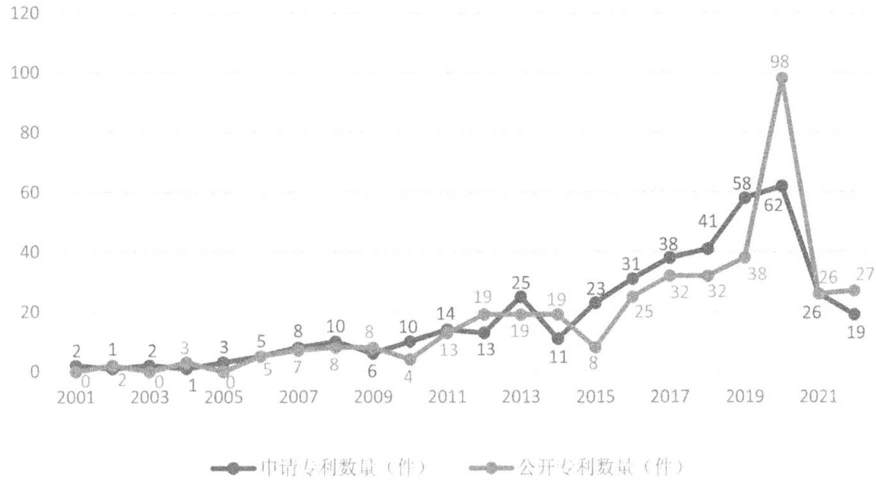

图 7-80　2001—2022 年津膜科技专利数量

数据来源：合享 incopat 专利数据库

（五）创新发展经验

1. 协同互补加速创新

一是加强膜产业链建设。津膜科技收购江苏凯米后，产品链宽度及研发实力得到进一步加强，对公司拓展膜产品市场份额起到了强有力的支撑作用，也为高端膜的国产化替代开拓了广阔的市场。公司继续向膜产业的全产业链延伸业务，向酸碱管式膜等高端产品挺进，并向下游物料分离领域延伸。二是补齐水务资质。津膜科技收购金桥水科，弥补了其工程施工资质不足的缺陷，使产业链由膜元件向水处理工程延伸，加强了项目订单的取得，显著提高了企业的盈收及利润规模。三是加强资金与市场支撑。高新投资是国投公司的全资子公司，河北建投水务是河北建投集团下属水务投资平台，二者参与定增，从资金、战略资源、PPP 项目落地等多方面给津膜科技以有力的支撑。

2. 建设高科技研发团队

一是具有产学研用结合复合型人才梯队。公司研发能力雄厚，拥有膜材料研发、以膜技术为核心的集成应用工艺开发、机电一体化装备开发与制造的多层次研发人才梯队。公司通过“一市（即上市公司资本平台）、一标（国家标准化委员会主任单位）、一室（国家重点实验室）、一站（院士专家工作站）、一中（国家企业技术中心）”来整合资源、集成技术、聚拢人才。二是完善考核机制。以改善员工队伍结构入手，从校园招聘和社会招聘中发掘优秀人才，建立多层次员工培养体系。根据公司发展战略确定高管和各个部门任务目标，加强跟踪考核流程，严格奖惩机制，完善多元化激励体系。

3. 整合内部资源促进创新

一是做强主营业务。研发工作实现“夯实基础”和“配合生产”的双管齐下，研发团队做到“多跑生产一线，多跑市场一线，多跑行业交流一线”。凭借多支分工协作的研发队伍，支持主营膜产品做大做强，增强公司在行业内的技术话语权。二是健全营销体系。打造以央企、地方国企为主体的大客户群，形成业绩支撑点。动员内部和外部资源实现了膜产品销售的全年目标，巩固企业的盈利基础，将营业收入的巨额资金投入到研发创新上，使企业产品良性循环。三是形成集约化的管理体系。对内部工程及水务运营资源进行整合优化，形成产品及技术的应用联动。围绕规范财务、经营、集中采购和内审等环节，通过信息化手段逐步构建起涵盖各子公司的集约化管理体系。健全授权机制与程序，明确责任义务以实现企业整体协同并加强监督工作。

4. 强化科技创新平台支撑

一是具有国家级研发平台和多项工程设计、咨询和承包资质。津膜科技设有膜材料及膜应用国家重点实验室、院士专家工作站和国家企业技术中心，是全国分离膜标准化技术委员会的主任单位。公司同时拥有市政行业专业甲级设计资质、建筑行业乙级设计资质、环境工程专项乙级设计资质以及其他相关工程设计、咨询和建筑业企业资质。二是高校资源支撑。津膜科技的前身是成立于 1974 年的天津工业大学膜分离研究所，目前天津工业大学资产经营有限公司是公司控股股东膜工程的控股股东，是天津工业大学的全资子公司。同时津膜科技在天津工业大学的支持下成立了膜材料及膜应用重点实验室。三是丰富的大型水资源化项目实施经验。公司是国内较早将自主研发的中空纤维超、微滤膜实现水资源化应用的企业之一，经过多年的研发和应用实践，公司在自来水、市政污水、回用水、钢铁、电力、印染、石化、煤化工、海水淡化、电子等领域水资源化市场均有大量的实施案例，掌握了丰富的系统集成实践经验。

六、新材料产业领域创新型企业发展模式分析

通过梳理分析以金发科技、中环半导体、力神电池、百利电气、津膜科技 5 家不同新材料细分领域的代表性创新企业发展经验，总结出了天津市新材料领域企业发展的 5 点创新发展模式。一是“资金+人才+产业融合发展”模式。新材料产业发展面临研发成本高、产业化难度大、投资回报周期长等问题，天津企业通过大量经费投入、完善人才引育积极破解产业发展难题。综合来看，天津市新材料企业经费投入主要包括直接用于科研创新使用、提高研发硬件设施水平、科技成果奖励等方面；完善人才引育主要包括吸引优秀科研人才、良好的激励制度和一体化的培训体系。二是“整合内外部资源集成创新”模式。技术创新是新材料企业的生命线。天津新材料企业以多种方式整合科技创新资源，加快攻克新材料领域关键共性核心技术，提高新

材料技术供给能力。金发科技多次以聘请国外专家学者参与关键核心技术研发、派企业科技人员参加国际技术交流研讨等方式解决阻碍自身创新的"卡脖子"难题。同时,津膜科技整合优化内部工程与水务运营资源,产品和技术形成应用联动,促进了企业创新发展。三是"产学研合作协同创新"模式。天津市新材料领域龙头企业家大多出身于科研院所和大学,因此,在技术创新中强调产学研合作协同创新,打造"科学-技术-产业"的完整创新链。如,津膜科技前身为1974年成立的天津工业大学膜分离研究所,拥有产学研用相结合的复合型人才梯队,依托国家重点实验室及院士专家工作站,推进中空纤维纳滤膜、中空纤维特种分离膜等产品研发创新。四是"布局全产业链联动发展"模式。天津市新材料企业通过与产业链上下游企业组建合作联盟,以下游客户需求为导向进行联动创新。该模式以市场需求为导向,做到了新材料研发的"先期导入",将上下游企业紧密联系在一起,不仅增强了上游企业的不可替代性,也有利于下游企业提升产品质量。金发科技、津膜科技、力神电池都通过加强与客户的交流合作将创新拓展到全产业链,尤其是中环半导体发起成立"600 W+光伏开放创新生态联盟",与产业链企业共同推动光伏全产业链可持续创新。五是"改革体制机制促进创新发展"模式。企业技术研发创新必须要有与其相配套的经营管理制度,天津市新材料企业通过改革转变经营体制、更新发展理念、融入智能化信息元素等方式为技术创新提供了有力支撑。如,中环半导体、百利电气在企业发展过程中积极实行混合所有制改革,推进主营业务并购重组,激发企业创新活力。同时,中环半导体抢抓工业4.0时代机遇,不断建设智慧工厂;百利电气也建成了多条集智能化、信息化、自动化为一体的先进生产流水线。